書香文雅

中华传统文化国粹
经典文库

名家导读版

传习录

〔明〕王阳明◎著
王建新◎导读

中国民族文化出版社
北京

图书在版编目（CIP）数据

传习录 / (明) 王阳明著 ; 王建新导读 . — 北京 : 中国民族文化出版社有限公司 , 2023.11（2024.1 重印）

（中华传统文化国粹经典文库 : 名家导读版）

ISBN 978-7-5122-1569-6

Ⅰ . ①传… Ⅱ . ①王… ②王… Ⅲ . ①心学－中国－明代 Ⅳ . ① B248.25

中国国家版本馆 CIP 数据核字 (2023) 第 068941 号

传习录

CHUAN XI LU

作　　者　〔明〕王阳明
导 读 者　王建新
责任编辑　张　宇
责任校对　李文学
出 版 者　中国民族文化出版社　地址：北京市东城区和平里北街 14 号
邮编：100013　联系电话：010-84250639　64211754（传真）
印　　装　三河市南阳印刷有限公司
开　　本　710mm × 1000mm　16 开
印　　张　28
字　　数　421 千
版　　次　2023 年 4 月第 1 版
印　　次　2024 年 1 月第 2 次印刷
标准书号　ISBN 978-7-5122-1569-6
定　　价　39.80 元

中华传统文化国粹经典文库

品文化经典　通古今智慧

总策划

李继勇

策划人、出版人、北京书香文雅图书文化有限公司董事长。专业从事图书策划，儿童文学、儿童阅读推广，国内文化交流等。已成功策划"儿童文学光荣榜"系列、"爱阅读课程化丛书"系列、"文学百年·名家散文典藏"系列、"科幻文学群星榜"系列、"绘本里的世界"系列、"童诗百年"系列等多种类型出版物。

总顾问

于润琦

中国现代文学馆研究员、中国作家协会会员。总主编《插图本百年中国文学史》(3卷)，主编《清末民初小说书系》(10卷)、《海派作家作品精选》(16册)，校、注古典小说《型世言》《金屋梦》《中国古典文学海外珍稀本文库》30余种，参与编选《明、清、民国时期珍稀老北京话历史文献整理与研究》(30册)、《中国现代文学百家》(116册)，以及《北京的门礅》《老北京的门楼》北京民俗著述多种。

导读者

(按姓名音序排列)

◎薄克礼
文学博士，天津城建大学教授。攻文史，好四书。

◎陈鹏程
历史学博士，天津师范大学文学院副教授。

◎陈世旭
当代作家，曾任中国作家协会主席团委员、江西省文联主席兼作家协会主席。

◎陈喜儒
作家，著名翻译家，曾任中国作家协会外联部副主任、中国外国文学学会日本文学研究分会会长。

◎冯　蒸
首都师范大学文学院教授，博士生导师，北京国际汉字研究会理事、副会长。

◎官　锋
管子思想理论和应用资深研究学者。

◎关四平
哈尔滨师范大学文学院教授，博士生导师。主要从事中国古代小说及戏曲等研究。

◎韩小蕙
著名作家，中国作家协会会员，中国散文学会副会长，南开大学文学院兼职教授。

◎侯忠义
北京大学教授，曾任北京大学图书馆古籍整理研究室主任。主要从事先秦两汉文学史、文言小说研究。

◎李海涛
天津师范大学历史文化学院教授，天津市孙子兵法研究会荣誉会长。

◎李瑞兰
天津师范大学历史文化学院教授，曾任中国先秦史学会理事。

◎李树果
资深《易经》研究者，中国散文诗学会理事，《中华时报》记者。

◎李硕儒
作家，著名编剧。合著长篇历史小说《大风歌》获重庆市"五个一工程奖"。

◎廉玉麟
天津中医药大学第一附属医院主任医师，教授。

◎林海清
天津师范大学国际教育交流学院副教授，天津市红楼梦研究会副秘书长兼理事，中国三国演义学会、中国水浒学会会员。

◎林　骅
天津师范大学文学院教授，曾任古典文献研究所所长，天津市红楼梦研究会顾问。

◎马文大
首都图书馆研究馆员、北京地方文献中心主任，北京史研究会副会长。

◎孟昭连
南开大学文学院中国语言文学系教授，中国东方文化研究会理事。

◎宁稼雨
南开大学英才教授、博士生导师，2017年度国家社科基金重大项目“全汉魏晋南北朝小说辑校笺证”首席专家。

◎宁宗一
南开大学学术委员会委员、中国武侠文学学会名誉会长、中国儒林外史学会副会长。

◎牛　倩
天津大学国际教育学院副教授，硕士研究生导师。

◎欧阳健
福建师范大学文学院教授，曾任《明清小说研究》杂志主编。

◎潘务正
安徽师范大学文学院教授，教育部人文社会科学重点研究基地安徽师范大学中国诗学研究中心副主任，中国韵文学会赋学专业委员会（中国辞赋学会）副会长。

◎乔卉林
中国城乡金融报社记者。其作品曾多次获得奖项。

◎尚学峰
又名尚学锋。文学博士，北京师范大学文学院教授。

◎邵永海
北京大学中文系教授。主要从事汉语史方面的教学和研究工作。

◎石定果
北京语言大学人文学院教授，汉语言文字学博士。著有《说文会意字研究》等多部作品。

◎石　厉
原名武砺旺。著名诗人，文艺理论家。《诗刊》编委，《中华辞赋》杂志总编辑，中华诗词学会副会长。

◎石　麟
湖北师范大学文学院教授。中国水浒学会会长。

◎孙立仁
曾任《中国老年报》社长，发表多篇小说、诗歌、散文、报告文学等。当代篆刻家。

◎孙钦善
北京大学中文系教授，全国高等院校古籍整理研究工作委员会委员，中华炎黄文化研究会理事。

◎田秉锷
江苏省文艺评论家协会顾问，徐州市孔子学会顾问，江苏师范大学客座教授。

◎王建新
中国历史文献研究会理事，中原传媒集团出版部副主任。

◎王　蒙
著名作家、学者，文化部原部长。茅盾文学奖获得者。多年来致力于传统文化研究。2019年获“人民艺术家”国家荣誉称号。

◎王晓华
民国史专家，中国第二历史档案馆研究馆员。中央广播电视总台、北京电视台、湖北卫视等多个栏目主讲嘉宾。

◎吴　波
湖南农业大学教授、党委委员、副校长，中国儒林外史学会副会长，湖南省古代文学学会副会长。

◎武道房
安徽师范大学中国诗学研究中心教授。

◎徐　刚
诗人，作家。曾获鲁迅文学奖、郭沫若散文奖、中国报告文学终身成就奖等。

◎俞　前
中国作家协会会员，苏州市吴江区南社研究会会长，苏州南社文化研究院副院长。

◎查洪德
文学博士，南开大学中国语言文学系教授，博士生导师。内蒙古元代文学学会会长。主要从事元明清文学与文献研究。

◎张秋升
曲阜师范大学历史文化学院教授，主要研究儒家史学理论。

◎张世林
新世界出版社编审，著有《大师的侧影》等著述。

◎张弦生
中州古籍出版社编审、副总编辑。

◎郑铁生
天津外国语大学教授，原中国三国演义学会常务副会长兼秘书长，曾任中国红楼梦学会学术委员会委员、北京曹雪芹学会副会长。

◎周传家
北京联合大学应用文理学院教授，中国昆剧古琴研究会副会长，中国戏剧文学学会顾问，中国戏曲学会常务理事。

◎卓　然
原名王坤元，笔名卓然。作家，诗人。著有中短篇小说集《我记忆中的河》、散文集《天下黄河》等作品。

名家导读

我们上学的时候，大概都写过《我的理想》的命题作文，长大了要当科学家、航天员什么的，满是豪情壮志，只是渐渐长大，大多忘怀了，偶尔想起来，不过淡然一笑。《论语》有《侍坐》一章，说的是某一天，孔夫子命子路、冉有、曾皙、公西华众弟子谈各自的理想，其实也是这类作文题目。

在明代，就有人自幼便立下志向——读书学圣贤！

自然，作为圣人门徒，读圣贤书，仰慕圣贤乃是常事，可是真正立志者，恐怕并不多。而此人居然真的按照此理想去做，并且真的成功了！他就是大思想家王阳明（1472—1528年），名守仁，字伯安。

他发展了自南宋陆九渊提出的“心学”理论，提出心即理、知行合一，主张致良知，震动当世，泽被深远，被后人尊称为“王子”。这是个了不起的成就。要知道，在先秦诸子之后的两千年里，能被人尊为“子”的，也不过北宋的程子（程颐、程颢）、张子（张载），南宋的朱子（朱熹）等寥寥数人而已。还有人将王阳明与孔子、孟子、朱熹并称为“四圣”，足见其地位之崇高。

《传习录》是集中记录王阳明思想的著作，由其弟子根据各自记录的受教内容加上一些书信汇编而成。正德十三年（1518），门人薛侃初次刊刻于江西赣州。嘉靖三年（1524），门人南大吉命人在浙江续刻。嘉靖三十四年（1555），门人钱德洪再次续刻，并于第二年将之前刻本合并刊刻，分为上、中、下三卷，《传习录》最终定型。“传习”二字，出自《论语》“传不习乎”，隐隐可见王氏学派追慕孔门的理想。

王阳明出生于书香世家，祖上数代均是博学之士，父亲王华在成化十七年（1481）考中状元，后官至南京吏部尚书。但王阳明对于做官的兴趣并不强烈。11岁时，他随父进京，立下“读书做圣贤”的志向。对于如何成就圣贤，他一直在探索。17岁那年，他赴洪都（今南昌）迎娶诸氏为妻，到了新婚之夜，却怅然若失地走出诸家，不觉间进了道观，竟与鹤发童颜的道士对坐，谈了一晚上。第二天，岳父发动众人四处寻觅，方才找到他。

王阳明天性机敏，豪迈不羁，对于经史子集各类书籍，均有涉猎，日常喜与同伴以攻战为戏。他一度对佛教和道教有浓厚的兴趣，经常静坐修行，练习导引之术。结婚后，他在父亲的严格督导下，开始攻读学业，准备科举。21岁时浙江乡试中举，不过之后两次会试却名落孙山。王阳明毫不在意，称“世以不得第为耻，吾以不得第动心为耻”。

28岁时，王阳明考中二甲进士。第二年，被授予刑部主事，为六品官，奉命审录江北囚狱。不久，他因病回到家乡余姚，游历了九华山，并在绍兴阳明洞中筑室修行，练习神仙导引术，自号阳明子。

但道与佛的理论并不能解王阳明心中疑惑，无论是行道家的导引之术，还是佛家脱离尘俗的修炼，都不能使阳明距离成圣人的目标更近。在成婚归家途中，他曾拜谒了明初大儒吴与弼的弟子娄谅。两人谈论许久，甚是投缘。娄谅论及宋儒格物致知理论，认为圣人一定可以学而致之，令王阳明大为钦佩，从此视娄谅为精神导师，一心遵照格物致知的理论，以成圣人。

中举之后，王阳明遍求朱熹著作，认真阅读，端坐省言。一天，他想起朱子曾言一草一木皆蕴含道理，于是就以父亲官署中的竹子为对象，不吃不喝，盯着竹子，要悟出其道理，到了第七天，实在撑不住而倒下。

此后，虽仍读书学习，但他实在不明白，探求外物事理与心灵修行的关系，反而觉得越格物，心中越疑惑，怀疑自己无做圣贤的天分，又投向佛老。直到34岁时，他才彻底摒弃佛老，归宗于儒学。

恰在此时，王阳明遭遇了平生最沉重的打击。正德元年（1506），年仅15岁的明武帝即位，宠信以刘瑾为首的八位宦官，干预朝政，引起朝中多位大臣不满。刘健等顾命大臣欲除掉刘瑾，不料反被其借机逼出朝廷。其他大臣上疏抗议，均遭刘瑾迫害。王阳明一向以直节著称，虽位卑言轻，却也挺身而出，上书请求“宥言官，去权奸”。刘瑾大怒，马上命人将王阳明当廷重打四十大板，关了半年监牢，远远发配至贵州龙场任驿丞。

驿丞主要掌管驿站中仪仗、车马、迎送之事，是不入品的小官。而且龙场地处荒僻，瘴疫横行，周围都是苗、彝等少数民族，民风彪悍，一向被人视为畏途。龙场仅有驿丞一员、吏一名、马二十三匹，要自己种田，砍柴，做饭，更有刘瑾走卒的不时迫害。如此艰苦的环境，没有让王阳明绝望，反而更加磨砺了他的心智，使他有机会安静地思索程朱理学中的基本命题。终于在一天夜里，他恍然大悟，想通了格物致知的道理，即不在于向外索求事理，而要反诸内心。他长久的焦虑与困惑一扫而空，心中一片澄明，其境界也由此升华，史称“龙场悟道”。

觉悟后的王阳明，与之前判若两人。他讲学授徒，声名日盛，阳明心学由此创立，仕途也一路亨通，官至南京兵部尚书，受封新建伯。正德十一年（1516），受命长期暴乱的南赣巡抚，他采取灵活办法，将大小暴动一一平定，又订立乡约，移风易俗，“远近惊为神”；正德十四年（1519），他得知宁王朱宸濠叛乱消息，施奇计，将一场滔天大祸迅速弭息；晚年出征广西，思恩、田州之乱不战而平。

文能提笔安天下，武能骑马定乾坤，王阳明文武兼备，令人赞叹。清人修《明史》，对他赞叹不绝：“王守仁始以直节著。比任疆事，提弱卒，从诸书生扫积年逋寇，平定孽藩。终明之世，文臣用兵制胜，未有如守仁者也。”其实，不但在明代，纵观数千年历史，能达到此境界的也极为罕见。

王阳明能取得如此成就，与其思想密不可分。他对于人心有深刻的洞察。他虽屡立战功，但却更关注思想和教化的巨大作用。他感叹“破山中贼易，破心中贼难”，即便在战争期间，也不忘广收徒众，希望求得“豪杰同志之士，扶持匡翼，共明良知学于天下”，以救“斯民之陷溺”。《传习录》正是其思想体系的集中反映，概括来说，主要包括三个基本论点：

其一，心即理。关于心（人的思想意识）与理（世界万物及其规律）的关系，是历代哲学家讨论的焦点。《中庸》提出：“天命之谓性，率性之谓道。”将客观的“天理”与主观的“心性”结合在一起。孟子提出，“尽其心，知其性”，“万物皆备于我”，将天与人合二为一。

其二，宋代理学大兴，“二程”、张载、朱熹一派认为要从研究具体的万物开始，达到领悟最高的“理”，所谓“一草一木皆有理，须是察”（程颐、程颢，《河南程氏遗书》），“理不在人皆在物，人但物中之一物耳”（张载，《张子全书》）。而南宋陆九渊则提出“宇宙便是吾心，吾心即是宇宙”，“道未有外乎其心者”。王阳明主张“心即性，性即理”，反对将二者割裂而论，正是由陆九渊心学发展而来。

要知道，程朱理学至明代，已流行数百年，且是官学科举考试的标准答案，王阳明的观点在当时可谓惊世骇俗，他的学生徐爱回忆说：“始闻先生之教，实是骇愕不定，无入头处。其后闻之既久，渐知反身实践，然后始信先生之学为孔门嫡传，舍是皆傍蹊小径、断港绝河矣。”

王阳明自己总结说，自己提出“心即理”，是因为“世人分心与理为二，故便有许多病痛”。就好比春秋五霸尊王攘夷，其实是为自己私心，不合天理，普通人却说他们做得对，只是心思不纯粹而已。许多人贪慕功名，往往只求表面做得漂亮，不关心自己内心。所以，他主张“心即理”，就是要求人们“来心上做功夫，不去袭义于外”。

《论语》中记载孔子入太庙，每事都要问。孔子既是圣人，应该无所不知，为何还要每事问呢？朱熹等学者解释说：这是孔子极为恭敬谨慎的表现。王阳明认为此解释不通。他认为“圣人无所不知，只是知个天理；无所不能，只是能个天理”，像“礼乐名物”等细节知识，孔子不可能也不必要都知晓，不懂了就问，也是天理所在。换言之，所谓圣人，是通晓世界运行的底层逻辑，最基本的规律；我们修炼心性，追慕先贤，也正为此。至于各类琐碎知识信息，则不必事事了解，否则会只见树木，不见森林，陷入信息的汪洋大海中。

二是知行合一。这是承接上述“心即理”的观点而来。王阳明认为认知和行为不可割裂，知是行的主意，行是知的功夫；知是行之始，行是知之成。比如我们称赞某人懂得孝顺父母，懂得敬重兄长，那一定是此人已做了孝顺父母与敬重兄长的事情。要了解寒冷、疼痛，一定是经历了寒冷和疼痛。所以知行是不可分开的。他认为“格物致知”一语，“格物是致知功夫，知得致知便已知得格物。若是未知格物，则是致知功夫亦未尝知也”。就是说我们学习了知识，但一实践却发现不是那么回事，其实还是认识程度不足的缘故。

王阳明主张要在事情上磨练心志，反对“深居端坐而一无所事”。他反复强调，致知要在实事上格，“人须在事上磨，方立得住，方能静亦定，动亦定”。《传习录》中记载，王阳明曾有位属下，经常听其讲学，说心学好是好，只是自己忙于处理簿书讼狱等琐碎工作，没办法去学。王阳明听说后说：“我何尝教尔离了簿书讼狱，悬空去讲学？”处理官司，心无偏私，不枉人是非，这就是格物致知。“簿书讼狱之间，无非实学。若离了事物为学，却是着空。”就是这个道理。

其三，致良知。这是阳明心学的核心所在，也是达到知行合一的关键功夫，明代文学家袁中道赞扬说：“自东越揭良知，以开天下学者，若披云见日矣。”王阳明对此也甚为自得，认为是“千古圣贤相传的一点真骨血”，“必由此而后天下可得而治”。王阳明认为，良知是天理，人人皆有。良知本是光明的，“气质不美者，渣滓多，障蔽厚，不易开明。质美者，渣滓原少，无多障蔽，略加致知之功，此良知便自莹彻”，致良知就是通过个人的不断修养，去除心灵的遮蔽，发现并回归本心，从而合乎天理。

王阳明对良知的定义，不限于人类。他认为，人的良知，就是草木瓦石的良知。天地万物和人类是一体的，“天地无人的良知亦不可为天地”。这依旧是“心外无物”的观点阐发。

既然良知人人皆有，那么通过修行，去体认固有的良知，“循着良知发用流行将去，即无不是道”，“见满街人都是圣人”也是常事，人人皆有成圣贤的可能。

阳明心学的创立，促进了人们主体意识的觉醒，对于晚明的思想启蒙和社会变革影响很大。王艮、颜山农、何心隐、李贽等王门心学代表人物，继承并发扬了这一学说，形成明代蓬勃的思想流派，甚至出现“天下之尊王子也甚于孔子”的局面。

在东亚的日本、韩国以及东南亚的新加坡等地，阳明心学也非常盛行。《传习录》在海外的多次翻刻，就是明证。新中国成立后，曾一度将阳明心学视为唯心主义糟粕加以批判，《传习录》也被束之高阁。不过近年来，人们又重新认识到阳明心学的价值，《传习录》各种注译、解读版本大量涌现，对于《传习录》的研讨与运用也日趋深入。

当然，要了解这一深邃思想，单靠别人的介绍和解读显然是远远不够的，最好的办法是认真读原著并加以力行。以认知指导行为，以行为检验认知。王阳明曾感叹地说："吾与诸公讲致知格物，日日是此，讲一二十年，俱是如此。诸君听吾言实去用功，见吾讲一番，自觉长进一次。否则只作一场话说，虽听之亦何用？"

学以致用，实践出真知，本就是阳明心学的要义。

王建新

目录

传习录　上

传习录　中

传习录　下

传习录　上

【传习[1]录序】

门人有私录阳明先生之言者。先生闻之，谓之曰："圣人教人，如医用药，皆因病立方，酌其虚实、温凉、阴阳、内外而时时加减之，要在去病，初无定说，若拘执一方，鲜不杀人矣。今某与诸君不过各就偏蔽箴切砥砺，但能改化，即吾言已为赘疣[2]。若遂守为成训，他日误己误人，某之罪过，可复追赎乎！"

爱既备录先生之教，同门之友有以是相规者。爱因谓之曰："如子之言，即又拘执一方，复失先生之意矣。孔子谓子贡，尝曰：'予欲无言。'[3]他日，则曰：'吾与回言终日。'[4]又何言之不一邪？盖子贡专求圣人于言语之间，故孔子以无言警之，使之实体诸心，以求自得。颜子于孔子之言，默识心通，无不在己，故与之言终日，若决江河而之海也。故孔子于子贡之无言不为少，于颜子之终日言不为多，各当其可而已。今备录先生之语，固非先生之

① 传习：传，老师传授给学生知识和学问；习，学习、温习，也是实习、践习。

② 赘疣：多余、无用。

③ 予欲无言：我什么都不想说。

④ 吾与回言终日：颜回能够将老师的话铭记在心，思考过后用自己的话说出来，所以孔子与他谈得十分投机，以至终日不疲。

所欲。使吾侪常在先生之门，亦何事于此？惟或有时而去侧，同门之友又皆离群索居。当是之时，仪刑既远，而规切无闻，如爱之驽劣，非得先生之言时时对越警发之，其不摧堕靡废者几希矣！吾侪于先生之言，苟徒入耳出口，不体诸身，则爱之录此，实先生之罪人矣。使能得之言意之表，而诚诸践履之实，则斯录也，固先生终日言之之心也，可少乎哉！”

录成，因复识此于首篇，以告同志。

门人徐爱序。

精彩解说

有弟子私底下偷偷记录先生的言论。阳明听说后，对他们说：“圣贤教导他人，就像医生给人看病，是根据每个人的病情以及体质，加上虚实温凉、病理的阴阳内外控制药量。治病是关键，用药并不是一成不变。如果只拘泥于一种药方，会有很大害处。现在每个人都正视自己的毛病，如果努力修炼，加以改正，我说的话就是多余的。如果只是把我说的话当成教条，就会误人误己，我的罪过就大了啊！”

那时候，我把先生的教诲都记下来，同学们还有人用它互相规劝。我又对他们说：“如果按照你们的理解，就是‘拘泥于一种药方’，这就违背了先生的用意。孔子曾经对子贡说：‘我什么都不想说。’另外有一天却又说：‘我和颜回说了一天。’孔子说的话为什么前后不一致呢？因为子贡喜欢在圣人言语上绕来绕去，所以孔子就对他说不想说话。而颜回总是将孔子的话默默记在心上，融会贯通后成为自己的学问，所以孔子能和颜回谈论一天，如同江河之水奔向大海般滔滔不绝。因此，对于子贡，即使孔子不说话也不算少，而对于颜回来说，就算是谈论一天也不嫌多，不过是两人情况不同罢了。现在我把先生所说的都记下来，固然不是先生希望的，但是如果我们能一直跟着先生学习，我又何必这么做呢？只是先生不常在身边，大家又住在不同的地方，到时先生不在身边，像我这么笨的人恐怕会颓废堕落。如果我们只是听一听，说一说，不身体力行，那我记录先生的言论岂不是成了罪人？如果我们能按照记录的这些言论所表达的意思去努力，付诸行动，那么我所做的这些记录，就符合先生平时言论的用心了。如此，我的记录就是必不可少的了！”

记录整理完，附上这篇文字，告知同学们。

弟子徐爱序。

【徐爱录】

先生于《大学》“格物”诸说，悉以旧本为正，盖先儒[1]所谓误本者也。爱始闻而骇，既而疑，已而殚精竭思，参互错纵，以质于先生，然后知先生之说若水之寒，若火之热，断断乎百世以俟圣人而不惑者也。先生明睿天授，然和乐坦易，不事边幅。人见其少时豪迈不羁，又尝泛滥于词章，出入二氏[2]之学，骤闻是说，皆目以为立异好奇，漫不省究。不知先生居夷三载，处困养静，精一之功[3]固已超人圣域，粹然大中至正之归矣。

爱朝夕炙门下，但见先生之道，即之若易而仰之愈高，见之若粗而探之愈精，就之若近而造之愈益无穷，十余年来竟未能窥其藩篱。世之君子，或与先生仅交一面，或犹未闻其謦欬，或先怀忽易愤激之心，而遽欲于立谈之间，传闻之说，臆断悬度，如之何其可得也？从游之士，闻先生之教，往往得一而遗二，见其牝牡骊黄而

---

① 先儒：指程颐、程颢和朱熹。

② 二氏：佛教和道教。

③ 精一之功：意思为精纯的功夫。

弃其所谓千里者[①]。故爱备录平日之所闻，私以示夫同志，相与考而正之，庶无负先生之教云。

门人徐爱书。

精彩解说

对于“格物”等学说，先生总是以旧版本的《大学》为凭据，也就是先儒口中的错误版本。我刚听说的时候感到十分惊讶，后来感到疑惑，用心思考相互对比后去问先生，才明白先生的学说如水一般清凉，如火一般热烈，绝对是百代之后的人都不会怀疑的。先生天生聪明睿智，性格乐观坦荡，平易近人，不拘小节。别人见他年少时候性格豪迈，还写过很多诗词歌赋，内容皆是佛道两家的学问，突然听到他的学说，总是让人认为是标新立异，并不深入探究。他们根本不知先生在夷地那三年的困境之中修身养性的功夫，已经进入圣域，完成了最正统的回归。

我整天跟先生请教，先生的道义，在接近时仿佛很容易，但是仰慕时又非常高远；最初见到时仿佛很粗略，但是探究时又非常精深；在接近时好像很浅显，深究的时候却是没有止境。十几年来，我一直没有探测到他的高深。现在所谓的君子，有的和先生只有一面之缘，有的根本没有听过先生的言论，甚至有的还怀着轻视傲慢的态度，想要凭三言两语妄自揣测，这样怎么可能领会先生的学问呢？学生们聆听过先生的教诲之后，领会的少，遗忘的多。好比相马时只看到马的雌雄和外表，没有发现它千里马的本质。所以我认真记下平时的所见所闻，再拿给其他学者看，大家相互探讨，希望不辜负先生的教诲。

学生徐爱作。

---

① 见其牝牡骊黄而弃其所谓千里者：只看到马的公母、颜色等外表，看不到它作为千里马的内涵。比喻只能看到事物的表象看不到其本质。

一

爱问："'在亲民'，朱子谓当作'新民'，后章'作新民'之文似亦有据；先生以为宜从旧本作'亲民'，亦有所据否？"

先生曰："'作新民'之'新'是自新之民，与'在新民'之'新'不同，此岂足为据？'作'字却与'亲'字相对，然非'新'字义[①]。下'治国平天下'处，皆于'新'字无发明，如云'君子贤其贤而亲其亲，小人乐其乐而利其利''如保赤子''民之所好好之，民之所恶恶之，此之谓民之父母'之类，皆是'亲'字意。'亲民'犹孟子'亲亲仁民'之谓，亲之即仁之也。百姓不亲，舜使契为司徒，敬敷五教[②]，所以亲之也。《尧典》'克明峻德'[③]便是'明明德'；'以亲九族'至'平章''协和'，便是'亲民'，便是'明明德于天下'。又如孔子言'修己以安百姓'[④]，'修己'便是'明明德'；'安百姓'便是'亲民'。说'亲民'便是兼教养意，说'新民'便觉偏了。"

---

① 然非"新"字义：郑艾民认为，《王文成公全书》中原来是"新"被误认为"亲"，因此在闾东本改正。

② 舜使契为司徒，敬敷五教：舜封契为司徒，掌管教化，父义、母慈、兄友、弟恭、子孝，五种伦理道德。

③ 克明峻德：能将俊才者高尚的德性发扬光大。

④ 修己以安百姓：修养自己而使老百姓得以安居乐业。

精彩解说

徐爱问："朱熹说《大学》中的'在亲民'应当写作'新民'。在后面的章节中的'作新民'这一句，好像也能当作凭据。而先生认为应该按照旧版本写作'亲民'，请问有什么根据吗？"

先生说："'作新民'的'新'与'在新民'的'新'有所不同。'作新民'的'新'是自新之民的意思，前者怎么能当作后者的依据呢？'作'和'亲'两字相对应，但并不能用'新'字来解释。在后面'治国平天下'等诸多地方，并没有'新'字的意思。比如'君子如果能够重用有才能的人，亲近亲人，老百姓才能安居乐业，获得利益''爱百姓就像爱护自己的孩子一样''百姓喜爱的事，他喜爱；百姓憎恶的事，他憎恶，这样的国君才可以称得上是百姓的父母'等之类的话语，都是对'亲'字的解释。'亲民'，就像孟子说的'亲亲仁民'，'亲之'就是仁爱的意思。百姓之间如果不互相亲近，舜就要契做司徒，兢兢业业地推行五种道德来教化百姓，让他们之间互相亲近。又如《尧典》中的'克明峻德'就是'明明德'的意思，从'以亲九族'到'平章''协和'，说的就是'亲民'，也就是'明明德于天下'的意思。再如，孔子所说的'修养自己以安顿百姓'这句话中，'修养自己'就是'明明德'。'安百姓'就是在'亲民'。不难看出'亲民'已经有教诲和养育的意思，如果改成'新民'就感觉有些片面了。"

二

爱问："'知止而后有定'①，朱子以为'事事物物皆有定理'，似与先生之说相戾。"

先生曰："于事事物物上求至善，却是义外也，至善是心之

① 知止而后有定：事事物物都是有定理的。

本体，只是‘明明德’到‘至精至一’[①]处便是，然亦未尝离却事物，本注所谓‘尽夫天理之极，而无一毫人欲之私’者得之。”

精彩解说

徐爱问：“朱熹将《大学》中的‘知道应达到的境界才能够志向坚定，一句解释为万事万物都有特定的道理，这好像与您的看法不一样呀。”

先生说：“如果只在万事万物上追求至高无上的善，义也就成了外在的东西。至善的心是心的本体，只要‘明明德’达到‘至精至一’的地步就做到至高无上的善了，但也并没有脱离客观事物。朱熹曾在《大学章句》中说道，‘只有穷尽天理而没有一点私心杂念’的人，才能够达到至善的境界。”

三

爱问：“至善只求诸心，恐于天下事理有不能尽。”

先生曰：“心即理[②]也。天下又有心外之事、心外之理乎？”

爱曰：“如事父之孝，事君之忠，交友之信，治民之仁，其间有许多理在，恐亦不可不察。”

先生叹曰：“此说之蔽久矣，岂一语所能悟？今姑就所问者言之：且如事父，不成去父上求个孝的理；事君，不成去君上求个忠的理；交友治民，不成去友上、民上求个信与仁的理。都只在此心，心即理也。此心无私欲之蔽，即是天理，不须外面添一分。以

---

① 至精至一：意思是心的本体所达到的最高境界。

② 心即理：王阳明心学的基本命题。意思是心就是天理。

此纯乎天理之心，发之事父便是孝，发之事君便是忠，发之交友治民便是信与仁。只在此心去人欲、存天理上用功便是。”

爱曰：“闻先生如此说，爱已觉有省悟处。但旧说缠于胸中，尚有未脱然者。如事父一事，其间温凊定省[①]之类有许多节目，不知亦须讲求否？”

先生曰：“如何不讲求？只是有个头脑，只是就此心去人欲、存天理上讲求。就如讲求冬温，也只是要尽此心之孝，恐怕有一毫人欲间杂；讲求夏清，也只是要尽此心之孝，恐怕有一毫人欲间杂，只是讲求得此心。此心若无人欲，纯是天理，是个诚于孝亲的心，冬时自然思量父母的寒，便自要去求个温的道理；夏时自然思量父的热，便自要去求个清的道理。这都是那诚孝的心发出来的条件。却是须有这诚孝的心，然后有这条件发出来。譬之树木，这诚孝的心便是根，许多条件便是枝叶，须先有根然后有枝叶，不是先寻了枝叶然后去种根。《礼记》言：‘孝子之有深爱者，必有和气；有和气者，必有愉色；有愉色者，必有婉容。’[②]须是有个深爱做根，便自然如此。”

精彩解说

徐爱问：“如果只在心中追求至高无上的善，恐怕世界上那么多事情的道理是不能穷尽的。”

---

① 定省：做儿女的要替父母安顿好夜间就寝的事，且早上要向父母请安。

② 孝子之有深爱者，必有和气；有和气者，必有愉色；有愉色者，必有婉容：意思是指对长辈的孝顺，发自内心的深爱是最根本的，然后才会有和气的态度、愉悦的气色、美好的表情。

先生说："心就是天理，世界上怎么会有存在于人心之外的事物和道理呢？"

徐爱说："就像对父亲的孝心，对君王的忠心，对朋友的诚信，对百姓的仁心，这些事情在做的时候也有许多道理，恐怕也不能忽视吧。"

先生感叹道："世人被这种说法已经蒙蔽很久了，怎么能是一句话就能说得清的？现在暂且就回答你问的问题。比如孝顺父亲时，难道还要从父亲身上去寻找孝的道理吗？辅佐君王时，难道还要从君王身上寻找忠的道理吗？结交朋友和治理百姓时，难道还要从朋友和百姓身上寻找诚信和仁爱的道理吗？这些道理都只在各自的心中，所以人心就是天理。只要心没有被私欲所蒙蔽，便是天理，就不用从外面添加一分一毫。把这颗纯粹天理的心，表现在侍奉父亲上就是孝，表现在辅佐君王上就是忠，表现在结交朋友、治理百姓上就是诚信和仁爱。只要自己在去除私欲、存养天理上下功夫就可以了。"

徐爱说："听先生这番话，受益匪浅。但是旧的说法还在我心中萦绕，还有地方不能完全摆脱。就拿侍奉父亲这件事来说，让父亲冬暖夏凉、早晚请安等事的细节上，难道不需要讲究吗？"

先生说："怎么可以不讲究呢？但要分清主次，只要在自己心中摒弃私欲、存养天理上讲究就可以了。比如在父母冬天保暖的问题上，也只是要尽自己的一份孝心，其中不能存有丝毫的私心杂念；怎样让父母夏天凉快，也只是想尽自己的孝心，不能夹杂丝毫的私欲在里面，只是讲求对得起自己这份心。如果自己的心里没有任何私欲，纯是天理，这就是一颗诚实孝敬的心，在冬天自然会想到父母是否寒冷，就会为他们寻求保暖的方法；同样在夏天自然也会想到父母是否炎热，就会主动去寻找避暑的方法。这些具体的事都是那颗诚实孝敬的心的表现。只要有了这颗诚实孝敬的心，才能做出具体的事。就如树木，树根就是诚实孝敬的心，树叶就是许多具体的事情，而树必须是先有树根后才有树叶，并不是先有枝叶然后才有树根。《礼记》中曾说：'如果孝子对父母有深深的爱，对父母的态度一定会很和气，有了和气的态度就会有愉悦的气色，有了愉悦的气色就会有美好的表情。'只要有个深爱的心做树根，就自然如此了。"

四

郑朝朔[1]问："至善亦须有从事物上求者？"

先生曰："至善[2]只是此心纯乎天理之极便是，更于事物上怎生求？且试说几件看。"

朝朔曰："且如事亲，如何而为温凊之节，如何而为奉养之宜，须求个是当，方是至善，所以有学问思辩之功。"

先生曰："若只是温凊之节、奉养之宜，可一日二日讲之而尽，用得甚学问思辩？惟于温凊时，也只要此心纯乎天理之极；奉养时，也只要此心纯乎天理之极。此则非有学问思辩之功，将不免于毫厘千里之缪[3]，所以虽在圣人，犹加'精一'之训。若只是那些仪节[4]求得是当便谓至善，即如今扮戏子，扮得许多温凊奉养的仪节是当，亦可谓之至善矣。"

爱于是日又有省。

精彩解说

郑朝朔问："至高无上的善也必须从具体的事物上获取吗？"

先生说："让自己的内心达到纯粹天理的境界就是至高无上的善，怎么

① 郑朝朔：广东揭阳人，名一初。王阳明吏部任职时，朝朔为监察御史，曾经向王阳明问学。

② 至善：儒家最高境界的善。

③ 毫厘千里之缪：比喻表面上看起来是区别微小的，实际上误差巨大。缪，谬误。

④ 仪节：仪指仪式；节指礼节，节目。比喻表面的现象。

能从具体事物上获取呢？你不妨举几个例子看看。”

朝朔说：“就像孝敬父母，怎样才能做到防寒降暑，奉养适度，应当寻求得当的方法才是至善。所以就有了学习、询问、思考和辨别的功夫。”

先生说：“如果孝敬父母只是防寒降暑、侍奉赡养的问题，那么一两天就能讲清楚，还用得着学、问、思、辩吗？在防寒降暑、侍奉赡养父母时，只求自己的心达到纯粹天理的境界就行了。当然要做到这一点，如果无学问思辩的功夫，就会差之毫厘失之千里了。所以即便是圣人，也要再加上‘精一’的要求。如果只是认为把那些礼节讲求得适当，就说是做到至高无上的善了，那么现在的戏子在舞台上也有许多冬温夏凊、奉养合宜的礼仪情节的表演，他们也就能称为至善了。”

徐爱在这天又有所收获。

五

爱因未会先生“知行合一”[1]之训，与宗贤[2]、惟贤往复辩论，未能决，以问于先生。

先生曰：“试举看。”

爱曰：“如今人尽有知得父当孝、兄当弟者，却不能孝、不能弟，便是知与行分明是两件。”

先生曰：“此已被私欲隔断，不是知行的本体了。未有知而不行者。知而不行，只是未知。圣贤教人知行，正是要复那本体，不是着你只恁的便罢。故《大学》指个真知行与人看，说‘如好好

---

① 知行合一：依人心中的道德理想和是非观念而行。知一旦发生，就是在行了，二者是不可分离的。

② 宗贤：名黄绾，字宗贤，号文庵，浙江黄岩人，王阳明的学生。

色，如恶恶臭’[1]。见好色属知，好好色属行。只见那好色时已自好了，不是见了后又立个心去好。闻恶臭属知，恶恶臭属行。只闻那恶臭时已自恶了，不是闻了后别立个心去恶。如鼻塞人，虽见恶臭在前，鼻中不曾闻得，便亦不甚恶，亦只是不曾知臭。就如称某人知孝，某人知弟，必是其人已曾行孝行弟，方可称他知孝知弟，不成只是晓得说些孝弟的话，便可称为知孝弟。又如知痛，必已自痛了方知痛；知寒，必已自寒了；知饥，必已自饥了。知行如何分得开？此便是知行的本体[2]，不曾有私意隔断的。圣人教人，必要是如此，方可谓之知。不然，只是不曾知。此却是何等紧切着实的功夫！如今苦苦定要说知行做两个，是甚么意？某要说做一个，是甚么意？若不知立言宗旨，只管说一个两个，亦有甚用？”

爱曰：“古人说知行做两个，亦是要人见个分晓，一行做知的功夫，一行做行的功夫，即功夫始有下落。”

先生曰：“此却失了古人宗旨也。某尝说知是行的主意，行是知的功夫；知是行之始，行是知之成。若会得时，只说一个知，已自有行在；只说一个行，已自有知在。古人所以既说一个知又说一个行者，只为世间有一种人，懵懵懂懂的任意去做，全不解思惟省察，也只是个冥行妄作，所以必说个知，方才行得是；又有一种人，茫茫荡荡悬空去思索，全不肯着实躬行，也只是个揣摸影响，所以必说一个行，方才知得真。此是古人不得已补偏救弊的说话，

---

① 如好好色，如恶恶臭：王阳明用这个例子来说明“知”与“行”的合一有必然性。

② 本体：本来的面目。

若见得这个意时，即一言而足。今人却就将知行分作两件去做，以为必先知了，然后能行。我如今且去讲习讨论做知的工夫，待知得真了，方去做行的工夫，故遂终身不行，亦遂终身不知。此不是小病痛，其来已非一日矣。某今说个知行合一，正是对病的药。又不是某凿空杜撰，知行本体原是如此。今若知得宗旨时，即说两个亦不妨，亦只是一个；若不会宗旨，便说一个，亦济得甚事？只是闲说话。”

精彩解说

徐爱因为没有理解先生“知行合一”的主张，就和宗贤、惟贤反复讨论，还是没有弄明白，所以来向先生请教。

先生说：“你不妨试着举个例子看看。”

徐爱说：“现在每个人都知道对父母应该孝顺、对兄长应该尊敬，但往往人们却做不到孝顺、尊敬，可见，知和行分明是两码事。”

先生说：“这些人的知行已经被私欲所迷惑了，不再是知和行的原来意思了。没有知而不行的事，知而不行，就是没有真正明白。圣贤教育人们知和行，正是要恢复原本的知和行，并不是只教你随意地去应付。《大学》中用‘就像喜欢美色和厌恶恶臭一样’这样真知真行的例子启示人们，什么是真正的知与行。看见美色是知，喜欢美色是行，人在看见美色时就立刻喜欢上了，并不是看见以后才另生出一个心去喜欢；闻到臭气是知，厌恶臭气是行，在闻到臭气时就自然而然地厌恶了，而不是闻到臭气以后才生出一个厌恶的心。比如一个人的鼻子不通，即使腐臭的东西在眼前，鼻子没有闻到，也就不会特别厌恶，那是因为他不知道臭。就好像我们说某个人知道孝敬父母、尊敬兄长的道理，这一定是他已经将孝顺、尊敬的道理付诸行动，才能说他知道了孝顺和尊敬的道理。难道只说些孝顺、尊敬的话，就能说他知道了孝顺和尊敬的道理吗？再比如知道疼痛，一定是他自己痛过，才知道什么是疼痛；知道寒冷，必定是自己经历了寒冷；知道饥饿，必定是自己肚子饿过。知和行怎么能分得开呢？这就是知和行原本的意思，没有被私欲迷惑。圣人一定是这样教育学生，才能说是知，不然就不说是真正的知。这是多么紧切实际的功夫啊！现在世人非要把知和行说成两件事，是什么意思呢？我却要把知和行说成是一件事，又是什么意思呢？倘若不明白我这番话的主旨，只是在一件事还是两件事上争论，又管什么用呢？”

徐爱说：“古人把知和行分开讲，也只是想让人们知道，一方面做知的功夫，一方面做行的功夫，这样才能将功夫落到实处。”

先生说：“这样说就抛弃了古人的本意，我以前说知是行的主旨，行是知的功夫；知是行的开始，行是知的结果。如果能够领会到知和行的道理，只说知，行就自然存在了；只说行，知也就自然存在了。古人之所以说了知又说行，那是因为世上就有一种人，只知道昏头昏脑地由着性子做事情，根本不会认真地思考琢磨，完全是盲目的行动、肆意的作为。因此，必须给他说一个知的道理，他才能够行得端正。还有一种只会无边无际空想的人，根本不肯付诸行动，只是在那里凭空想象，所以也必须给他说行的道理，他才能真正知道。这些都是古人为了补偏救弊不得已而使用的对策，如果能真正明白了这其中的含义，那知行合一这句话就能说清楚了。而现在的人非要把知和行分成两件事情去做，他们认为必须先认识了才能去实践。如果我现在只是在讨论怎样做到知的功夫上，等到真正知道了再在行上下功夫，那必定会终身不能实践，一无所获。这绝对不是一个小问题，这种错误的认识也不是一天两天了。我现在说的知行合一，正是要对症下药，并不是我凭空想象出来的，知和行的原本意思就是如此。今天如果你们明白了这个宗旨，即使把知和行分开来说也没关系，其实仍然是一件事；如果你们不明白这个宗旨，就算把知和行说成是一件事又有什么用呢，也只是在说废话而已！”

六

爱问："昨闻先生'止至善'[1]之教，已觉功夫有用力处。但与朱子'格物'之训[2]，思之终不能合。"

先生曰："格物是止至善之功，既知至善，即知格物矣。"

爱曰："昨以先生之教推之格物之说，似亦见得大略。但朱子之训，其于《书》之'精一'，《论语》之'博约'[3]，《孟子》之'尽心知性'，皆有所证据，以是未能释然。"

先生曰："子夏笃信圣人，曾子反求诸己。笃信固亦是，然不如反求之切。今既不得于心，安可狃于旧闻，不求是当？就如朱子，亦尊信程子，至其不得于心处，亦何尝苟从？'精一''博约''尽心'本自与吾说吻合，但未之思耳。朱子格物之训，未免牵合附会，非其本旨。精是一之功，博是约之功。曰仁既明知行合一之说，此可一言而喻。尽心、知性、知天，是生知安行事；存心、养性、事天，是学知利行事；夭寿不贰，修身以俟，是困知勉行事。朱子错训'格物'，只为倒看了此意，以'尽心知性'为'物格知至'，要初学便去做生知安行事，如何做得？"

爱问："'尽心知性'，何以为'生知安行'？"

先生曰："性是心之体，天是性之原，尽心即是尽性。惟天

---

① 止至善：意思是通过努力达到善的最高境界。

② 朱子"格物"之训：要通过对世间万物的逐一探寻，来达到善的最高境界。

③ 博约：博文和约礼。

下至诚为能尽其性，知天地之化育[①]。’存心者，心有未尽也。知天，如知州、知县之知，是自己分上事，已与天为一；事天，如子之事父，臣之事君，须是恭敬奉承，然后能无失，尚与天为二，此便是圣贤之别。至于‘夭寿不贰其心’[②]，乃是教学者一心为善，不可以穷通夭寿之故，便把为善的心变动了，只去修身以俟命；见得穷通寿夭有个命在，我亦不必以此动心。事天虽与天为二，已自见得个天在面前；俟命便是未曾见面，在此等候相似：此便是初学立心之始，有个困勉的意在。今却倒做了，所以使学者无下手处。”

爱曰：“昨闻先生之教，亦影影见得功夫须是如此。今闻此说，益无可疑。爱昨晓思格物的物字即是事字，皆从心上说。”

先生曰：“然。身之主宰便是心，心之所发便是意，意之本体便是知，意之所在便是物。如意在于事亲，即事亲便是一物；意在于事君，即事君便是一物；意在于仁民爱物，即仁民爱物便是一物；意在于视听言动，即视听言动便是一物。所以某说无心外之理，无心外之物。《中庸》言‘不诚无物’，《大学》‘明明德’之功，只是个诚意。诚意之功只是个格物。”

精彩解说

徐爱问：“昨天听了先生关于‘止至善’的教导，我已经觉得功夫有着力之处。但是关于格物的训导我思来想去，还是觉得您的见解和朱子的阐述

① 天地之化育：指帮助天地来化育生命。

② 夭寿不贰其心：不因寿命的长短而怀疑和动摇自己的心。

始终不能达成一致。"

先生说："格物是'止至善'的功夫，既然知道了'至善'，也就知道'格物'了。"

徐爱说："昨天我将先生的教诲深入到格物的学说中，仿佛也能明白大概的意思。但是朱子的解释，在《尚书》的'精一'、《论语》的'博约'和《孟子》的'尽心知性'中，都能找到依据，所以我的疑虑还没有完全消除。"

先生说："子夏坚定地相信圣人之说，曾子反省自身。虽然笃信圣人肯定是正确的，但是不如反省探求自身更真实。你现在既然不能完全明白，又怎么能习惯性地相信旧的学说，而不去寻求正确的答案呢？就拿朱子说，他十分尊敬相信程子和他的学说，但对于和他想法不一致的地方，什么时候随便轻信过呢？'精一''博约''尽心'这些学说本来和我的学说是一致的，只是你没有仔细深入地思考而已。朱子对格物的阐释，不免有些牵强附会了，并非格物本来的要旨，追求精粹是达到纯极之功，博学是恪守礼法的功夫。既然你已经明白了'知行合一'的主张，这样用一句话就能说清楚了。'尽心知性知天'是'生知安行'能够做到的事情，'存心养性事天'是'学知利行'能够做到的事情，'无论生命长短，都要修养自身，不能三心二意，等待天命'是'困知勉行'能够做到的事情。朱子对格物学说错误的理解，只是因为他将这个意思颠倒了，他认为'尽心知性'就是'格物知至'，要求初学的人做'生知安行'的事情，怎么能做得到呢？"

徐爱问："'尽心知性'怎么能说是'生知安行'所能达到的呢？"

先生说："本性是人本心的主体，天理就是本性的根源，所以扩充天生的善心就是完全发挥本性。'只有天下最真诚的人，才能充分发挥他的本性，才能认识了解天地的造化育成。'心中怀着天生的善心，也就是说善心并没有得到充分的发挥。'知天'的知，就像知州、知县的知，是自己应该做的事，已经和天合二为一。侍奉天，就像儿子侍奉父亲，臣子侍奉君主一样，必须毕恭毕敬地侍奉，才能万无一失。此时还是与天没有合为一体，这就是圣人和圣贤的区别所在。至于'夭折与长寿没有分别'这种说法，它是教育人们一心行善，不能因为生活困难和寿命的长短就改变了行善的心，只顾着修身来等待命运的安排，只要认识到生活的困顿和寿命的长短都是命运的安排，我们也就不用因此而动摇心志。侍奉天，虽然不能和天合二为一，但已经看到天理的存在。等待命运的安排，就是从来见面却在这里等待一样。这是初学的人树立志向的开端，有刻苦勤奋的精神，现在却颠倒了顺序，因此，使学习的人无从着手。”

徐爱说：“昨天听了先生的教导，我也隐约觉得功夫理应如此。现在又听到先生这样解释，我没有什么疑虑的了。昨天晚上我这样想，格物的‘物’字就是‘事’字，都是依心而说的。”

先生说：“说得好。本心是身体的主宰，意念是本心的触发，认知是意念的本源，事物是意念的所在。意念在侍奉亲人上，那么侍奉亲人就是一物。意念在侍奉君主上，那么侍奉君主就是一物。意念在仁治百姓、爱护世间万物上，那么仁治百姓、爱护万物就是一物。如果意念在视、听、言、动上，那么视、听、言、动就是一物。所以我认为既没有本心之外的天理，也没有本心之外的事物。《中庸》上说‘不诚心就没有万事万物’，《大学》中‘弘扬光明正大的品德’的功夫，讲的只是一个诚意。诚意的功夫，只是一个格物。”

七

先生又曰：“格物，如《孟子》‘大人格君心’[①]之‘格’，是去其心之不正，以全其本体之正。但意念所在，即要去其不正以全其正，即无时无处不是存天理，即是穷理。天理即是‘明’，穷理即是‘明明德’。”

① 大人格君心：大德的人才能纠正君心之过错，让君心归于仁义，君心正才能国家安定。

精彩解说

先生接着说："格物的'格'如同《孟子》书中'大人格君心'的'格'，它是指去掉人心中不正确的东西，保全心中正确的东西，并且在意念中去除错误的东西保全正确的东西，也就无时无刻不是在存天理，而是在穷理。天理即明德，穷理即明明德。"

八

又曰："知是心之本体[①]，心自然会知：见父自然知孝，见兄自然知弟，见孺子入井自然知恻隐，此便是良知，不假外求。若良知之发，更无私意障碍，即所谓'充其恻隐之心，而仁不可胜用矣'[②]。然在常人不能无私意障碍，所以须用致知格物之功胜私复理。即心之良知更无障碍，得以充塞[③]流行，便是致其知。知致则意诚。"

精彩解说

先生接着说："知是心的本源，心自然知道。看见父母、兄长自然知道孝顺、恭敬，看见小孩子掉进井里自然有同情之心，这就是良知，不用向外去寻求。如果良知一旦显露出来，又没有了私欲的阻碍，这正是孟子所说的'充分地生发出同情不忍的仁心，这仁慈之心就没有用完的时候了'。但是对普通人，是不可能完全除去心中私欲的障碍。因此，必须要用致知格物

---

① 心之本体：意思是指某种存在的本来状态、本来面目和本来属性；或于"体用"范畴之中，指存在于表象背后的本原性实体和现象。

② 充其恻隐之心，而仁不可胜用矣：指人能够充分地生出不害人之心，仁慈的心就不可能穷尽；能够充分地生出不偷盗之心，义的心就不可能穷尽了。

③ 塞：充塞，充满和无任何障碍的意思。

的功夫战胜私欲，恢复天理。如此，本心中的良知也就无障碍了，才能从心中流露出来。这就是致其知。如果良知在心中推及开去，意念才能诚挚专一。”

九

爱问：“先生以博文为约礼功夫[①]，深思之未能得，略请开示。”

先生曰：“礼字即是理字。理之发见，可见者谓之文；文之隐微，不可见者谓之理：只是一物。约礼只是要此心纯是一个天理。要此心纯是天理，须就理之发见处用功。如发见于事亲时，就在事亲上学存此天理；发见于事君时，就在事君上学存此天理；发见于处富贵贫贱时，就在处富贵贫贱上学存此天理；发见于处患难夷狄时，就在处患难夷狄[②]上学存此天理；至于作止语默，无处不然，随他发见处，即就那上面学个存天理。这便是博学之于文，便是约礼的功夫。‘博文’即是‘惟精’，‘约礼’即是‘惟一’。”

精彩解说

徐爱问：“先生说‘博文’是‘约礼’的功夫。我思虑再三还是不能明白，请您赐教。”

先生说：“‘礼’字即‘理’字。天理表现出来被人看见，就是知识。隐蔽微小的知识，不易被人看见的，就是天理。这原本是同一事物。约礼是要使本心完全成为天理。要想使本心完全成为天理，就必须从天理表现的地

① 功夫：指和本体相对应，在本体主导下的实践行为。

② 夷狄：出自《中庸》第十四章，意思是君子无论处在什么情况下都应安然自得。

方下功夫。比如，天理在侍奉亲人时，就应该在侍奉亲人这件事上学习存养天理；天理在侍奉君主时，就应该在侍奉君主这件事上学习存养天理；天理在身处富贵贫贱时，就应该在身处富贵贫贱这件事上学习存养天理；天理在遭遇患难、身处外邦时，就应该在遭遇患难、身处外邦这件事上学习存养天理。无论是行动还是停歇，无论是开口还是沉默，都应该如此，天理无时无刻地表现在行动上，就要在那上面学习存养天理。这就是'在知识上力求广博''在循礼上力求简约'的功夫。广泛地学习存养天理的方法，力求天理达到至精至纯；严格地遵守礼节，力求天理的统一。"

一〇

爱问："'道心常为一身之主，而人心每听命。[①]'以先生精一之训推之，此语似有弊。"

先生曰："然。心一也，未杂于人谓之道心，杂以人伪谓之人心。人心之得其正者即道心，道心之失其正者即人心，初非有二心也。程子[②]谓人心即人欲，道心即天理，语若分析而意实得之。今曰道心为主而人心听命，是二心也。天理人欲不并立，安有天理为主，人欲又从而听命者？"

精彩解说

徐爱问："'道心通常是身体的主宰，而人心都是听命于它。'根据先生'精一'的解释推论，这句话好像有些不妥。"

先生说："是的。人只有一个本心。没有夹杂私欲的心叫作道心，夹杂

---

① 道心、人心：道心是符合天理的心，人心是私欲的心。

② 程子：指程颢和程颐兄弟。

了私欲的心叫作人心。人心若能通过去除私欲而达到纯正就是道心，道心如果失去纯正就是人心，并不是人生下来就存在着两颗心。程子认为人心即私欲，道心即天理。他这句话好像是把人心和道心分开讲，但实际上还是说的一颗心。而朱子认为‘道心为主，人心听命于道心’，这才是把一颗心分成两颗心了。天理和私欲是不能共存的，又怎么会有以天理为主，私欲听从于天理的说法呢？”

一一

爱问文中子、韩退之。[①]

先生曰：“退之，文人之雄耳。文中子，贤儒也。后人徒以文词之故推尊退之，其实退之去文中子远甚。”

爱问：“何以有拟经[②]之失？”

先生曰：“拟经恐未可尽非。且说后世儒者著述之意，与拟经如何？”

爱曰：“世儒著述，近名[③]之意不无，然期以明道；拟经纯若为名。”

先生曰：“著述以明道，亦何所效法？”

曰：“孔子删述六经，以明道也。”

先生曰：“然则拟经独非效法孔子乎？”

① 文中子：名王通，字仲淹，隋代山西绛州龙门（今山西河津）人，仿作《六经》。韩退之：名韩愈，字退之，唐代河阳（今河南孟州）人，反对佛教和道教，提出儒学“道统论”。

② 拟经：意思是用模拟经书的手法。

③ 近名：求取功名的意思。

爱曰："著述即于道有所发明。拟经似徒拟其迹，恐于道无补。"

先生曰："子以明道者，使其反朴还淳，而见诸行事之实乎？抑将美其言辞，而徒以譊譊于世也？天下之大乱，由虚文胜而实行衰也。使道明于天下，则六经不必述。删述六经，孔子不得已也。自伏羲画卦，至于文王、周公，其间言《易》如《连山》《归藏》之属，纷纷籍籍，不知其几，易道大乱。孔子以天下好文之风日盛，知其说之将无纪极，于是取文王、周公之说而赞之，以为惟此为得其宗。于是纷纷之说尽废，而天下之言《易》者始一。《书》《诗》《礼》《乐》《春秋》皆然。《书》自《典》《谟》①以后，《诗》自二南②以降，如《九丘》《八索》一切淫哇逸荡之词，盖不知其几千百篇；《礼》《乐》之名物度数，至是亦不可胜穷。孔子皆删削而述正之，然后其说始废。如《书》《诗》《礼》《乐》中，孔子何尝加一语？今之《礼记》诸说，皆后儒附会而成，已非孔子之旧。至于《春秋》，虽称孔子作之，其实皆鲁史旧文。所谓'笔'者，笔其旧；所谓'削'者，削其繁，是有减无增。孔子述六经，惧繁文之乱天下，惟简之而不得，使天下务去其文以求其实，非以文教之也。《春秋》以后，繁文益盛，天下益乱。始皇焚书得罪，是出于私意；又不合焚六经。若当时志在

---

①《典》《谟》：是指《尧典》《经典》《大禹谟》《皋陶谟》，或加上《益稷》篇，被称"二典三谟。"

② 二南：是指《周南》《召南》两篇，出自《诗经》。

明道，其诸反经[①]叛理之说，悉取而焚之，亦正暗合删述之意。自秦、汉以降，文又日盛，若欲尽去之，断不能去，只宜取法孔子，录其近是者而表章之，则其诸怪悖之说，亦宜渐渐自废。不知文中子当时拟经之意如何？某切深有取于其事，以为圣人复起，不能易也。天下所以不治，只因文盛实衰，人出己见，新奇相高，以眩俗取誉。徒以乱天下之聪明，涂天下之耳目，使天下靡然争务修饰文词，以求知于世，而不复知有敦本尚实、反朴还淳之行，是皆著述者有以启之。”

爱曰：“著述亦有不可缺者，如《春秋》一经，若无《左传》，恐亦难晓。”

先生曰：“《春秋》必待《左传》而后明，是歇后谜语矣，圣人何苦为此艰深隐晦之词？《左传》多是鲁史旧文，若《春秋》须此而后明，孔子何必削之？”

爱曰：“伊川亦云‘传是案，经是断’。如书弑某君、伐某国，若不明其事，恐亦难断。”

先生曰：“伊川此言，恐亦是相沿世儒之说，未得圣人作经之意。如书‘弑君’，即弑君便是罪，何必更问其弑君之详？征伐当自天子出[②]，书‘伐国’，即伐国便是罪，何必更问其伐国之详？圣人述六经，只是要正人心，只是要存天理、去人欲，于存天理、去人欲之事，则尝言之；或因人请问，各随分量而说，亦不肯多

---

①反经：意思是反背经常之道。

②征伐当自天子出：指出兵征伐都是由天子下达命令。

道，恐人专求之言语，故曰‘予欲无言’。若是一切纵人欲、灭天理的事，又安肯详以示人？是长乱导奸也。故孟子云：‘仲尼之门无道桓、文之事者，是以后世无传焉。’此便是孔门家法。世儒只讲得一个伯者的学问，所以要知得许多阴谋诡计，纯是一片功利的心，与圣人作经的意思正相反，如何思量得通？”

因叹曰：“此非达天德者[①]，未易与言此也。”

又曰：“孔子云‘吾犹及史之阙文也’；孟子云‘尽信《书》不如无书，吾于《武成》，取二三策而已’。孔子删《书》，于唐、虞、夏四五百年间不过数篇，岂更无一事？而所述止此，圣人之意可知矣。圣人只是要删去繁文，后儒却只要添上。”

爱曰：“圣人作经，只是要去人欲、存天理。如五伯[②]以下事，圣人不欲详以示人，则诚然矣。至如尧、舜以前事，如何略不少见？”

先生曰：“羲、黄之世，其事阔疏，传之者鲜矣。此亦可以想见，其时全是淳庞朴素、略无文采的气象。此便是太古之治，非后世可及。”

爱曰：“如三坟之类，亦有传者，孔子何以删之？”

先生曰：“纵有传者，亦于世变渐非所宜。风气益开，文采日胜，至于周末，虽欲变以夏、商之俗，已不可挽，况唐、虞乎！又况羲、黄之世乎！然其治不同，其道则一。孔子于尧、舜则祖述

---

① 达天德者：指通达天赋美德之人。

② 五伯：指春秋时的齐桓公、晋文公、秦穆公、楚庄王、宋襄公。

之，于文、武则宪章之。文、武之法，即是尧、舜之道。但因时致治，其设施政令已自不同。即夏、商事业，施之于周，已有不合，故‘周公思兼三王，其有不合，仰而思之，夜以继日’。况太古之治，岂复能行？斯固圣人之所可略也。”

又曰：“专事无为，不能如三王之因时致治，而必欲行以太古之俗，即是佛、老的学术。因时致治，不能如三王之一本于道，而以功利之心行之，即是伯者以下事业。后世儒者许多讲来讲去，只是讲得个伯术。”

精彩解说

徐爱请先生比较一下王通、韩愈两人的言行。

先生说：“韩愈是文化人中的英雄，王通是一位大贤的儒家学者。后人尊崇韩愈只是因为他的文词，相比之下，韩愈要比王通差远了。”

徐爱向先生请教：“为什么王通会有仿作经书的问题呢？”

先生说：“仿作经书，其中的是非对错不能一概而论。你觉得现在的儒者编著经书的动机，与仿作经书相比又有什么区别呢？”

徐爱说：“现在儒者编著经书虽然也有追求名誉的想法，但是也有明道的期望，仿作经书就完全是为了追逐名利。”

先生说：“你说编著经书是为了明道，又有什么依据呢？”

徐爱说：“孔子删述六经，就是为了传承发扬圣人思想。”

先生说：“既然是这样，那仿作经书不就是模仿孔子吗？”

徐爱说：“编著经书就是对书中圣人的思想有所阐释。仿作经书好像只是仿照经书的形式，恐怕对经道没有什么益处。”

先生说：“你说明道是为了返璞归真，然而实际情况怎么样呢？大多数人还不是在那里堆砌辞藻、哗众取宠吗？天下大乱主要是因为重视空虚的文论而不重视实际的行动。如果天下大道光明，也就没必要解释六经了。孔子对六经的删述是万般无奈之下而为之的。自从伏羲画卦到文王、周公，其中解释《易经》的如《连山》《归藏》等著述，著述纷纭繁复，种类不计其数，使《易经》的宗旨大乱。孔子发现天下爱好虚文之风气日渐盛行，他认为这些学说发展下去将会没有限度，所以推崇文王、周公关于《易经》的论述，孔子觉得只有他们的主张才能把握《易经》的宗旨。于是纷坛众多的观点都被废弃，天下论述《易经》的言论才最终得到统一。《尚书》《诗经》《仪礼》《乐经》《春秋》都是如此。《尚书》自《尧典》《舜典》《大禹谟》《皋陶谟》以后，《诗经》自《周南》《召南》以后，像《九丘》和《八索》等这样淫逸邪荡的诗词已有成百上千篇。《仪礼》《乐经》的名称、事物、仪测、数目也数不胜数。孔子都做出了删除改正，自此以后这种种说法才得以停止。在《尚书》《诗经》《仪礼》《乐经》原文中，孔子不曾增加只言片语。现今《礼记》中的解释之词，都是后来儒者添加上去的，已经不是孔子原本的意思了。如《春秋》，虽然是孔子所作，但都是在鲁国史书的旧文上笔削而成。所谓'笔'，就是照抄原文，所谓'削'，就是删减繁复，应该是只会少不会多。孔子传述六经，又担心繁文缛节扰乱天下，想要简略却又不能彻底做到。他要求人们一定不要只关注六经中的表面文句，应当追求经典的实际意义，他并非是要用文句辞藻教化天下。自《春秋》之后，繁文缛节日益盛行，天下一团混乱。秦始皇因为焚书而得罪天下，由于他是出自私心，更不应该烧毁六经。他当时若志在明道，把那些背经叛道的学说全部烧毁，不也正是孔子删述的本意吗？从秦汉以来，繁文缛节日渐兴盛，要想彻底废止，是根本不可能的。只能效仿孔子的做法，对那些和经道最接近的收录并加以表彰，那些荒诞悖论也就会慢慢地消失了。我虽然不明白王通当时仿作经书的目的是什么，但我对这件事深表赞同。我觉得即使是圣人重生，也会赞同这种观点的。天下之所以大乱，只是因为繁文缛节盛行，实际行为衰弱。人们各抒己见，争奇斗异，用花里胡哨的文辞博取虚名，这样只会混乱人们的视听，蒙蔽世人的耳目，让他们只会争相修饰表面文辞，想以此闻名于世，再也不知道还有敦于本分、崇尚实践和返璞归真的行为。这些道理都应该能让著书立说的人受到启发吧。”

徐爱说："有时候，著述也是不能缺少的，就像《春秋》这本书，如果没有《左传》做解释，人们大概很难看懂。"

先生说："《春秋》必须要有《左传》出现才能看明白，这样《春秋》不就成了歇后谜语了。圣人又为什么写这些艰深隐晦的文章呢？《左传》大多是鲁史的原文，如果《春秋》需要《左传》才能看明白，那么孔子为何要删削它呢？"

徐爱说："伊川先生也认为'《左传》是案件，六经是判断'。比如《春秋》上记载了弑某君、伐某国的事，如果不知道这些事情的原委，大概也难以做出正确的判断。"

先生说："伊川先生这句话，大概也是沿袭后世儒生的说法，根本没有明白圣人作经的本意。如果记载了弑君的事，那么弑君就是罪过，为什么还要问弑君的详细经过呢？讨伐的命令应该由天子发布，如果记载了伐国的事，那么伐国就是罪过，为什么还要去追究伐国的详细经过呢？圣人传述六经，就是要端正人心，存天理、去私欲。对于这些事情，孔子曾经说过，他有时候依据人们的问题，依据他们理解的程度作不同的回答，有时候他不愿多讲，只怕人们在言语上钻牛角尖，所以他才说'我并不想多谈'的话，如果只是完全纵容私欲、吞灭天理的事，又怎么能给人详细解说呢？这不就成了助纣为虐。因此，孟子说'孔子门下，没有记载齐桓公和晋文公的事，所以后世也没有流传'，这就是孔门家法。世间儒者只讲霸道的学问，所以他们要精通许多阴谋诡计，这完全是一片功利的私心，与圣人著经的本意完全相反，这让我怎么能想明白呢？"

因此，先生感叹地说："若不是通达天德的人，我很难与他讨论这个问题啊。"

先生接着说："孔子曾说：'我还见过史书中有存疑疏漏的地方。'孟子也说：'完全相信《书》，还不如没有书。我认为《武成》这篇文章，就只有两三页能用。'孔子删述经书，即使是在唐、虞、夏这四五百年间，也仅留下了几篇，难道没有一件值得称道的事情吗？虽然删述停留在了这个地步，但圣人的本意再清楚不过了。圣人只是要删去繁文，可后世的儒生还要添上。”

徐爱说：“圣人著经，只是为了去除人的私欲，存留天理。比如春秋五霸以后的事，圣人又不肯详细的告诉世人，确实如此。那么尧、舜以前的事，为什么又被省略，没有办法知道呢？”

先生说：“伏羲、黄帝那时候的事年代久远，流传下来的自然很少，这是能想象到的。其实，当时民风淳朴素淡，并没有那些重视文采的现象。这就是上古社会，并不是后世可比的。”

徐爱说：“三坟之类的书，也有流传下来的，为什么孔子要删除它们呢？”

先生说：“即使有流传下来的，也已经跟不上现在变化了的世道。现在的社会风气越来越开放，雕饰越来越讲究，到了周朝末年，再想要恢复夏、商时的风俗，已经不可能了，唐、虞时的风俗就别提了，更何况再早的伏羲、黄帝时的风格呢？他们虽然治理的手段不一样，但遵循的却是一个道。孔子遵循尧、舜，效仿文王和武王。文王、武王治世的方法正是尧、舜的治世之道。但是他们根据不同时期的实际情况治理天下，推行的政令制度也各不相同。即便夏、商的政策在周代实施，也已经有不适合的地方了。因此，周公思考并采用三王的治理方法，碰到不适合的地方，就会夜以继日地反复研究，更别说远古的治世方法了，又怎么能重新使用呢？这正是圣人删略的原因。”

先生接着说：“但求无为而治，不能像三王那样根据时代的具体情况来治世，却非要实行上古的俗政，这只是佛教、老子的主张。根据时代的实际情况治世，却不能像三王那样一切都以道为根本，而是根据功利之心施行，这正是春秋五霸以后的治世方法。后世儒者的各种说法，都只是讲一个霸术而已了。”

一二

又曰："唐、虞以上之治，后世不可复也，略之可也；三代以下之治，后世不可法也，削之可也；惟三代之治可行。然而世之论三代者，不明其本，而徒事其末[①]，则亦不可复矣！"

精彩解说

先生又说："尧和舜以前的治世方法，后世再也无法恢复，就把它们删掉了。夏、商、周以后的治世方法，后世再也不能效仿，也就把它们删掉了。只有夏、商、周三代的治世方法还能实行，但是世上那些研究三代的人，却不了解三代治理天下的根本，只是注意到了一些细枝末节，因此，三代治世的方法也不恢复了。"

一三

爱曰："先儒论六经[②]，以《春秋》为史。史专记事，恐与五经[③]事体终或稍异。"

先生曰："以事言谓之史，以道言谓之经。事即道，道即事。《春秋》亦经，五经亦史。《易》是包牺氏之史，《书》是

① 不明其本，而徒事其末：意思是认不清事物的本质，徒劳地追逐事物的表面现象。

② 六经：指《诗》《书》《礼》《乐》《易》《春秋》等六部儒家典籍，汉以后称六经。

③ 五经：指在六经中除去《春秋》外的其他五经。

尧、舜以下史，《礼》《乐》是三代史。其事同，其道同，安有所谓异？”

精彩解说

徐爱说：“先儒讨论六经，认为《春秋》是史书；而史书只是记载历史事件，这恐怕与五经的内容和体裁都有所不同。”

先生说：“史书是以事件为话题，经书是以道义为话题。事即道，道即事。《春秋》是经书，五经也是史书。《周易》是伏羲时的历史，《尚书》是尧、舜以后的历史，《仪礼》《乐经》是夏、商、周的历史。它们记载的事件是一样的，所讲的道义也是一样的，怎么会有不同的地方呢？”

一四

又曰：“五经亦只是史，史以明善恶，示训戒。善可为训者，特存其迹以示法；恶可为戒者，存其戒而削其事以杜奸。”

爱曰：“存其迹以示法，亦是存天理之本然；削其事以杜奸，亦是遏人欲于将萌否？”

先生曰：“圣人作经，固无非是此意，然又不必泥着文句。”

爱又问：“恶可为戒者，存其戒而删其事以杜奸，何独于《诗》而不删《郑》《卫》[1]？先儒谓‘恶者可以惩创人之逸志’，然否？”

先生曰：“《诗》非孔门之旧本矣。孔子云：‘放郑声，郑声

---

①《郑》《卫》：指《郑风》和《卫风》。

淫。’又曰：‘恶郑声之乱雅乐也。’‘郑、卫之音，亡国之音[1]也。’此是孔门家法。孔子所定三百篇，皆所谓雅乐，皆可奏之郊庙，奏之乡党，皆所以宣畅和平，涵泳德性，移风易俗，安得有此？是长淫导奸矣。此必秦火之后，世儒附会，以足三百篇之数。盖淫泆之词，世俗多所喜传，如今闾巷皆然。‘恶者可以惩创人之逸志’，是求其说而不得，从而为之辞。”

精彩解说

先生接着说：“五经也是史书。史书是辨明善恶以示训诫的。善是能被用来作示范，因而特别保存善的典型事迹让世人效仿。恶可让人引以为戒，所以保留这种警示而删掉恶事发生的经过，杜绝后人效仿。”

徐爱说：“保存善事让后人效仿，也是存养天理的本来面目，删掉恶事的经过杜绝后世的效仿，也是为了将人的私欲抑制在萌芽的状态吗？”

先生说：“圣人著六经，其本意确实如此，但也不必局限于文句。”

徐爱又问：“恶可引以为戒，保留这种警示而删掉恶行杜绝邪恶事件的发生，那么，《诗经》中《郑风》和《卫风》为什么没有被删掉呢？朱熹认为‘记录历史上丑恶的事能惩戒人们纵欲放荡的思想’，这种理解正确吗？”

先生说：“现在的《诗经》已经不是孔子修订的版本了。孔子说‘要禁止郑声，郑声是靡靡之音’，又说‘厌恶郑声扰乱了高雅的音乐’，‘郑、卫两国的音乐是亡国之音’，这就是孔门家法。孔子所修订的《诗经》三百篇，都是高雅的音乐，不仅能在拜祭天地和祖先时演奏，也会演奏于乡村群民之中，都有助于陶冶情操，涵养德行，移风易俗，又怎么会掺杂郑、卫之声呢？这种诗不是助长淫乱、导致邪恶吗？这些郑、卫之音肯定是在秦始皇焚书以后，当时的儒者为了凑足三百篇的数量而写成的，然而这些淫靡之

---

① 亡国之音：指郑卫的音乐。

词，民间有许多人都喜欢传诵，搞得现在街头巷尾人尽皆知，因此，所谓‘记录历史上丑恶的事，可惩戒人们纵欲放荡的思想’的观点，是越解释就越解释不清，反而成了这些恶行辩解的说辞。

【徐爱跋】

爱因旧说[1]汩没，始闻先生之教，实是骇愕不定，无入头处。其后闻之既久，渐知反身实践，然后始信先生之学为孔门嫡传，舍是皆傍蹊小径、断港绝河矣！如说格物是诚意的工夫，明善是诚身的工夫[2]，穷理是尽性的工夫，道问学是尊德性的工夫[3]，博文是约礼的工夫，惟精是惟一的工夫，诸如此类，始皆落落难合，其后思之既久，不觉手舞足蹈。右曰仁所录。

精彩解说

因为我受程朱学说的影响，刚开始听先生的教诲时，实在有些诧异，觉得无从下手。后来听的时间一长，渐渐知道了做事情要自己去亲身实践，然后才相信先生的学问是得到了孔子的真传，除此以外都是歪门邪道，异端邪说。就像先生说"格物"即"诚意"的功夫，"明善"即"诚身"的功夫，"穷理"即"尽性"的功夫，"道问学"即"诚身"的功夫，"惟精"即"惟一"的功夫，诸如此类，我开始怎么也不能理解，后来经过长时间的思考，不知不觉就领会了，而高兴得手舞足蹈。

以上这些都是徐爱记录的。

---

① 旧说：是指程朱理学。

② 明善、诚身：指只有知道了什么是善，才能实实在在地身体力行。

③ 道问学、尊德性：指既要虚心学习探究事理，又要尊敬恪守道德规范。

一五

陆澄[1]问："主一之功，如读书，则一心在读书上；接客，则一心在接客上，可以为主一乎？"

先生曰："好色，则一心在好色上；好货，则一心在好货上，可以为主一乎？是所谓逐物，非主一也。主一是专主一个天理。"

精彩解说

陆澄问："主一的功夫就是读书时一心用在读书上；接客时一心用在接客上，这样算是主一的功夫吗？"

先生说："贪图美色，就一心在贪图美色上，喜爱财物，就一心在喜爱财物上，这能算是主一的功夫吗？这只能叫追逐事物，并不是主一，主一就是一心专注在天理上。"

一六

问立志。

先生曰："只念念要存天理，即是立志。能不忘乎此，久则自然心中凝聚，犹道家所谓结圣胎[2]也。此天理之念常存，驯至于美大圣神，亦只从此一念存养扩充去耳。"

---

① 陆澄：字原静、清伯，"原静"又写作"元静"，浙江吴兴人，官至刑部主事，王阳明的学生。

② 结圣胎：意思是精神凝聚。

精彩解说

陆澄向先生请教关于立志的方法。

先生说："只要心中时刻不忘存养天理，便是立志了。如果心中能时刻不忘存养天理，时间长了天理自然会在心中凝聚，就像道家所说的'结圣胎'一样。把天理时刻记在心中，慢慢地就能达到精美、宏大、神圣的境界，都是从立志这一意念不断存养、发扬下去的。"

一七

"日间工夫，觉纷扰，则静坐；觉懒看书，则且看书，是亦因病而药。"

精彩解说

如果白天工作学习，觉得外界干扰很大，那么就静静地坐着；就算不想看书，也必须去看书，这正是对症下药。

一八

"处朋友，务相下则得益，相上则损。"

精彩解说

朋友之间相处，必须要相互谦让，才会使彼此受益。如果朋友之间只争个你高我低，只会让双方都受到伤害。

一九

孟源[1]有自是好名之病，先生屡责之。

一日警责方已，一友自陈日来工夫请正。

源从傍曰："此方是寻着源旧时家当。"

先生曰："尔病又发。"

源色变，议拟欲有所辨。

先生曰："尔病又发。"因喻之曰："此是汝一生大病根。譬如方丈地内，种此一大树，雨露之滋，土脉之力，只滋养得这个大根；四傍纵要种些嘉谷，上面被此树叶遮覆，下面被此树根盘结，如何生长得成？须用伐去此树，纤根勿留，方可种植嘉种。不然，任汝耕耘培壅，只是滋养得此根。"

精彩解说

孟源有自以为是、贪图虚名的毛病，因而先生经常责备他。

先生才批评过他，有位朋友谈到他最近练得功夫，请先生帮忙指正。

孟源却在旁边说："你这只是用了我从前的方法。"

先生说："你的老毛病又犯了。"

孟源脸色一变，刚想要为自己辩解。

先生又说："你的毛病又复发了。"先生借此事教导他说："这是你一生中最大的病根了。就像在方圆一丈的土地上种植一棵大树，平时雨露的滋润、土壤的肥力都只是在滋养这个树根，即使在周围种上一些五谷，上面被

① 孟源：字伯生，滁州（今属安徽）人，是王阳明的学生。

这棵大树的叶子遮盖，下面被这棵大树的根系交错盘结，谷物又怎么能茁壮成长呢？所以必须砍掉这棵树，不能留下一点根须，才能种植五谷。不然的话，无论你怎么耕耘培植，也只是在滋养这个树根罢了。"

二〇

问："后世[①]著述之多，恐亦有乱正学？"

先生曰："人心天理浑然。圣贤笔之书，如写真传神，不过示人以形状大略，使之因此而讨求其真耳；其精神意气、言笑动止，固有所不能传也。后世著述，是又将圣人所画，摹仿誊写，而妄自分析加增，以逞其技，其失真愈远矣。"

精彩解说

陆澄问："后世著述众多，只怕会扰乱正宗的圣学吧？"

先生说："圣人的心和天理浑然一体，圣贤把它写进书里，就像给人画像一样，只是给人们看了一个大概的轮廓，让大家根据这一轮廓进一步探求真理。圣人的精神、容貌和说话的语气，确实是没有办法表达出来的。后世的著述，不过是将圣人所画的画临摹誊写了一遍，又妄自加以分析增添细节，显示自己的才学，这就离圣人所要表达的本意越来越远了。"

二一

问："圣人应变不穷，莫亦是预先讲求否？"

先生曰："如何讲求得许多？圣人之心如明镜，只是一个明，

① 后世：孔孟以后的时代。

则随感而应，无物不照；未有已往之形尚在，未照之形先具者。若后世所讲，却是如此，是以与圣人之学大背。周公制礼作乐以文天下，皆圣人所能为，尧、舜何不尽为之而待于周公？孔子删述六经以诏万世，亦圣人所能为，周公何不先为之而有待于孔子？是知圣人遇此时，方有此事。只怕镜不明，不怕物来不能照。讲求事变，亦是照时事，然学者却须先有个明的工夫。学者惟患此心之未能明，不患事变之不能尽。”

曰：“然则所谓‘冲漠无朕，而万象森然已具’[1]者，其言何如？”

曰：“是说本自好，只不善看，亦便有病痛。”

精彩解说

陆澄问：“圣人有无穷无尽的应变能力，难道是他们事先学习研究过吗？”

先生说：“那么多的道理怎么能学习探究得完呢？圣人的心就像明镜一样，正因为它非常明亮，所以能够随时根据自己的感受做出相应的反应，没有什么事物是不能照的，已经照过的东西的影子不可能还留在镜子里，没有照过的东西已经出现在镜子里。如果按后世儒生所讲的确实是这样，这就与圣人的学说南辕北辙了。周公制礼作乐教化天下，这是所有圣人都能做到的事情，而尧和舜为什么不先做，非要等周公做呢？孔子删六经教育万世，这也是所有圣人都可以做的事情，而周公为什么不先做，非要等孔子做呢？由此可见，圣人只有在碰到机遇时，才会有所作为。只怕镜子不够明亮，不怕镜子不能照出所有的事物。学者探究事物的变化，也就和用镜子照映事物一

① 冲漠无朕，而万象森然已具：指宇宙在还没有形成时，万事万物的基本规律就已经存在了。

样，所以学者必须先在‘明’上下功夫。学者只担心内心能不能照物，而不必担心明镜一般的心能否穷尽事物的发展变化。”

陆澄说：“既然如此，那么所谓的‘天地间万事万物的道理在其最原始的状态下，就已经具备了’，这句话又该怎么理解呢？”

先生说：“这个说法本来是没有错的，只是世人没有好好领会，就有了问题。”

二二

“义理无定在，无穷尽。吾与子言，不可以少有所得，而遂谓止此也；再言之十年、二十年、五十年，未有止也。”

他日又曰：“圣如尧、舜，然尧、舜之上，善无尽；恶如桀、纣，然桀、纣之下，恶无尽。使桀、纣未死，恶宁止此乎？使善有尽时，文王何以‘望道而未之见’[①]？”

精彩解说

“义理是没有标准的，没有止境的。我们之间的交流，不能因为稍有收获，就满足于此。我们即使再交流十年、二十年，甚至五十年，学问也是没有止境的。”

一天先生又说：“即使就像尧、舜一样的圣人，但在尧、舜之前，善也是无穷无尽的；即使就像桀、纣一样的恶人，但在桀、纣之后，恶也是没有止境。如果桀和纣没有死，恶事怎么会停止？如果善有止境，为什么周文王还会‘不懈地追求善道，就像从未见到一样不满足’呢？”

① 望道而未之见：指文王对真理的渴望就像从来没有见到过一样不满足。

二三

问："静时亦觉意思好，才遇事便不同，如何？"

先生曰："是徒知静养而不用克己工夫也。如此，临事便要倾倒。人须在事上磨，方立得住，方能静亦定，动亦定。"

精彩解说

陆澄问："我在平静时觉得自己的想法很好，但在遇到事情时就不一样了，这是为什么呢？"

先生说："这是因为你只知道在平静中修养，而没有在克己上下工夫，这样才会在遇到事情时感觉自己原来的思路行不通。人必须在遇到事情时磨炼自己，才能站得稳，才能做到'静时有定理，动时也有定理'。"

二四

问上达工夫。

先生曰："后儒教人，才涉精微，便谓上达，未当学，且说下学。是分下学、上达为二也。夫目可得见，耳可得闻，口可得言，心可得思者，皆下学也；目不可得见，耳不可得闻，口不可得言，心不可得思者，上达也。如木之栽培灌溉，是下学也；至于日夜之所息[1]，条达畅茂，乃是上达。人安能预其力哉？故凡可用功、可告语者，皆下学。上达只在下学里。凡圣人所说，虽极精微，俱

---

① 日夜之所息：意思是形容树木悄无声息地昼夜生长，而达到枝繁叶茂。

是下学。学者只从下学里用功，自然上达去，不必别寻个上达的工夫。”

精彩解说

陆澄向先生请教所谓参悟天理的上达工夫。

先生说：“后世儒生教学生时，才涉及精微的地方，就说是上达工夫，还没到学的时候，反而讲起了下学的基本常识。这是将上达与下学一分为二了。只要是眼睛能看到的，耳朵能听到的，嘴巴能说出来的，心中能想出来的，都是下学工夫；眼睛看不到的，耳朵听不到的，嘴巴说不出的，心中想不出来的，就是上达工夫。就像种树，栽培和灌溉属于下学工夫，而树木无声无息地昼夜生长，以至枝繁叶茂，就是上达工夫。人怎么能干预树木的生长呢？所以只要能用功，能用语言描述的，都是下学工夫，而上达学问只是存在于下学之中。凡是圣人所说的道理，即使已经非常精深微妙，也都是下学工夫。学者只需要从下学里用功，自然而然就能实现上达的目标，没有必要特地去寻找上达工夫。”

二五

问：“‘惟精惟一’是如何用功？”

先生曰：“惟一是惟精主意，惟精是惟一功夫，非惟精之外复有惟一也。‘精’字从‘米’，姑以‘米’譬之：要得此米纯然洁白，便是惟一意；然非加舂簸筛拣惟精之工，则不能纯然洁白也。舂簸筛拣是惟精之功，然亦不过要此米到纯然洁白而已。博学、审问、慎思、明辨、笃行者，皆所以为惟精而求惟一也。他如博文者，即约礼之功；格物致知者，即诚意之功；道问学，即尊德性之功[①]；明善，即诚身之功，无二说也。”

精彩解说

陆澄问：“要想做到‘惟精唯一’，该怎么做呢？”

先生说：“‘惟一’即‘惟精’的主意，‘惟精’即‘惟一’的工夫，并不是在‘惟精’以外还有一个‘唯一’。‘精’字是由偏旁‘米’而得来，现在我们打个比方：要想让大米纯净洁白，这就是‘惟一’的意思。但是如果没有舂簸筛拣这些‘惟精’的功夫，米就不可能纯净洁白。舂、簸、筛、拣就是‘惟精’的功夫，其目的只不过是为了让米达到纯净洁白罢了。博学、审问、慎思、明辨、笃行，这些也是通过‘惟精’的功夫，来达到‘惟一’的目的。再如‘博文’即‘约礼’的功夫，‘格物致知’即‘诚意’的功夫，‘道问学’即‘尊德性’的功夫，‘明善’即‘诚身’的功夫，再没有其他的解释了。”

二六

“知者行之始，行者知之成。圣学只一个功夫，知行不可分作两事。”

精彩解说

“认知是践行的开端，践行是认知的实践，圣人的学问只有一个功夫，认知和践行是不能分开看作两件事情。”

---

①道问学，尊德性：指尊重与生俱来的善性同时，还要不断地学习，存养发展善性。

二七

“漆雕开[1]曰：‘吾斯之未能信[2]。’夫子说之。子路使子羔为费宰[3]，子曰：‘贼夫人之子。’[4]曾点言志，夫子许之。圣人之意可见矣。”

精彩解说

先生说：“孔子的学生漆雕开曾经说：‘我对做官的事毫无信心。’孔子听后十分高兴。子路让子羔去做费地的长官，孔子却说：‘你这是祸害了那些子弟。’曾点向孔子表达自己的志向，得到孔子的赞赏。可见，圣人的心意已经很明白了。”

二八

问：“宁静存心时，可为未发之中[5]否？”

先生曰：“今人存心，只定得气。当其宁静时，亦只是气宁静，不可以为未发之中。”

曰：“未便是中，莫亦是求中功夫？”

曰：“只要去人欲、存天理，方是功夫。静时念念去人欲、存

---

① 漆雕开：鲁国人，字子开，又字子诺，孔子的学生。

② 未能信：指无信心。

③ 子路使子羔为费宰：子路让子羔做费邑的长官。

④ 贼夫人之子：是祸害子弟的意思。

⑤ 未发之中：意思是人的喜怒哀乐的情感没有产生时，他是无所偏倚的。

天理，动时念念去人欲、存天理，不管宁静不宁静。若靠那宁静，不惟渐有喜静厌动之弊，中间许多病痛只是潜伏在，终不能绝去，遇事依旧滋长。以循理为主，何尝不宁静？以宁静为主，未必能循理。”

精彩解说

陆澄问：“当一个人静坐存心养性时，能称为‘未发之中’吗？”

先生说：“如今的人存养心志，也不过是使气安定。当他宁静的时候，也只是气的安静，不能说是‘未发之中’。”

陆澄说：“未发即中，难道不就是求中的功夫吗？”

先生说：“只要去私欲、存天理，才是真功夫。静时时刻不忘去除私欲、存养天理，动时也时刻不忘去除私欲、存养天理，无论他是宁静还是不宁静。如果一味地依靠宁静来存养天理，不仅会慢慢地有喜静厌动的毛病，而且其中的许多毛病，只会隐藏下来，最终无法清除，遇到事情还会再次滋长。如果以遵循天理为重，怎么会不宁静呢？以宁静为重，却不一定能遵循天理。”

二九

问：“孔门言志：由、求[①]任政事，公西赤任礼乐，多少实用。及曾皙说来，却似耍的事，圣人却许他，是意何如？”

曰：“三子是有意必[②]，有意必便偏着一边，能此未必能彼；曾点这意思却无意必，便是‘素其位而行，不愿乎其外’，‘素夷

① 由：子路之名。求：冉有之名。他们都是孔子的学生．

② 有意必：意思是说话做事情不主观、不绝对，留有余地。

狄行乎夷狄，素患难行乎患难，无入而不自得’矣。三子所谓‘汝器’也，曾点便有不器[1]意。然三子之才，各卓然成章，非若世之空言无实者，故夫子亦皆许之。”

精彩解说

陆澄问：“孔子和弟子们谈论志向，子路和冉有想去从政，公西赤想主管礼乐，他们的志向多少还有些实际用处。而曾点所说的倒像是玩耍之类的事，却得到了孔子的赞许，这是为什么呢？”

先生说：“子路、冉有、公西赤他们三人的表达中都含有主观臆想和绝对肯定的意思，有了这两种意思的影响，就会向一个方面偏斜，做了这件事就未必能做那件事。曾点的志向却没有主观臆想和绝对肯定，这就是‘君子只求身处什么地位就做什么事，不希望去做超出自己本分以外的事’；‘身处在夷狄之地，就做夷狄之地应该做的事情。身处在患难之时，就做患难之时应该做的事。因此无论你处在什么境况，都能恰当自处’。前面三位弟子都是拥有‘某种才能的人’，而曾点是不局限于具体才能的通达之士。三位弟子才华横溢，各自也有过人之处，并不是世上那些只会空谈却不做实事的人，所以孔子也认可了他们。”

三〇

问：“知识不长进如何？”

先生曰：“为学须有本原，须从本原上用力，渐渐盈科而进。仙家说婴儿亦善，譬婴儿在母腹时，只是纯气，有何知识？出胎后方始能啼，既而后能笑，又既而后能识认其父母兄弟，又既而后能

---

① 不器：指不像器皿一样只有一种用途。

立能行，能持能负，卒乃天下之事无不可能。皆是精气日足，则筋力日强，聪明日开，不是出胎日便讲求推寻得来，故须有个本原。圣人到‘位天地，育万物’[①]，也只从‘喜怒哀乐未发之中’上养来。后儒不明格物之说，见圣人无不知无不能，便欲于初下手时讲求得尽，岂有此理？”

又曰：“立志用功，如种树然。方其根芽，犹未有干；及其有干，尚未有枝；枝而后叶，叶而后花实。初种根时，只管栽培灌溉，勿作枝想，勿作叶想，勿作花想，勿作实想。悬想何益？但不忘栽培之功，怕没有枝叶花实？”

精彩解说

陆澄问：“学问总是没有长进该怎么办？”

先生说：“做学问一定要有基础，必须从基础上用功，渐渐地就会有所进步。道家关于婴儿的论述，就是一个很好的比喻。婴儿在母亲肚子里时，只是一团气血，有什么知识呢？离开母体后，才能哭，再往后会笑，后来能认识他的父母兄弟，再后来能站立，能行走，能持物，能背负，到最后天下事无所不能。这是因为他的精神气息一天天充足，接着筋骨力量日益强健，聪明智慧日益增长，并不是他从母亲腹中出生时就推寻得到的，所以必须要有一个基础。圣人能定位天地、存育万物，也是从喜怒哀乐还没有表现出来时逐渐修养得来。后世儒者不懂得格物的学说，看见圣人无所不知、无所不能，就认为他们是从初学时就能明白所有的学问，怎么会有这样的道理呢？”

先生又说：“立志用功，就像种树。开始的时候只有根和芽，没有树干，等有了树干，还没有枝条，有了枝条后接着就有了树叶，有了树叶后又

① 位天地，育万物：指天地各居其位，使万物生长发育。

有花、果实。在刚开始种下树根时，只管栽培灌溉的事，不要想枝的事情，不要想叶的事情，不要想花的事情，不要想果的事情。空想那些事有什么用？只要你不忘记栽培灌溉，还怕没有枝叶花果吗？”

三一

问：“看书不能明，如何？”

先生曰：“此只是在文义上穿求，故不明。如此，又不如为旧时学问，他到看得多，解得去。只是他为学虽极解得明晓，亦终身无得。须于心体上用功，凡明不得，行不去，须反在自心上体当[①]，即可通。盖四书[②]、五经不过说这心体，这心体即所谓道。心体明即是道明，更无二。此是为学头脑处。”

精彩解说

陆澄问：“读书没有懂该怎么办呢？”

先生说：“这是因为你只在文字表面意思上穿凿求知，所以不能明白。要是这样，还不如去学习程朱的学问，他们看得比较多，解释得比较清楚。他们做学问虽然解释得非常通透明白，但是终其一生也无所收获。因此要想学明白，必须在心体上用功，凡是有想不通的、不知道该怎么做的，就从自己内心去体会，逐渐就能明白了。四书、五经讲的就是心体，心体就是天理。心体明白即天理明白，再也没有其他的办法，这正是学习的关键所在。”

---

① 自心上体当：意思是凡事须于自己心中体知者，皆示其在言语上是无法明说的。

② 四书：指《大学》《中庸》《论语》和《孟子》。

三二

“‘虚灵不昧，众理具而万事出’[①]。心外无理，心外无事。”

精彩解说

“‘心体空灵而没有被蒙蔽，万般道理存在心中，万事万物都因此显露出来’。所以说心外没有道理，心外也没有事物。”

三三

或问：“晦庵[②]先生曰：‘人之所以为学者，心与理而已。’此语如何？”

曰：“心即性，性即理。下一‘与’字，恐未为二。此在学者善观之。”

精彩解说

有人问：“朱熹说：‘人之所以为学，不过是心与天理罢了。’这句话怎么理解呢？”

先生说：“心即性，性即天理。它们中间加上个‘与’字，只怕是将它们分成两件事了。这在于求学者能否做到善于观察。”

---

① 虚灵不昧，众理具而万事出：王阳明借朱熹的话，把“应万事”改为“万事出”，意思是万事在此（虚灵）出（显露）。

② 晦庵：是朱熹的号。

三 四

或曰："人皆有是心，心即理，何以有为善，有为不善？"先生曰："恶人之心，失其本体。"

精彩解说

有人问："既然人人都有这颗心，而心就是天理，那么为什么会有人行善，有人做恶呢？"先生说："因为恶人的心失去了他的本体。"

三 五

问："'析之有以极其精而不乱，然后合之有以尽其大而无余'，此言如何？"

先生曰："恐亦未尽。此理岂容分析？又何须凑合得？圣人说精一，自是尽。"

精彩解说

陆澄问："'用分析的方法来格世界上的物，能做到极其精微而不紊乱，再综合这些物的理，让它包罗万象，而无遗漏'，这句话对吗？"

先生说："这句话恐怕也没有解释清楚。这种道理哪里容得分析？既不能分，又怎么能凑合呢？而圣人所说的'精一'，就已经把全部学问包括了。"

三 六

“省察是有事时存养，存养是无事时省察。”

精彩解说

“自我反省检查是在有事时的存心养性，存心养性是在无事时的自我反省检查。”

三 七

澄尝问象山[1]在人情事变上做工夫之说。

先生曰：“除了人情事变，则无事矣。喜怒哀乐非人情乎？自视听言动，以至富贵贫贱、患难死生，皆事变也。事变亦只在人情里，其要只在致中和[2]，致中和只在谨独[3]。”

精彩解说

陆澄曾经向先生请教关于陆象山在人情事变上下工夫的论点。

先生说：“除了人情事变外，再没有别的事情了。难道喜怒哀乐不是人情吗？从视、听、言、动，到富贵、贫贱、患难和生死，这些都是事变。事变包含在人情当中，关键在于要做到‘致中和’，要做到‘致中和’，关键是独处时谨慎不苟。”

---

① 象山：陆九渊，字子静，江西金谿人，世人称象山先生。

② 致中和：意思是保持一颗中正平和的心。

③ 谨独：就是慎独，意思是一个人即使在独处时，也能做到谨慎不苟。

三八

澄问："仁、义、礼、智之名，因已发而有？"

曰："然。"

他日，澄曰："恻隐、羞恶、辞让、是非，是性之表德邪？"

曰："仁、义、礼、智，也是表德。性一而已：自其形体也，谓之天；主宰也，谓之帝；流行也，谓之命；赋于人也，谓之性；主于身也，谓之心。心之发也，遇父便谓之孝，遇君便谓之忠。自此以往，名至于无穷，只一性而已。犹人一而已，对父谓之子，对子谓之父。自此以往，至于无穷，只一人而已。人只要在性上用功，看得一'性'字分明，即万理灿然。"

精彩解说

陆澄问："仁、义、礼、智的名称，是不是在人感情发出后才有的？"

先生说："是这样的。"

陆澄又问："恻隐、羞耻、辞让、是非，这四种感情是人先天德性的表现吗？"

先生说："仁义礼智也是人先天德性的表现。天性只有一个本体，从其外形来说称为天，从它主宰万物来说称为帝，从流行变化称为命，这天命赋予人时就称为性，居于人身体时就称为心。这心的发挥，表现在父母身上便是孝，表现在君主身上便是忠。这样类推下去，各种名称没有穷尽，其心性只有一个。就好比同一个人，对父亲，他是儿子；对儿子，他是父亲。以此类推，名称无穷无尽，但人只是一个人而已。所以人只要在心性上用功修养，把这个'性'字领悟透彻了，天下事理自然也就明白了。"

三 九

一日，论为学工夫。

先生曰："教人为学，不可执一偏。初学时心猿意马，拴缚不定，其所思虑，多是人欲一边，故且教之静坐、息思虑。久之，俟其心意稍定，只悬空静守，如槁木死灰[1]，亦无用，须教他省察克治。省察克治之功，则无时而可间，如去盗贼，须有个扫除廓清之意。无事时将好色、好货、好名等私逐一追究，搜寻出来，定要拔去病根，永不复起，方始为快。常如猫之捕鼠，一眼看着，一耳听着，才有一念萌动，即与克去，斩钉截铁，不可姑容，与他方便，不可窝藏，不可放他出路，方是真实用功，方能扫除廓清。到得无私可克，自有端拱时在。虽曰何思何虑，非初学时事。初学必须思，省察克治，即是思诚，只思一个天理。到得天理纯全，便是何思何虑矣。"

精彩解说

师生一起探讨做学问的工夫。

先生说："教人做学问，不能偏向一端。初学时心神不宁，不能精力集中，心中考虑的大多是私欲方面的事。所以，要先教他静坐，以安定思虑。时间久了，等到他心意稍微安定，如果还是只教他静坐不动，就像槁木死灰一般，也没什么用，此时必须教他反省自察克治私欲的工夫，这种工夫一定不能间断，就像驱除盗贼一样，要有一个彻底根除的决心。没事时，把好

---

① 槁木死灰：出自《庄子·齐物论》，"形固可使如槁木，而心固可使如死灰乎"。

色、贪财、慕名等私欲全部搜寻出来，必须要拔去病根，永远不能再生，才算痛快。就好比猫捉老鼠时，眼睛盯着，耳朵听着，只要有一点私心杂念萌动，就马上去掉，态度坚决，不能姑息迁就，不能窝藏，不能放它逃跑，这才是真正的工夫，才完全除去私欲。等到心中私欲去除干净了，自然而然就能轻松地端坐拱手了。这虽然也是'何思何虑'，但已经不是初学时的'何思何虑'了。不过初学时也必须加上省察克治的工夫，这就是'思诚'，只思考一个天理。等到天理完全纯正时，也就是现在的'何思何虑'了。"

四十

澄问："有人夜怕鬼者，奈何？"

先生曰："只是平时不能集义①，而心有所慊，故怕。若素行合于神明，何怕之有？"

子莘②曰："正直之鬼，不须怕；恐邪鬼不管人善恶，故未免怕。"

先生曰："岂有邪鬼能迷正人乎？只此一怕，即是心邪，故有迷之者，非鬼迷也，心自迷耳。如人好色，即是色鬼迷；好货，即是货鬼迷；怒所不当怒，是怒鬼迷；惧所不当惧，是惧鬼迷也。"

精彩解说

陆澄问："有的人在晚上害怕鬼，该怎么办呢？"

先生说："这因为他们平日里不能做到积德行善，内心感到愧疚，所以才会害怕。如果平日里做事合乎神明的意志，那又害怕什么呢？"

---

① 集义：积善的意思。

② 子莘：马明衡，字子莘，福建莆田人，官至御史，王阳明最早的福建弟子。

马明衡说："正直的鬼不用害怕，但是恶鬼是不管人的善恶，所以才会有些害怕。"

先生说："恶鬼哪里能迷惑正直的人呢？只是有这种害怕，说明内心就已经不正直了，因此那些被鬼迷惑的人，并不是真正地被鬼所迷惑，而是被自己的心迷惑。比如好色的人，就是被色鬼迷惑；贪财的人，就是被贪财鬼迷惑；易怒的人，就是被怒鬼迷惑；不该害怕而害怕的人，就是被胆小鬼迷惑。"

四一

"定者心之本体，天理也。动静，所遇之时[①]也。"

精彩解说

"心的本体是安定平和的，也就是天理。心之所以会出现动和静的状态，这是因为受到了不同外部环境的影响。"

四二

澄问《学》《庸》同异。

先生曰："子思[②]括《大学》一书之义，为《中庸》首章。"

精彩解说

陆澄问《大学》和《中庸》两本书的异同。

先生说："子思概括总结《大学》一书的主旨，为《中庸》首章的内容。"

---

① 所遇之时：意思是指所遭遇到的时间、地点和条件等外部环境。

② 子思：即孔伋，孔鲤的儿子，孔子的孙子。

四三

问："孔子正名，先儒[①]说'上告天子，下告方伯，废辄立郢[②]'，此意如何？"

先生曰："恐难如此，岂有一人致敬尽礼，待我而为政，我就先去废他？岂人情天理？孔子既肯与辄为政，必已是他能倾心委国而听。圣人盛德至诚，必已感化卫辄，使知无父之不可以为人，必将痛哭奔走，往迎其父。父子之爱本于天性，辄能悔痛真切如此，蒯聩岂不感动底豫？蒯聩既还，辄乃致国请戮，聩已见化于子，又有夫子至诚调和其间，当亦决不肯受，仍以命辄。群臣百姓又必欲得辄为君，辄乃自暴其罪恶，请于天子，告于方伯[③]诸侯，而必欲致国于父。聩与群臣百姓，亦皆表辄悔悟仁孝之美，请于天子，告于方伯诸侯，必欲得辄而为之君。于是集命[④]于辄，使之复君卫国。辄不得已，乃如后世上皇故事，率群臣百姓尊聩为太公，备物致养，而始退复其位焉。则君君、臣臣、父父、子子[⑤]，名正言顺，一举而可为政于天下矣！孔子正名，或是如此。"

---

① 先儒：指朱熹等人。

② 废辄立郢：指废除卫国公子辄而拥立公子郢。

③ 方伯：指天子在千里之外的地方设立方伯，作为一方之主，掌管征伐。

④ 集命：意思是集中命令。

⑤ 君君、臣臣、父父、子子：指君要像君，臣要像臣，父要像父，子要像子，都应恪守各自的行为规范。

精彩解说

陆澄问："孔子强调端正名分，朱子说孔子这是要'上告知天子，下昭告诸侯，废除公子辄而拥立公子郢'，这种说法正确吗？"

先生说："恐怕不能这样说吧，怎么会有国君对我恭敬有礼，让我辅佐从政，而我却先废除他的道理呢？天理人情怎么能容忍？孔子既然肯辅佐辄统治，说明辄一定是能够认真听取意见，能把国家交付给他。圣人至诚的盛大德行，想来已经感化了卫辄，让他知道不孝顺父亲就不能真正做人。所以，卫辄一定会痛哭奔走，前去迎接他的父亲回国。父子之爱本是人的天性，卫辄能如此切实地悔悟痛苦，蒯聩怎么能不感动呢？蒯聩回来以后，辄就把国家交给他父亲治理，并请求父亲杀了他来请罪。蒯聩已经被儿子的行为深深打动，又有孔子诚心在中间调解，蒯聩当然不肯接受治理国家的担子，依然让辄做国君。而且大臣和百姓也一定要辄做国君，于是卫辄就向天下公布自己的罪过，请示天子，昭告诸侯，一定要让位给父亲。蒯聩和大臣百姓也都赞扬卫辄悔悟仁德孝道的美德，请示天子，昭告诸侯，非要让辄担任国君。由于大家都要求辄再当卫国的国君，卫辄没有办法，就像后世帝王那样，带领臣子百姓一起尊蒯聩为太上皇，让他养尊处优，然后才恢复自己的君位。这样一来，君像个君，臣像个臣，父像个父，子像个子，名正言顺，有了这一举动，从此天下大治。孔子所谓的端正名分，也许就是这个意思吧！"

四四

澄在鸿胪寺仓居[1]，忽家信至，言儿病危，澄心甚忧闷不能堪。

先生曰："此时正宜用功。若此时放过，闲时讲学何用？人正

[1] 鸿胪寺仓居：在鸿胪寺内暂时居住。

要在此等时磨炼。父之爱子，自是至情。然天理亦自有个中和处，过即是私意。人于此处多认做天理当忧，则一向忧苦，不知已是有所忧患，不得其正。大抵七情[①]所感，多只是过，少不及者。才过便非心之本体，必须调停适中始得。就如父母之丧，人子岂不欲一哭便死，方快于心？然却曰'毁不灭性'[②]，非圣人强制之也，天理本体自有分限，不可过也。人但要识得心体，自然增减分毫不得。"

精彩解说

陆澄暂住在鸿胪寺内，忽然收到家信，说儿子病危，陆澄心里十分担心忧闷忍受。

先生说："这时候正是用功的好时候。如果错过了这个机会，平时讲学讨论有什么用呢？人就是要在这种时候磨炼自己。父亲爱儿子，自然是十分真切的感情，不过天理中也有它自己的中和之处，超过合适的度便是私心。人们在这种时候往往认为按照天理应该忧伤，于是一味忧伤痛苦，却不知道已经是'心里有忧患，不能达到纯正'了。人一般有七情感受，感情流露得太多是过分，流露得太少是不够。才超过一点，就已经不是心的本体了，所以必须调整到适中才好。以父母去世为例，作为儿女，难道不想一哭就跟着死去解悲痛之心？但圣人却说'不能过分悲哀而失去本性'。这并不是圣人要强制压抑人们的感情，只是天理本体自有它的分寸限度，因此，不能超越。人只有明白了心体，自然一丝一毫都不会增减了。"

---

① 七情：指喜、怒、哀、惧、爱、恶、欲七种感情。

② 毁不灭性：是孝子虽哀伤，但也不能伤害性命的意思。

四五

“不可谓未发之中，常人俱有。盖体用一源[①]，有是体即有是用，有未发之中即有发而皆中节之和。今人未能有发而皆中节之和，须知是他未发之中，亦未能全得。”

精彩解说

“不能说情感未发的中正状态，一般人都具有。因为本原与表象同源，有这样的本体，就有这样现象。有未发之中，就有发而皆中节的和。现在的人都没有做到发而皆中节的和，应该是因为他的情感在没有发出来时，还没能实现完全中正平和。”

四六

“《易》之辞，是‘初九，潜龙勿用’[②]六字；《易》之象，是初画；《易》之变，是值其画；《易》之占，是用其辞。[③]”

精彩解说

“‘初九，潜龙勿用’六个字是《周易》爻辞，《周易》的卦象是初画，其变化是出现新画，《周易》的占卜是用卦辞和爻辞。”

---

① 体用一源：指体和用都源自易。

② 初九，潜龙勿用：意思是潜伏的龙还没有发挥作用。

③ 象、变、占、辞：分别指卦和爻的符号、卦和爻的变化、卜筮、卦和爻的解说。

四七

“夜气，是就常人说。学者能用功，则日间有事无事，皆是此翕聚发生处。圣人则不消说夜气。”

精彩解说

“存养夜气是对普通人说的。学者如果能够时刻用功，无论白天有事无事，都有夜气在收敛、聚合和发散。圣人则不需要说夜气。”

四八

澄问“操存舍亡”章。

曰：“‘出入无时，莫知其乡。’[1]此虽就常人心说，学者亦须是知得心之本体亦元是如此，则操存功夫，始没病痛。不可便谓出为亡、入为存。若论本体，元是无出无入的。若论出入，则其思虑运用是出，然主宰常昭昭在此，何出之有？既无所出，何入之有？程子所谓腔子[2]，亦只是天理而已。虽终日应酬而不出天理，即是在腔子里。若出天理，斯谓之放，斯谓之亡。”

又曰：“出入亦只是动静，动静无端，岂有乡邪？”

---

① 出入无时，莫知其乡：意思是出入没有一定，也不知它的去向。

② 腔子：胸腔的意思。

精彩解说

陆澄向先生请教“操存舍亡”这一章。

先生说：“‘人的善心出入并没有一定的规律，也不知道它的方向。’这虽然是针对常人的心说的，但学者也应该明白心的本体原本就是如此，这样，操守存养的功夫才不会出现问题。不能轻易地认定‘出’就是‘亡’，‘入’就是存在’。心的本体原本是无出无入的。如果要说出入，那么人的思维活动便是‘出’，然而人的心本来就在这里，怎么会有个出呢？既然没有出，又怎么会有入呢？程子所说的‘腔子’，也只是天理罢了。虽然每天应酬，也在天理的范畴之内，那么心就是在胸腔当中。如果超出天理，就是所谓的‘放’和‘亡’了。”

先生又说：“心的出入也只是动、静，如果动和静没有一定，又哪里有方向呢？”

四九

王嘉秀[①]问：“佛以出离生死诱人入道，仙以长生久视诱人入道，其心亦不是要人做不好，究其极至，亦是见得圣人上一截，然非入道正路。如今仕者，有由科，有由贡，有由传奉[②]，一般做到大官，毕竟非入仕正路，君子不由也。仙、佛到极处，与儒者略同，但有了上一截，遗了下一截，终不似圣人之全。然其上一截同者，不可诬也。后世儒者，又只得圣人下一截，分裂失真，流而为记诵、词章、功利、训诂，亦卒不免为异端。是四家者，终身劳

① 王嘉秀：字实夫，爱好道教和佛教，于阳明由贵州龙场归后受业。

② 科、贡、传奉：古代官员选拔的制度。由分科考试入官是科；由乡党推荐入官是贡；由内官按排入官是传奉。

苦，于身心无分毫益。视彼仙、佛之徒，清心寡欲，超然于世累之外者，反若有所不及矣。今学者不必先排仙、佛，且当笃志为圣人之学。圣人之学明，则仙、佛自泯。不然，则此之所学，恐彼或有不屑，而反欲其俯就，不亦难乎？鄙见如此，先生以为何如？”

先生曰：“所论大略亦是。但谓上一截、下一截[①]，亦是人见偏了如此。若论圣人大中至正之道，彻上彻下，只是一贯，更有甚上一截、下一截？‘一阴一阳之谓道’，但仁者见之便谓之仁，知者见之便谓之智，百姓又日用而不知，故君子之道鲜[②]矣。仁智岂可不谓之道？但见得偏了，便有弊病。”

精彩解说

王嘉秀问：“佛教用超脱生死劝人信奉，道教用长生不老劝人信奉，它们的本意不是要人做坏事。追根溯源，它们也只是看到圣人的上面一部分，但这并非是信奉的正道。现在做官的人，有的是通过科举考试，有的是通过举荐，有的是从传奉官做到大官的。这终究不是做官的正道，君子是不会做的。道教和佛教到了极致，和儒者大致相同，都是有了上面一部分，就丢失了下面一部分，始终不能得到圣人全部的本真。虽然上面一部分一样，但也不能虚构。而后世儒者往往只关注圣人的下面一部分，因此，上下分裂，使儒学流入记诵、词章、功利、训诂之学，结果不免发展为异端。研究这四家的人，不免一生身心劳碌，没有一点收获。相比道教、佛教的那些信徒，清心寡欲，超脱于世俗烦累之外，反而感到有所不及了。现在的学者不必先排斥道教和佛教，而应该笃志研习圣人的学问。如果把圣人之学阐明发扬光大，道教和佛教自然就会消亡。不然的话，只怕道教、佛教的信奉者会对儒

① 上一截、下一截：是上达与下学的意思。

② 道鲜：意思是很少有人知道君子之道的全部意义。

学的内容不屑一顾，要让道、佛两家的人拜服儒学，不是很难吗？这是我的拙见，先生认为如何？”

先生说：“你说得基本上正确。但是你说得上面一部分、下面一部分，也是因人们理解有些偏颇才会出现。如果说到圣人大中至正的道义，上下通达，都是一样的，怎么会有上面一部分、下面一部分的区分呢？‘道就是阴阳的交替变化，然而仁者叫它仁，智者叫它智，平民百姓虽然天天用阴阳之道但并不明白，所以知道君子之道的人就很少。’仁和智怎么能不被称作道呢？但认识片面了，难免会出现问题。”

五十

“蓍[①]固是《易》，龟[②]亦是《易》。”

精彩解说

“蓍草占卜当然是《周易》，龟背占卜也是《周易》。”

五一

问：“孔子谓武王未尽善，恐亦有不满意？”

先生曰：“在武王自合如此。”

曰：“使文王未没，毕竟如何？”

曰：“文王在时，天下三分已有其二[③]。若到武王伐商之时，

① 蓍：蓍筮，用五十蓍竹计其数，以数为本。

② 龟：龟卜，就是烧龟壳来观其象，以象为基础。

③ 天下三分已有其二：意思是已经掌管了三分之二的天下。

文王若在，或者不致兴兵，必然这一分亦来归了。文王只善处纣，使不得纵恶而已。”

精彩解说

陆澄问：“孔子认为周武王没有做到至善，只怕是对他有不满意的地方吧？”

先生说：“对于武王，就应当得到这样的评论。”

陆澄说：“如果周文王还在世，又会怎么样呢？”

先生说：“文王在世时，已经拥有了三分之二的天下。武王伐商时，如果文王还在世，也许不会发动兵甲，这剩下的三分之一天下，肯定也会归属文王治下。文王只要妥善处理，让纣王不再作恶就行了。”

五二

问[①]：“孟子言‘执中无权犹执一’[②]。”

先生曰：“中只是天理，只是易，随时变易，如何执得？须是因时制宜，难预先定一个规矩在。如后世儒者要将道理一一说得无罅漏，立定个格式，此正是执一。”

精彩解说

惟乾问先生：“孟子所说的‘持守中间态度而没有变通，也还是执着在一偏上’，请问这句话的意思。”

---

① 问：是问者的意思，有人认为是陆澄问的，有人认为是惟乾问的。惟乾就是冀元亨。

② 执中无权犹执一：指保持中庸当然是正确，如果不知道因时制宜，不知道权变，就有些片面了。

先生说："保持中庸就是天理，就是还有变易，随时间的推移而变化，又怎么能执着于这种态度呢？所以一定要因时制宜，很难预先制定一个标准。就像后世儒者要想将各种道理阐述得没有疏漏，就预先确立一个固定的模式而不懂权变，这就有些片面了。"

五三

唐诩问："立志是常存个善念，要为善去恶否？"

曰："善念存时，即是天理。此念即善，更思何善？此念非恶，更去何恶？此念如树之根芽，立志者长立此善念而已。'从心所欲不逾矩'[1]，只是志到熟处。"

精彩解说

唐诩问："立志就是要常常心存善念，就是要有为善去恶的想法吗？"

先生说："心中存有善念时，就是天理。如果这种想法就是善的，还用得着去另外思考什么善呢？如果这种想法不是恶的，还用得着另外去除什么恶呢？这种想法就好像树木的根芽，立志的人需要常常持有这个善念。'按照天理的心去做事，就不会越过规矩'，这只是志向达到成熟的境界罢了。"

五四

"精神道德言动，大率收敛为主，发散是不得已。天地人物皆然。"

---

① 从心所欲不逾矩：指遵从天理的心做事情就不会越过规矩了。

精彩解说

“精神、道德、言论和行动，大部分以收敛为主，向外扩散是没有办法的事，天地人物都是这样。”

五五

问：“文中子是如何人？”

先生曰：“文中子庶几具体而微[①]，惜其蚤死！”

问：“如何却有续经之非？”

曰：“续经亦未可尽非。”

请问。

良久，曰：“更觉‘良工心独苦’[②]。”

精彩解说

陆澄问：“王通这个人怎么样？”

先生说：“王通差不多应该说是一个‘各方面都很优秀，只是在某些方面稍有欠缺’的人了，只可惜他英年早逝。”

陆澄问：“可他又怎么会做出仿造经典这样的事呢？”

先生说：“仿造经典也不都是错的。”

陆澄继续请教先生原因。

过了好一会儿，先生才说：“我更能体会到杜甫所说的‘良工心独苦’这句话的意思了。”

---

① 具体而微：指虽然具备了圣人的基本条件，但在某些方面稍微有些逊色。

② 良工心独苦：指优秀的工匠虽然匠心独运，但常常受到俗人的议论，又没有办法与他们沟通，因而觉得苦闷。

五六

“许鲁斋[1]谓，‘儒者以治生为先’之说，亦误人。”

精彩解说

“许鲁斋认为，儒者以谋生为主的学说，也是误人子弟的。”

五七

问仙家元气、元神、元精。

先生曰：“只是一件：流行为气，凝聚为精，妙用为神。”

精彩解说

陆澄向先生请教道家所说的元气、元神、元精的意思。

先生说：“这三个的意思相同。气是流行，精是凝聚，神就是巧妙地作用。”

五八

“喜怒哀乐，本体自是中和的。才自家着些意思，便过不及，便是私。”

① 许鲁斋：许衡，号鲁斋，字仲平，河南沁阳人，官至国子祭酒。元代理学家，承程朱的学说，是一代大儒，死谥文正。

精彩解说

“喜、怒、哀、乐，它们本质上原来是中和的。一旦有别的想法，稍微有些过分或不及，便是私欲了。”

五 九

问“哭则不歌”[1]。

先生曰：“圣人心体自然如此。”

精彩解说

陆澄问：“为什么‘哭过后就不想唱歌’呢？”

先生说：“圣人的心体本来就是如此。”

六 〇

“克己须要扫除廓清，一毫不存方是。有一毫在，则众恶相引而来。”

精彩解说

“克服自己的私欲一定要彻底清除干净，一点都不能存留才行。如果有一点私欲存在，其他的邪恶就会接踵而来。”

---

① 哭则不歌：是指孔子当天哭过之后，就不再想唱歌了。

六一

问《律吕新书》[1]。

先生曰："学者当务为急。算得此数熟，亦恐未有用，必须心中先具礼乐之本方可。且如其书说多用管以候气[2]，然至冬至那一刻时，管灰之飞，或有先后，须臾之间，焉知那管正值冬至之刻？须自心中先晓得冬至之刻始得。此便有不通处。学者须先从礼乐本原上用功。"

精彩解说

陆澄问先生《律吕新书》的内容怎么样。

先生说："这是求学的人应该致力关注的事情。否则，即使将音乐律数算得再熟，恐怕也没有什么用，心中必须先具备礼乐的根本才行。如果只是像书中说的经常用乐管观察节气的变化，但是到了冬至那一刻，乐管中灰尘的飞扬也许有先后短暂的差别，你怎么知道哪个乐管中灰尘飞扬表示冬至时刻呢？所以，心中必须先知道冬至的时刻才行。这就有说不通的了。学者还是必须先从礼乐的根本上下工夫。"

六二

曰仁云："心犹镜也。圣人心如明镜，常人心如昏镜。近世格物之说，如以镜照物，照上用功，不知镜尚昏在，何能照？先生之

---

①《律吕新书》：是南宋蔡元定所著，上卷是《律吕本原》，下卷是《律吕征辨》。

② 候气：是古人用来测量节气变化的方法。

格物，如磨镜使之明，磨上用功，明了后亦未尝废照。”

精彩解说

徐爱说：“心如同镜子。圣人的心就像明亮的镜子，常人的心就像昏暗的镜子。近代那些格物之说，就像用镜子照物，只在照映上面下功夫，却不知道镜子本身已昏暗不清，怎么能照清楚物呢？先生的格物之说，就像是打磨镜子使它明亮，是在打磨上用功，镜子明亮以后是不耽误照物的。”

六三

问道之精粗。

先生曰：“道无精粗，人之所见有精粗。如这一间房，人初进来，只见一个大规模如此；处久，便柱壁之类，一一看得明白；再久，如柱上有些文藻，细细都看出来。然只是一间房。”

精彩解说

陆澄向先生请教有关道的精粗问题。

先生说：“道的本身无精粗之分，只是人们看到的道有精粗之分而已。就像这间房子，当人刚住进来的时候，只看到房子的大概轮廓。待得时间长了，像房柱、墙壁等就都能一一看清楚。时间再长些，房柱上的纹理也都能看得仔仔细细。然而房子还是这一间房子。”

六　四

先生曰："诸公近见时少疑问，何也？人不用功，莫不自以为已知，为学只循而行之是矣。殊不知私欲日生，如地上尘，一日不扫，便又有一层。着实用功，便见道无终穷，愈探愈深，必使精白[①]无一毫不彻方可。"

精彩解说

先生说："各位最近见到我的时候，问问题的很少，这是为什么呢？人不下功夫，无非就是以为自己已经明白了，觉得做学问只要跟着眼前人实行就行。却不知道私欲在日益萌生，就像地上的尘土一样，一天不打扫，就会又多一层。踏实用功，就会知道对道的追求是永无止境的，越探究越精深，必须做到精细纯洁而没有一丝不透彻的地步才行。"

六　五

问："知至然后可以言诚意。今天理人欲，知之未尽，如何用得克己工夫？"

先生曰："人若真实切己用功不已，则于此心天理之精微日见一日，私欲之细微亦日见一日。若不用克己工夫，终日只是说话而已，天理终不自见，私欲亦终不自见。如人走路一般，走得一段，方认得一段；走到歧路处，有疑便问，问了又走，方渐能到得欲到

① 精白：意思是精纯、洁白。

之处。今人于已知之天理不肯存，已知之人欲不肯去，且只管愁不能尽知，只管闲讲，何益之有？且待克得自己无私可克，方愁不能尽知，亦未迟在。”

精彩解说

陆澄问：“尽知的境界达到以后才能谈诚意。现在还没有完全弄明白存天理去私欲，如何能在克己上用功呢？”

先生说：“如果人能够真的踏实践行不间断地用功，那么人心中对于天理的认识会越来越精深微妙，就能够每日增进认识；对于私欲的感知也会越来越细小隐微，也能每日增进认识。如果不在克己上用功，每天只知道空谈，最终永远不会看到天理，也永远不会明白私欲。这就跟人们走路一样，走了一段路，才认识一段路，走到岔路口的时候，不知道该怎么走就问一问，然后再走，这样才能慢慢地到达想要去的地方。而现在的人们不愿意去存养已知的天理，不愿意去克除已知的私欲，只知道担忧不能完全知道的事，只知道讲空话，这有什么好处呢？等到把已知的私欲克除完以后，再担心难以完全知道的事，也不晚。”

六六

问：“道一而已。古人论道往往不同，求之亦有要乎？”

先生曰：“道无方体①，不可执着，却拘滞于文义上求道，远矣。如今人只说天，其实何尝见天？谓日月风雷即天，不可；谓人物草木不是天，亦不可。道即是天，若识得时，何莫而非道？人但各以其一隅之见认定，以为道止如此，所以不同。若解向里寻求，

① 方体：是时空的意思。

见得自己心体，即无时无处不是此道。亘古亘今，无终无始，更有甚同异？心即道，道即天，知心则知道、知天。”

又曰：“诸君要实见此道，须从自己心上体认，不假外求始得。”

精彩解说

陆澄问：“道只有一个。古人论道的时候，看法往往不相同，那么求道是否也有要领呢？”

先生说：“道没有时间空间的限制，求道的人不能执着，如果只局限于文义之中求道，那样就离道的本意越来越远。比如现在的人说天，其实他们哪里见过天呢？以为日月风雷是天，不对；以为人物草木不是天，也不对。其实道才是天，如果能认识到这一点，那什么不是道呢？人只是根据自己的片面见解，就认定道是这样的而不是那样的，所以才会有不同的道出现。如果明白要向心的深处探求，认识了自己的心体，那么无时无处不是道。从古到今，不分始终，哪里又有什么异同呢？心即道，道即天，明白了心，也就知道天了。”

先生又说：“诸位如果要想实实在在认识道，务必从自己心中体会认识，不可借助心外寻求才行。”

六七

问：“名物度数[①]，亦须先讲求否？”

先生曰：“人只要成就自家心体，则用在其中。如养得心体，果有未发之中，自然有发而中节之和，自然无施不可。苟无

① 名物度数：意思是鸟、兽、草、木之物都有名，礼、乐、行、政之度都有数。

是心，虽预先讲得世上许多名物度数，与己原不相干，只是装缀临时，自行不去。亦不是将名物度数全然不理，只要‘知所先后，则近道’。”

又曰：“人要随才成就，才是其所能为。如夔[①]之乐、稷[②]之种，是他资性合下[③]便如此。成就之者，亦只是要他心体纯乎天理。其运用处，皆从天理上发来，然后谓之才。到得纯乎天理处，亦能不器，使夔、稷易艺而为，当亦能之。”

又曰：“如‘素富贵行乎富贵，素患难行乎患难’，皆是不器[④]，此惟养得心体正者能之。”

精彩解说

陆澄问：“事物的名称、实物、仪测和数目，都必须事先研究吗？”

先生说：“人只要能成就自己的心体，也就能在其中运用了。假如把心体已经存养得真有了一个未发之中，自然也就符合发而中节之和，无论做什么都是会的。如果没有这颗心，即使事先学到世上许多名称、实物、仪测、数目，也和自己没关系，只是临时撑撑门面而已，自然是做什么都不行的。当然，这也并不是说完全不管名称、实物、仪测、数目，只要‘知道做事情的先后顺序，便接近道了’。”

先生接着说：“人要依据自己的天赋成就自己，这才是他所能做到的事。比如乐官夔精通乐律，稷擅于种植，这是因为他们的资质天性，所以才会这样。成就一个人，也就是要他的心体纯正符合天理。他对待事物都是依

---

① 夔：指掌管音乐的乐官。

② 稷：指掌管种植的官。

③ 合下：当下或现在。

④ 不器：指不偏倚，不执着，不局限于某种具体。

从天理的自然运用，之后才能说他是个有才能的人。等达到纯正天理的境界，也就不会受某一具体业态的限制，假如让夔和稷互换位置，他们也照样会做得很好。”

先生又说：“例如《中庸》中所说，‘处于富贵，就做富贵时能做的事。处于患难，就做患难中能做的事’，这都是不局限于某一职能，干什么都会成功，这只有把心体存养纯正的人才能做到。”

六八

“与其为数顷无源之塘水，不若为数尺有源之井水，生意不穷。”

时先生在塘边坐，傍有井，故以之喻学[①]云。

精彩解说

“与其得到一个数顷大而没有源头的池塘水，还不如得到一个几尺小而有源头的井水，生机就不会枯竭。”

当时，先生正坐在池塘边，旁边有一口井，他就用池塘和井比喻做学问要立足根源。

六九

问：“世道日降，太古[②]时气象如何复见得？”

先生曰：“一日便是一元。人平旦[③]时起坐，未与物接，此心

① 学：有随时随地都是学问的意思。

② 太古：是神话伏羲以前的时代。

③ 平旦：指日出时候的气。

清明景象，便如在伏羲时游一般。”

精彩解说

陆澄问：“如今世风日下，远古时期的气象如何能再看到呢？”

先生说：“一天即一元。人平常早上起床坐定，还不曾与事物接触，此时心中的清明景象，就好似是在伏羲的时代游历一样。”

七〇

问：“心要逐物，如何则可？”

先生曰：“人君端拱[①]清穆，六卿[②]分职，天下乃治。心统五官，亦要如此。今眼要视时，心便逐在色上；耳要听时，心便逐在声上。如人君要选官时，便自去坐在吏部；要调军时，便自去坐在兵部。如此，岂惟失却君体，六卿亦皆不得其职。”

精彩解说

陆澄问：“心要追逐外物，该怎么办呢？”

先生说：“君主庄严肃穆地端坐在朝堂上，六卿各尽职责，天下才能安定太平。人心统领五官，也是一样的道理。眼睛看物体时，心就去追求那个物体的色相；耳朵要听声音时，心就去追求那个声音。就好比君主要选拔官员时，就亲自到吏部去；要调动军队时，就亲自到兵部去。如此一来，不只是有失君王的身份，六卿也就都不能各司其职。”

---

① 端拱：端坐拱手的意思。

② 六卿：指明朝时六部，分别是吏、户、礼、刑、工、兵。

七一

“善念发而知之，而充之；恶念发而知之，而遏之。知与充与遏者，志也，天聪明也。圣人只有此，学者当存此。”

精彩解说

“善念萌发的时候要认识它，并把它发扬扩充。恶念萌发的时候要了解它，去遏止它。知道如何扩充善念、遏止恶念，就是有志向，是上天赋予的智慧。圣人是拥有这种智慧的，而学者应该学习存养的智慧。”

七二

澄曰：“好色、好利、好名等心，固是私欲，如闲思杂虑，如何亦谓之私欲？”

先生曰：“毕竟从好色、好利、好名等根上起，自寻其根便见。如汝心中，决知是无有做劫盗的思虑，何也？以汝元无是心也。汝若于货色名利等心，一切皆如不做劫盗之心一般，都消灭了，光光只是心之本体，看有甚闲思虑？此便是寂然不动①，便是未发之中，便是廓然大公②！自然感而遂通③，自然发而中节，自然物来顺应④。”

① 寂然不动：指易自身宁静不动。

② 廓然大公：指心胸宽广，大公无私。

③ 感而遂通：易和天下的事相通，表现出吉凶祸福。

④ 物来顺应：指遇到事情的时候能够坦然自得地应对。

精彩解说

陆澄说："好色、贪财和慕名等心思，固然是私欲，然而像那些闲思杂念，为什么也称为私欲呢？"

先生说："这些闲思杂虑的根源是在好色、贪财、慕名上，你追寻这些根源就会发现。比如你心中绝对知道没有做盗贼的念头，为什么呢？因为你根本就没有这种心思。如果你能把对财物、美色、名利等心思，全部消灭干净，就像你没有做盗贼的心思一样，心中完完全全只有心的本体，那还有什么闲杂思虑呢？这就是'寂然不动'，是'未发之中'，是'廓然大公'，自然就能'感而遂通'，自然能'发而中节'，自然能够'物来顺应'了。"

七三

问志至气次。

先生曰："'志之所至，气亦至焉'之谓，非极至次贰之谓。'持其志'，则养气在其中。'无暴其气'，则亦持其志矣。孟子救告子[1]之偏，故如此加持说。"

精彩解说

陆澄关于"志至气次"的问题向先生请教。

先生说："这是说'心志所达的地方，意气也相继而至'，并不是'心志是极致，气节次之'。坚持心志意气也就在其中了。不随便意气用事，也是坚持心志的方法。孟子是为了拯救告子的偏颇，所以才如此分析的。"

① 告子：告子，名不害，战国时人，主张性无善恶，并有"生之谓性""食色，性也"的论点。

七四

问："先儒曰'圣人之道，必降而自卑；贤人之言，则引而自高'，如何？"

先生曰："不然，如此却乃伪也。圣人如天，无往而非天，三光[1]之上，天也，九地[2]之下，亦天也，天何尝有降而自卑？此所谓大而化之也。贤人如山岳，守其高而已。然百仞者不能引而为千仞，千仞者不能引而为万仞，是贤人未尝引而自高也。引而自高，则伪矣。"

精彩解说

陆澄问："程子说：'圣人的道行，必定是自我减损而谦卑。贤人说话，则是抬高自己。'这句话说得怎么样？"

先生说："这句话说得不对，如果这样说就虚假诡诈了。圣人就像天，不论到什么地方天都在。在日月星辰之上它是天，在三界九泉之下它也是天，天什么时候自降身份而谦卑了呢？这就是孟子所谓的大而化之。贤人就像山岳一样，保持着自己的高度罢了。然而百仞高的山不能延伸成为千仞的高度，千仞高的山也不能够延伸成为万仞的高度，所以贤人从来没有抬高自己。抬高自己，就虚伪诡诈了。"

---

① 三光：是日、月和星。

② 九地：指地的终端处，也就是地底。

七 五

问："伊川谓'不当于喜怒哀乐未发之前求中'，延平[①]却教学者看未发之前气象，何如？"

先生曰："皆是也。伊川恐人于未发前讨个中，把中做一物看，如吾向所谓认气定时做中，故令只于涵养省察上用功。延平恐人未便有下手处，故令人时时刻刻求未发前气象，使人正目而视惟此，倾耳而听惟此，即是'戒慎不睹，恐惧不闻'[②]的工夫。皆古人不得已诱人之言也。"

精彩解说

陆澄问："伊川先生程颐说：'不应该在喜怒哀乐未生发之前就追求中和'，而延平先生李侗却教导学生应该观察喜怒哀乐未生发之前的气象，先生怎么看这两种观点呢？"

先生说："他们说得都对。程颐担心人们在喜怒哀乐没有表现出来之前追求中和，会把中和看成一件具体事物，就像我先前曾经说过的把气定当作中和，所以要大家只在涵养省察上下功夫。李侗怕人们找不到着手的地方，所以要大家时刻观察喜怒哀乐未发之前的气象，要人正眼相看、侧耳倾听的都是这种气象。这些都是'戒慎不睹，恐惧不闻'的功夫，都是古人不得已教导众人的话罢了。"

---

① 延平：李侗，字愿中，世人称延平先生，今福建南剑人。程颐三传弟子。

② 戒慎不睹，恐惧不闻：意思是即使在别人看不到、听不到的情况下，君子也不忘时时检点、警戒自己。

七六

澄问："喜怒哀乐之中和[①]，其全体常人固不能有。如一件小事当喜怒者，平时无有喜怒之心，至其临时，亦能中节，亦可谓之中和乎？"

先生曰："在一时一事，固亦可谓之中和，然未可谓之大本达道。人性皆善，中和是人人原有的，岂可谓无？但常人之心既有所昏蔽，则其本体虽亦时时发见，终是暂明暂灭，非其全体大用[②]矣。无所不中，然后谓之大本；无所不和，然后谓之达道；惟天下之至诚，然后能立天下之大本。"

曰："澄于'中'字之义尚未明。"

曰："此须自心体认出来，非言语所能喻。中只是天理。"

曰："何者为天理？"

曰："去得人欲，便识天理。"

曰："天理何以谓之中？"

曰："无所偏倚。"

曰："无所偏倚是何等气象？"

曰："如明镜然，全体莹彻，略无纤尘染着。"

曰："偏倚是有所染着。如着在好色、好利、好名等项上，

---

① 喜怒哀乐之中和：意思是喜怒哀乐这些情绪还没有生发出来时，是无所偏倚的，所以称为中。

② 全体大用：指全部作用的发挥。

方见得偏倚；若未发时，美色名利皆未相着，何以便知其有所偏倚？”

曰：“虽未相着，然平日好色、好利、好名之心，原未尝无；既未尝无，即谓之有；既谓之有，则亦不可谓无偏倚。譬之病疟之人，虽有时不发，而病根原不曾除，则亦不得谓之无病之人矣。须是平日好色、好利、好名等项一应私心扫除荡涤，无复纤毫留滞，而此心全体廓然，纯是天理，方可谓之喜怒哀乐未发之中，方是天下之大本。”

精彩解说

陆澄问：“喜怒哀乐的中正平和，总体而言一般人是无法都具有的。比如碰到一件应当喜怒的小事，如果平时没有喜怒的心，到事情发生的时候，也能表现出中和的气节，这也能成为中和吗？”

先生说：“一时一事，虽然也会成为中和，但是还不能称为最大的根本和普遍的规则。人性都是善良的，中和是每个人原本都具备的，怎么能说没有呢？但是平常人的心已经有所昏暗而被蒙蔽，他的本体虽然也时刻表现出来，但最终还是时明时灭，时隐时现，不能使心的全部功能发挥出来。无所不中的，才能称为最大的根本；无所不和，才能称为普遍的规则。只有天下至诚的人，才确立天下最大的根本。”

陆澄问：“我对‘中’字的含义没有弄明白。”

先生说：“这个需要用自己的心体会认知，才能从中悟出，不是用言语能够说清楚的。中即天理。”

陆澄说：“天理是什么？”

先生说：“只要能摒除私欲，就能认识天理。”

陆澄说：“为什么天理能称为中呢？”

先生说：“因为天理无所偏倚。”

陆澄说："那无所偏倚，是怎样的一种气象呢？"

先生说："就像明镜一般，通体大用，没有一丝尘埃沾染。"

陆澄说："那么偏倚就是有所污染了，比如表现在好色、贪财、慕名等事情上，方可看出偏倚。假如感情还没有生发的时候，美色、名利都还未显现，又如何能知道有所偏倚呢？"

先生说："虽然没有表现出来，但平日里好色、贪财、慕名的心不会没有。既然不是没有这些念头，就是有；既然有，那就不能说是无所偏倚了。比如患有疟疾的人，虽然有时候并不发作，但是没有祛除病根，也就不能说他是无病之人。必须把平时好色、贪财、慕名等一切私欲，彻底清除干净，不能有一丝一毫存留，此时心中完全空寂，纯是天理，才能说是喜怒哀乐未发之中，这才是天下最大的根本。"

七七

问："'颜子没而圣学亡'，此语不能无疑。"

先生曰："见圣道之全者惟颜子。观喟然一叹可见，其谓'夫子循循然善诱人，博我以文，约我以礼'，是见破后如此说。博文约礼，如何是善诱人？学者须思之。道之全体，圣人亦难以语人，须是学者自修自悟。颜子'虽欲从之，末由也已'[①]，即文王望道未见[②]意。望道未见，乃是真见。颜子没，而圣学之正派遂不尽传矣。"

① 虽欲从之，末由也已：指虽然很想跟从学习，但始终找不到要领。

② 文王望道未见：意思是文王望见了道却表现得就像没有见到。

精彩解说

陆澄问："'颜子死后，孔子圣学就失传了。'我对这句话存有疑惑。"

先生说："只有颜回一人全面地领会了孔子圣学，这从《论语》中孔子的一声叹息会看出来。颜子说'夫子循循善诱，用广博的知识教育我，用合乎礼节的思想约束我的行为'，这是他完全领悟以后才说的话。广博的知识、合乎礼节的约束，怎么能善于教导别人呢？学者也需要认真思量。圣道的全部，就算是圣人也难以用语言表达，学者必须自己修行自己体会。颜子说的'虽然很想跟着学习，却始终不得要领'，也就是周文王所说的'望见了道却像没看见'的意思。'望见了道却像没看见'，才是真正的见识。因此，颜子死后，正宗的孔子学说也就不能全部流传下来。"

七八

问："身之主为心，心之灵明是知，知之发动是意，意之所着为物，是如此否？"

先生曰："亦是。"

精彩解说

陆澄问："身的主宰是心，心的灵明是知，知的发动之处是意，意所涉及的对象是物，是这样理解吗？

先生说："这样理解也对。"

七 九

“只存得此心常见在，便是学。过去未来事，思之何益？徒放心耳！”

精彩解说

“只要能够常常存养本心，就是学习。对于过去和未来的事，思考它们又有什么好处呢？只不过是让自己失去本心罢了。”

八 十

“言语无序，亦足以见心之不存。”

精彩解说

“言语混乱，也足以看出心之本体缺乏存养。”

八 一

尚谦[1]问孟子之“不动心”与告子异。

先生曰：“告子是硬把捉着此心，要他不动；孟子却是集义到自然不动。”

又曰：“心之本体原自不动。心之本体即是性，性即是理，性

① 尚谦：薛侃，字尚谦，号中离，广东揭阳人，王阳明的弟子。

元不动，理元不动。集义[1]是复其心之本体。”

精彩解说

薛侃向先生请教孟子的“不动心”和告子的“不动心”有什么区别。

先生说：“告子是硬抓着这颗心强行让它不动，而孟子却是积善合义而心自然做到不动。”

先生接着说：“心的本体原本是不动的。心的本体就是天性，天性就是天理，天性和天理原本不动，积善而合义就会恢复心的本体。”

八　二

“万象森然时，亦冲漠无朕；冲漠无朕，即万象森然。冲漠无朕者，一之父；万象森然者，精之母。一中有精，精中有一。”

精彩解说

“万事万物在心中呈现时，内心也就达到了寂然无我的境界；内心到了寂然无我的境界，心中仍会呈现万事万物。寂然无我是惟一之父，万物丰盛是惟精之母。唯一中有惟精，惟精中有唯一，二者是密切不可分的。”

八　三

“心外无物。如吾心发一念孝亲，即孝亲便是物。”

精彩解说

本心以外是没有事物存在的。如果我心中有了孝敬父母的念头，那孝敬父母便是事物。

---

① 集义：做任何事情时都要合于道义。

八 四

先生曰："今为吾所谓格物之学者，尚多流于口耳。况为口耳之学者，能反于此乎？天理人欲，其精微必时时用力省察克治，方日渐有见。如今一说话之间，虽只讲天理，不知心中倏忽之间，已有多少私欲。盖有窃发而不知者，虽用力察之，尚不易见，况徒口讲而可得尽知乎？今只管讲天理来顿放着不循，讲人欲来顿放着不去，岂格物致知之学？后世之学，其极至，只做得个义袭而取的工夫。"

精彩解说

先生说："现在学习我格物学说的人，大部分还只停留在口授耳闻的级别上，更别说只喜欢学习口耳皮毛之学的人，怎能不这样？存天理去私欲，其精妙细微的地方必须时时用力省察克治，才能渐渐有所收获。如今有的人就在我们言谈的时候，虽然嘴里在讲求天理，却不知道心里刹那之间，就已经产生了多少私欲。有的私欲偷偷萌发但无法自知，虽然能够用力省察，但也发现不了，更何况仅仅是空谈阔论，又怎么能全部查知呢？现在只管讲存天理，却搁置在一边不去遵循，讲着私欲却仍放在一边任其发展不知道去除，这难道是格物致知的学说吗？后世的学问，就算达到了极致，也顶多算是偶然合乎'义'的功夫吧。"

八五

问格物。

先生曰："格者，正也。正其不正，以归于正也。"

精彩解说

陆澄问先生格物的含义。

先生说："格，是纠正的意思。纠正那些不正确的，使他们重归于正道。"

八六

问："知止者，知至善只在吾心，元不在外也，而后志定？"

曰："然。"

精彩解说

陆澄问："知止，就是明白至善只是存在于我心中，原本就不在心外，然后，志向才能坚定吗？"

先生说："是的。"

八七

问："格物于动处用功否？"

先生曰："格物无间动静，静亦物也。孟子谓'必有事焉'[1]，是动静皆有事。"

---

① 必有事焉：指自然而然做到集义养气的事，不论是动还是静。

精彩解说

陆澄问："格物是要在动处下功夫吗？"

先生说："格物没有动静之分，静也是事物。孟子说'必然地去做集义养气的事'，不论动静，都是有事。"

八八

"工夫难处，全在格物致知上。此即诚意之事。意既诚，大段心亦自正，身亦自修。但正心修身工夫，亦各有用力处，修身是已发边，正心是未发边。心正则中，身修则和。"

精彩解说

"工夫的最难之处，全部在格物致知上。这就是诚意的事。如果意诚了，大部分的心也就自然端正，身也就自然而然修养了。但是中正内心和修养自身的工夫，也有各自的用力之处。修养自身是感情已发的工夫，中正内心是感情未发的工夫。心端正就是中，身修就是平和。"

八九

"自'格物致知'至'平天下'①，只是一个'明明德'。虽亲民，亦明德事也。明德是此心之德，即是仁。仁者以天地万物为一体，使有一物失所，便是吾仁有未尽处。"

---

①"格物致和"至"平天下"：出自《大学》，王阳明认为都属于"明明德"。

精彩解说

“从‘格物致知’到‘平天下’，只是一个‘明明德’的过程，就算‘亲民’，也是明德的事情。明德是本心中的德，也就是仁爱。仁爱的人把天地万物视为一体，假如有一事一物失去安身的地方，就是我心中的仁没有达到的地方。”

九十

“只说‘明明德’而不说‘亲民’，便似老、佛。”

精彩解说

“如果只是说‘明明德’而不说‘亲民’，就似乎跟道教和佛教的学说一样了。”

九一

“至善者性也。性元无一毫之恶，故曰至善。止之，是复其本然而已。”

精彩解说

“至善就是天性。天性本来是没有丝毫的恶。因此，才称为至善。保留这种至善，也就是恢复天性原本的面目罢了。”

九二

问："知至善即吾性，吾性具吾心，吾心乃至善所止之地，则不为向时之纷然外求，而志定矣。定则不扰扰而静，静而不妄动则安，安则一心一意只在此处，千思万想，务求必得此至善，是能虑而得矣[1]。如此说是否？"

先生曰："大略亦是。"

精彩解说

陆澄问："我明白了至善就是我的天性，我的天性存在于我心中，我的内心就是至善所要存留之处，于是，我也就不会像以前那样慌乱而急于向外界寻求，心志也就安定了。心志安定也就没有困扰了，没有困扰也就得到宁静；内心宁静也就不会妄动，才能得到安稳；安稳就能专心致志在至善上寻求，千思万虑，最终一定要寻求到这种至善，就能通过静心思考而达到至善了。我这样讲是不是正确？

先生说："大致上是这样。"

九三

问："程子云'仁者以天地万物为一体'，何墨氏'兼爱'反不得谓之仁？"

先生曰："此亦甚难言，须是诸君自体认出来始得。仁是造

① 定、静、安、虑、得：定、静、安、虑，都指心；得，是得道，得至善之道的意思。

化生生不息之理，虽弥漫周遍，无处不是，然其流行发生，亦只有个渐，所以生生不息。如冬至一阳生，必自一阳生，而后渐渐至于六阳，若无一阳之生，岂有六阳？阴亦然。惟其渐，所以便有个发端处；惟其有个发端处，所以生；惟其生，所以不息。譬之木，其始抽芽，便是木之生意发端处；抽芽然后发干，发干然后生枝生叶，然后是生生不息。若无芽，何以有干、有枝叶？能抽芽，必是下面有个根在。有根方生，无根便死。无根何从抽芽？父子兄弟之爱，便是人心生意发端处，如木之抽芽。自此而仁民，而爱物，便是发干、生枝、生叶。墨氏'兼爱''无差等'，将自家父子兄弟与途人一般看，便自没了发端处。不抽芽，便知得他无根，便不是生生不息，安得谓之仁？孝弟为仁之本[①]，却是仁理从里面发生出来。"

精彩解说

陆澄问："程子说'仁者以天地万物为一体'，而墨子的'兼爱'为什么不能称为仁呢？"

先生说："这个也是很难讲明白的，主要还是由诸位自己去体会认知出来才能明白。仁是自然造化生生不息的天理，虽然它遍布周边，无处不在，但它的流动发生，也是一步一步出现的，因此才能生生不息。比如，从冬至时一阳开始产生，肯定是一阳先开始的，接着渐渐到六阳的出现，倘若没有一阳的产生，哪里会有六阳呢？阴也是如此。正是因为有了这个开始处，所以才能生发。正是因为有了生发，所以才能够生生不息。就像一棵树，刚开始抽芽的时候，就是树木开始生长的时候。抽出嫩芽以后才长出树干，长出

① 仁之本：意思是仁的根本。

树干以后再长出枝叶，然后才是生生不息。假如没有抽出嫩芽，哪里会有树干和枝叶呢？能够抽芽，说明地下一定有树根在，有树根才能活，没有树根就会枯死，没有树根从何处抽芽呢？父子、兄弟之爱，就是人心生长开始之处，如同树木抽芽，从此开始仁民爱物，就像生长了树干、枝叶。墨子的兼爱、无区别，是将自家父子、兄弟和路人同样看待，这自然就失去了发端处，不用抽芽，便知道它没有根，也便不是生生不息，又如何能称为仁呢？孝悌是仁的根本，仁理就是从孝悌之心中产生出来的。”

九四

问：“延平云‘当理而无私心①’。‘当理’与‘无私心’，如何分别？”

先生曰：“心即理也，无私心即是当理，未当理便是私心。若析心与理言之，恐亦未善。”

又问：“释氏于世间一切情欲之私都不染着，似无私心。但外弃人伦，却似未当理。”

曰：“亦只是一统事，都只是成就他一个私己的心。”

精彩解说

陆澄问：“延平先生说‘合乎天理而没有私心’。这合乎天理和没有私心，如何区别呢？”

先生说：“人心即天理，没有私心便是合乎天理，不能合乎天理就是有私心。如果把人心和天理分开说，恐怕也不太好。”

---

① 当理而无私心：原来的意思是既合乎天理而又没有私心，王阳明认为这样表述是把“天理”和“无私心”看作两件事了。

陆澄又问："佛教对于世间一切情欲私心都不沾染，看似是没有私心。但是对外在的人伦关系一律抛弃，却也是不合乎天理。"

先生说："这说的都是同一回事，都只是成就自己的一颗自私自利的心而已。"

九五

侃[1]问："持志如心痛，一心在痛上，安有工夫说闲语，管闲事？"

先生曰："初学工夫，如此用亦好，但要使知'出入无时，莫知其乡'。心之神明，原是如此，工夫方有着落。若只死死守着，恐于工夫上又发病。"

精彩解说

薛侃问："坚守志向如同心痛一样，若一心只在痛上，哪里会有时间说闲话和管闲事呢？"

先生说："刚开始学习时如此用功也很好，但必须知道'出入没有确定的时间，也不知道去向何方'。心中的神明原本是这样，功夫才会有着落。倘若只是死死守着志向，只怕在工夫上又会发生问题。"

九六

侃问："专涵养而不务讲求，将认欲作理，则如之何？"

先生曰："人须是知学，讲求亦只是涵养。不讲求，只是涵养

①侃：姓薛，名侃，字尚谦，号中离，广东揭阳人，王阳明的学生。

之志不切。”

曰：“何谓知学？”

曰：“且道为何而学、学个甚。”

曰：“尝闻先生教，学是学存天理。心之本体即是天理。体认天理，只要自心地无私意。”

曰：“如此，则只须克去私意便是，又愁甚理欲不明？”

曰：“正恐这些私意认不真。”

曰：“总是志未切。志切，目视耳听皆在此，安有认不真的道理？是非之心，人皆有之，不假外求。讲求亦只是体当自心所见，不成去心外别有个见。”

精彩解说

薛侃问：“只重视修涵养而不致力于讲论探求，将私欲当作天理，该怎么办呢？”

先生说：“人应该知道学习。讲论探求无非是学习上的涵养功夫。不讲论探求，只能是涵养的心志不够真切。”

薛侃说：“怎样才算是知学呢？”

先生说：“你姑且先说说为什么求学、学习些什么。”

薛侃说：“曾经听先生说，学是学习存养天理。心之本体就是天理。体会认知天理，只是要求自己的内心没有私意。”

先生说：“既是如此，只需要克除私意就足够了，还愁什么天理和私欲辨认不清呢？”

薛侃说：“正是怕这些私心私意辩认不清。”

先生说：“这终归还是志向不真切。若志向真切，目视耳听全都在此，怎么会有认不真切的道理呢？辨别是非的能力，每个人都有，不必向外界寻求。讲论探求也只是体会自己心中所见，而不是到心外另寻其他见识。”

九七

先生问在坐之友：“比来工夫何似？”

一友举虚明意思[1]。

先生曰：“此是说光景。”

一友叙今昔异同。

先生曰：“此是说效验。”

二友惘然，请是。

先生曰：“吾辈今日用功，只是要为善之心真切。此心真切，见善即迁，有过即改，方是真切工夫。如此则人欲日消，天理日明。若只管求光景、说效验，却是助长外驰病痛，不是工夫。”

精彩解说

先生问在座的朋友：“近来求学的工夫如何？”

一位朋友用内心清虚明亮比喻。

先生说：“你这是在讲表面景象。”

另一位朋友讲述了今昔的异同。

先生说：“你这是在说效果。”

两位朋友感到茫然，向先生请教正确答案。

先生说：“我们今天用功，就是要让善心真切。为善的心真切，见善就会提升，有错就改，这才是真切的工夫。如此，私欲就会日益减少，天理就

---

① 虚明意思：是由静坐而产生的超觉体验，恍若海市蜃楼，因此称为“光景”。

会日益明朗。若只知道寻求表面的景象，讲一些用功的效果，这样反倒是助长了向外寻求的毛病，并不是求学的真工夫。”

九八

朋友观书，多有摘议晦庵者。

先生曰：“是有心求异即不是。吾说与晦庵时有不同者，为入门下手处有毫厘千里之分，不得不辩。然吾之心与晦庵之心未尝异也。若其余文义解得明当处，如何动得一字？”

精彩解说

朋友们在一起看书，经常摘选朱子的语录来议论。

先生说：“如此是存心挑毛病，是不对的。我的学说和朱子的时有分歧，主要是学习入门下手的地方有毫厘千里的区别，不能不分辨清楚，但我的心和朱熹的心没有什么不同。比如说朱子对其他文义解释得明晰妥当之处，我又岂会轻易改动一字？”

九九

希渊[1]问：“圣人可学而至。然伯夷、伊尹于孔子才力终不同，其同谓之圣者安在？”

先生曰：“圣人之所以为圣，只是其心纯乎天理，而无人欲之杂，犹精金之所以为精，但以其成色足而无铜铅之杂也。人到纯

① 希渊：蔡宗衮，字希渊，号我斋，山阴人，和徐爱、朱节一起拜王阳明为师，是王阳明最早的弟子之一。

乎天理方是圣，金到足色方是精。然圣人之才力，亦有大小不同，犹金之分两有轻重。尧、舜犹万镒[①]，文王、孔子犹九千镒，禹、汤、武王犹七八千镒，伯夷、伊尹犹四五千镒。才力不同，而纯乎天理则同，皆可谓之圣人，犹分两虽不同，而足色则同，皆可谓之精金。以五千镒者而入于万镒之中，其足色同也；以夷、尹而厕[②]之尧、孔之间，其纯乎天理同也。盖所以为精金者，在足色而不在分两；所以为圣者，在纯乎天理而不在才力也。故虽凡人而肯为学，使此心纯乎天理，则亦可为圣人，犹一两之金比之万镒，分两虽悬绝，而其到足色处可以无愧。故曰'人皆可以为尧、舜'者以此。学者学圣人，不过是去人欲而存天理耳，犹炼金而求其足色。金之成色所争不多，则锻炼之工省而功易成，成色愈下则锻炼愈难；人之气质清浊粹驳，有中人以上、中人以下。其于道，有生知安行，学知利行。其下者必须人一己百，人十己千，及其成功则一。后世不知作圣之本是纯乎天理，却专去知识才能上求圣人，以为圣人无所不知、无所不能，我须是将圣人许多知识才能逐一理会始得。故不务去天理上着工夫，徒弊精竭力，从册子上钻研，名物上考索，形迹上比拟，知识愈广而人欲愈滋，才力愈多而天理愈蔽。正如见人有万镒精金，不务锻炼成色，求无愧于彼之精纯，而乃妄希分两，务同彼之万镒，锡铅铜铁杂然而投，分两愈增而成色愈下，既其梢末，无复有金矣。"

① 镒：古代的重量单位，一镒是二十两。

② 厕：是参与，混杂其间的意思。

时曰仁在傍，曰："先生此喻足以破世儒支离之惑，大有功于后学。"

先生又曰："吾辈用功只求日减，不求日增。减得一分人欲，便是复得一分天理，何等轻快脱洒！何等简易！"

精彩解说

蔡希源问："人通过学习固然可以达到圣人的境界，然而伯夷、伊伊和孔子相比，在才力上他们终究有所欠缺，但他们同样被称为圣人，是什么原因呢？"

先生说："圣人之所以被称为圣人，只是因为他们的心纯为天理，而不掺杂任何私欲，就好比精金之所以是精金，只是因为它的成色充足而没有掺杂铜铅。人到了纯是天理的境界才能成为圣人，金到足色才是精金。而圣人的才力，也有大小之分，犹如金的分两有轻重。尧和舜就像万镒重的金，文王和孔子就像九千镒的金，夏禹、商汤和武王就像七八千镒重的金，伯夷、伊伊就像四五千镒的金，才力各异，但纯粹天理的心相同，都可称之为圣人，就像金的分两虽然不相同，但只要成色充足相同，都能称为精金。把五千镒的金放入万镒金之中，它们的足色程度是一致的。把伯夷、伊伊与尧帝、孔子放到一起，他们纯粹天理的心是相同的。之所以被称为精金，在于成色充足而不在分两轻重；之所以被称为圣人，在于纯粹天理的心而不在才力大小。因此，即使是一个平常人只要肯学习，使自己的内心纯为天理，同样也能成为圣人。就像一两重的金子和万镒重的金子相比，分两虽然相差很大，但就成色充足而言却是无愧的。所以说'人人皆可成为尧舜'的话，就是这样来的。求学的人学习圣人，只不过是去私欲而存天理罢了，就像炼金追求成色充足。金子的成色相差不大，锤锻炼金的功夫就能节省很多，就很容易成功。金子成色越低，锤锻炼金就会越困难。人的气质有的清澈有的浑浊，有的在平常人以上，有的在平常人以下。对于道行而言，有生知安行和学知利行的不同。天资低下的人，必须是别人努力一分，自己努力百分，别人努力十分，自己努力千分，最后所取得的成功是一样的。后世之人不明白圣人成功的根本是在于纯粹天理，只知道在知识才能上努力，寻找成为圣人的方法，认为圣人是无所不能、无所不知，以为只需要把圣人的许多知识才能一一学会，所以他们不在天理上用功，只是白白浪费精力，从书本上钻研，从名物上考据，从行为上模仿，学到的知识越渊博而私欲就越滋长，才力越高而天理越被蒙蔽，就好像看到他人拥有万镒精金，不肯着手在成色上锻炼自己的金子，也不在金子的精纯度上与他人相比，只妄想在分两上和对方比轻重，想要在万镒精金的重量上与对方相同，于是把铅、锡、铜、铁混杂在一起冶炼。这样分两越增加，成色就越差，炼到最后，也就不再有金子了。”

当时，徐爱在旁边说道：“先生这个比喻足可以打破世儒认知上的混乱与误解，对后世学者有很大益处。”

先生接着说：“我们用功只求日益减少，不求日益增多。减去一分私欲，就是恢复一分天理，多么轻快洒脱、简单容易啊！”

一〇〇

士德[1]问曰：“格物之说如先生所教，明白简易，人人见得。文公[2]聪明绝世，于此反有未审，何也？”

先生曰：“文公精神气魄大，是他早年合下便要继往开来，故一向只就考索著述上用功。若先切己自修，自然不暇及此。到得德盛后，果忧道之不明。如孔子退修六籍，删繁就简，开示来学，亦大段不费甚考索。文公早岁便著许多书，晚年方悔是倒做了。”

① 士德：杨骥，字士德。是粤中王学代表人物。

② 文公：指朱熹，谥号文，故名。

士德曰："晚年之悔，如谓'向来定本之误'，又谓'虽读得书，何益于吾事'，又谓'此与守书籍，泥言语，全无交涉'，是他到此方悔从前用功之错，方去切己自修矣。"

曰："然此是文公不可及处。他力量大，一悔便转，可惜不久即去世，平日许多错处皆不及改正。"

精彩解说

杨士德问："格物之学说，就像先生所教诲的，简单明白，人人能懂。朱熹聪明绝顶，对格物的论述反而有解释不清楚的地方，这是为什么呢？"

先生说："朱子的精神气魄宏大，于是他早年就下定决心要继往开来，所以他一味地在考证著述上下功夫。如果先结合自身修养，自然就无暇顾及这些。等到德行盛大以后，果然开始担心忧虑道行的晦暗不明，就如同孔子退而修著六经，删繁就简，开导启发后世学者一样，大概也无需什么考证了。朱子早年写了很多书，到晚年之时才后悔是功夫给做颠倒了。"

杨士德说："朱子到了晚年已十分后悔，比如他说'向来定本之误'，又说'虽然读了书，对提升自己却无益处'，又说'这些与死守书本，拘泥于言语，是完全没有关系的'，这些话都是他到了此时才发现以前的用功是不对的，方才去结合自身的实际情况修养。"

先生说："是的，这也正是人们不及朱子的地方。他力量大，一旦悔悟就能改正，只可惜不久后他就去世了，平时许多错误的地方都还没来得及改正。"

侃去花间草，因曰："天地间何善难培、恶难去？"

先生曰："未培未去耳。"

少间，曰："此等看善恶，皆从躯壳起念，便会错。"

侃未达。

曰："天地生意，花草一般，何曾有善恶之分？子欲观花，则以花为善，以草为恶；如欲用草时，复以草为善矣。此等善恶，皆由汝心好恶所生，故知是错。"

曰："然则无善无恶乎？"

曰："无善无恶者理之静，有善有恶者气之动。不动于气，即无善无恶，是谓至善。"

曰："佛氏亦无善无恶，何以异？"

曰："佛氏着在无善无恶上，便一切都不管，不可以治天下。圣人无善无恶，只是无有作好，无有作恶，不动于气。然遵王之道，会其有极[①]，便自一循天理，便有个裁成辅相。"

曰："草既非恶，即草不宜去矣。"

曰："如此却是佛、老意见。草若有碍，何妨汝去？"

曰："如此又是作好作恶？"

曰："不作好恶，非是全无好恶，却是无知觉的人。谓之不作者，只是好恶一循于理，不去又着一分意思。如此，即是不曾好恶一般。"

曰："去草如何是一循于理，不着意思？"

曰："草有妨碍，理亦宜去，去之而已。偶未即去，亦不累心。若着了一分意思，即心体便有贻累，便有许多动气处。"

---

① 会其有极：出自《尚书·洪范》。

曰：“然则善恶全不在物？”

曰：“只在汝心，循理便是善，动气便是恶。”

曰：“毕竟物无善恶。”

曰：“在心如此，在物亦然。世儒惟不知此，舍心逐物，将格物之学错看了，终日驰求于外，只做得个义袭而取，终身行不著，习不察。[①]”

曰“‘如好好色，如恶恶臭’，则如何？”

曰：“此正是一循于理；是天理合如此，本无私意作好作恶。”

曰：“‘如好好色，如恶恶臭’，安得非意？”

曰：“却是诚意，不是私意。诚意只是循天理。虽是循天理，亦着不得一分意，故有所忿懥好乐，则不得其正[②]，须是廓然大公，方是心之本体。知此即知未发之中。”

伯生[③]曰：“先生云‘草有妨碍，理亦宜去’，缘何又是躯壳起念？”

曰：“此须汝心自体当。汝要去草，是甚么心？周茂叔[④]窗前草不除，是甚么心？”

---

① 行不著，习不察：出自《孟子·尽心上》第五章。

② 不得其正：出自《大学》第七章。

③ 伯生：指孟源，字伯生，是王阳明的弟子。

④ 周茂叔：指周敦颐，字茂叔，是湖南道州人，北宋理学家，北宋五子之首，著《太极图说》《通书》等，其学说对宋代理学发展有重大影响。

精彩解说

薛侃给花儿除草的时候，感叹说："世上的善为什么那么难培养，恶那么难消除呢？"

先生说："就好比这花草，没有培养哪来的铲除。"

没过一会儿，先生又说道："如此对待善恶，都属于从外表上发生念头，就会产生错误。"

薛侃不明白。

先生说："世上万物就好比花花草草一般，怎么会有好坏区别呢？你喜欢赏花，就会感觉花属于善的，草属于恶的。假如用到草的时候，又会认为草属于善的了。善恶如何，是根据自己心中喜欢与不喜欢而改变，所以明白是错误的。"

薛侃说："照您这么说，世上就不存在善恶了吗？"

先生说："没有善恶属于天理安静，有了善恶属于气节的变换。气节不动，就不存在善恶，就是至善。"

薛侃问："这和佛教推崇的没有善恶，有什么差别？"

先生说："佛教重点放在无善恶，就什么也不管了，治理不了天下。圣人不存在善恶，只不过不刻意为善、为恶，气节不动，但是遵从王道而行，做到极致，就自然而然地遵循于天理，就可以筹谋成就，帮助辅佐。"

薛侃问："草既然不属于恶，是不是就不该除去草了？"

先生说："你这样理解，就又属于佛教、道教的见解了。假如你觉得草对你有妨碍，干吗不除去呢？

薛侃说："这样做就又是刻意为善、刻意为恶了。"

先生说："如果这样做就又属于刻意为善为恶了，不代表一点也没有喜好和厌恶，这样就好比一点知觉也没有了。我所说不刻意为之，是讲好善和为恶都得遵循天理，没有必要刻意去增加一点的意思。如此这样就和没有刻意设立一个好善为恶的心相同了。"

薛侃说："就比方除草，如何才算是遵循天理，不存在执着呢？"

先生说："草既然让你不高兴，从天理方面就除掉。假如没有马上除去，也没有必要成为心里的拖累。假如有一点在意的话，心体必然会被拖累，也就会动摇气节。"

薛侃说："这么说来，善恶一点也不在于物了。"

先生说："主要是你的心。要是遵循天理就属于善，动摇气节就属于恶。"

薛侃说："毕竟物不分善恶。"

先生说："在心是这个理，在物也是这个理。天下的学者不知道这个道理，把心丢掉了，把物放逐了，把格物的学问全都理解错了，整天向外面去寻求，唯有做成一个'义袭而取'的事情，使自己一生的行为没有落到实处，就是学习了也理解不了。"

薛侃又问："那么'如好好色，如恶恶臭'，这个问题又怎么理解呢？"

先生说："你所讲的就好比一个依循天理的例子，正属于天理本身的要求，这里原来就不存在人刻意为善为恶的私心。"

薛侃又问："那么'如好好色，如恶恶臭"，如何知道里面不是刻意安排的私心？"

先生说："这里只存在诚意，不存在私意。诚意只是依循天理的意。既然属于依循天理，那就不能存有一点私意，只要掺杂了忿、憾、好、乐等情绪，都是不对的。只有是廓然大公的心，才属于心的本来面貌。明白了这个道理，就明白了什么是'未发之中'。"

伯生问道："您刚刚讲的'草有妨碍，按理就应当除去'，那么从哪里得来的从外在方面产生的想法呢？"

先生说道："这必须要你自己用心去体会了。你想着把草除去，心思是什么样的？周茂叔不想除去窗前草，心态又是什么样的呢？"

一〇二

先生谓学者曰："为学须得个头脑工夫，方有着落[①]。纵未能无间，如舟之有舵，一提便醒。不然，虽从事于学，只做个义袭而取，只是行不著，习不察，非大本达道也。"

又曰："见得时，横说竖说皆是[②]。若于此处通，彼处不通，只是未见得。"

精彩解说

先生给学生讲："要有目的地去做学问，才会有下功夫的方向。就是有间断，也得像船有舵一般，在重要的关头一提就清楚了。要不即使是做了学问，也会'义袭而取'，只有行动没有落实，学习了也理解不了，这不是学习的原则和方法。"

先生又说："见到真道的时候，横竖都行。假如在这里通达了，别处就算不通达，也只不过是没有看见真道罢了。"

一〇三

或问："为学以亲故，不免业举之累。"

先生曰："以亲之故而业举，为累于学，则治田以养其亲

---

① 为学须得个头脑工夫，方有着落：意思是要有目的地做学问，才会有下功夫的方向。

② 见得时，横说竖说皆是：得到真道，横竖都是对的。

者，亦有累于学乎？先正云：‘惟患夺志’[①]，但恐为学之志不真切耳。”

精彩解说

有人说：“计划做学问，因为父母(主张)的原因，难免会有科举的拖累。”

先生说：“要是说学习因为父母的原因参加科举考试而受到什么妨碍的话，那么学习因为侍奉父母要种地也受到妨碍吗？程颐曾经说‘只担心失去志向’，只不过是害怕做学问的志向不真罢了。”

一〇四

崇一[②]问：“寻常意思多忙，有事固忙，无事亦忙，何也？”

先生曰：“天地气机，元无一息之停。然有个主宰，故不先不后，不急不缓，虽千变万化，而主宰常定，人得此而生。若主宰定时，与天运一般不息，虽酬酢万变，常是从容自在，所谓‘天君泰然，百体从令’[③]。若无主宰，便只是这气奔放，如何不忙？”

精彩解说

崇一问：“平常老是感觉脑子想得太多，有事情的时候当然忙，没有事

---

① 先正云：“惟患夺志”：“先正”是程颐的谥号；“惟患夺志”，出自《河南程氏遗书》卷十一。

② 崇一：是指欧阳德，字崇一，号南野，江西泰和人。

③ 天君泰然，百体从令：出自朱熹《孟子集注·告子上》第十五章注引范浚心箴，语自《香溪集》。意思是说天君就是心，就是主宰，主宰就是良知。良知要是从容自若，那么万物自然听命而井井有条。

情的时候为什么也忙呢？”

先生说：“世上的万物变化，原本就是没有片刻的停息。但一定得有个主宰，这样才会不先不后，不急不慢，就是不断地变化，主宰也会常定。人生活得顺应这个主宰。主宰安定的时候，就跟天地运行似的没有停息。方法虽说很多，也常常属于从容自在，所说的‘只有内心泰然，全身都听从心的命令’。假如不存在主宰，单是气在心中流动怎能休息？”

一〇五

先生曰：“为学大病在好名。”

侃曰：“从前岁，自谓此病已轻，比来精察，乃知全未，岂必务外为人？只闻誉而喜，闻毁而闷，即是此病发来。”

曰：“最是。名与实对，务实之心重一分，则务名之心轻一分；全是务实之心，即全无务名之心；若务实之心如饥之求食，渴之求饮，安得更有工夫好名？”

又曰：“‘疾没世而名不称’[①]，‘称’字去声读，亦‘声闻过情，君子耻之’[②]之意。实不称名，生犹可补，没则无及矣。‘四十、五十而无闻’[③]，是不闻道，非无声闻也。孔子云‘是闻

① 疾没世而名不称：出自《论语·卫灵公》第十九章，第一种解释是说到去世的时候名字不被人称道，属于遗憾；第二种解释是说到去世的时候名声和自已的实际作为不相符合，属于遗憾。

② 声闻过情，君子耻之：出自《孟子·离娄下》第十八章，意思是在盛名之下，其实难副，君子要引以为耻。

③ 四十、五十而无闻：出自《论语·子罕》第二十二章。

也，非达也’[1]，安肯以此望人？”

精彩解说

先生说：“好虚名是做学问最大的弊病。”

薛侃说：“大前年开始，我感觉好虚名的坏毛病已少了很多。这一段时间通过仔细观察发现，这种坏毛病一点也没有改变。只是表面上不那么声张好虚名了，但是当听到夸奖就高兴，听到批评就郁闷，这种现象也属于是好名声的坏毛病在作祟。”

先生说：“完全对。名和实是相对的。务实的心重一点，求名的心就轻一点。倘若都是务实的心，就不存在一丝求名的心。倘若务实的心犹如饿了想找吃的，渴了想找喝的，怎么还会存在好名的工夫？”

先生又说：“‘害怕埋没在世上而和名声不相称的‘称’是读四声的，也可理解为名声比实际大，君子会以此为耻。实际与名声不相称，活着的补充，但是死了就来不及补充了。孔子说‘四十岁、五十岁而无闻’，说的是闻道不存在，并不是说声誉。孔子说的‘是闻道也，非显达也’，怎能用有没有名声看待人呢？”

一〇六

侃多悔。

先生曰：“悔悟是去病之药，然以改之为贵。若留滞于中，则又因药发病。”

---

①是闻也，非达也：出自《论语·颜渊》第二十二章，意思是说这是有名声，而不是有作为。

精彩解说

薛侃常常悔悟。

先生说："悔悟属于治病的药，但是重点是能改正错误。倘若把悔悟念头放在心里，这样又会因为药而生病。"

一〇七

德章[①]曰："闻先生以精金喻圣，以分两喻圣人之分量，以锻炼喻学者之工夫，最为深切。惟谓尧、舜为万镒，孔子为九千镒，疑未安。"

先生曰："此又是躯壳上起念，故替圣人争分两。若不从躯壳上起念，即尧、舜万镒不为多，孔子九千镒不为少。尧、舜万镒只是孔子的，孔子九千镒只是尧、舜的，原无彼我。所以谓之圣，只论精一，不论多寡。只要此心纯乎天理处同，便同谓之圣。若是力量气魄，如何尽同得？后儒只在分两上较量，所以流入功利。若除去了比较分两的心，各人尽着自己力量精神，只在此心纯天理上用功，即人人自有，个个圆成，便能大以成大，小以成小，不假外慕，无不具足[②]。此便是实实落落明善诚身的事。后儒不明圣学，不知就自己心地良知良能[③]上体认扩充，却去求知其所不知，求能其所不能，一味只是希高慕大；不知自己是桀、纣心地，动辄要做

---

① 德章：指刘德章，是王阳明的学生。

② 具足：属于佛教名词，意思是戒品具足，故称具足戒。

③ 良知良能：出自《孟子·尽心上》第十五章。

尧、舜事业，如何做得！终年碌碌，至于老死，竟不知成就了个甚么，可哀也已！”

精彩解说

刘德章说：“听说先生用精金比喻圣人，用分两来比喻圣人功力，用锤炼比喻学者功夫，是十分深刻的。不过先生您说尧、舜属于万镒金，孔子属于九千镒金，我到现在仍旧不太理解。”

先生说：“这得从表面生发的念头，所以才替圣人辩论分两轻重。假如不是从表面生发念头，像尧、舜说成万镒金都不算多，孔子说成九千镒金也不算少。像尧、舜万镒金就属于孔子的，孔子九千镒金也就属于尧、舜的，他们是不分彼此的，这才叫圣人，就看精一，不看多少。内心纯粹天理的地方是一样的就行，就一样被称为圣人。假如从力量气魄上分辨，怎么可能全部一样呢？后世儒者只会在分两轻重上较真，所以流于功利。假如把比较分两轻重的心摒除了，人人都尽量把自己的力量精神发挥出来，单在内心纯粹天理上用功，这样每个人都会满足，都会圆满成就，就会大的成就大的，小的成就小的，没有必要再追求羡慕外在的、没有办法满足的。这就属于实在、明善诚身的事。后世儒者不理解圣人学问，不懂得从自己心中的良知良能方面理解认知扩充，而是追求认知自己不明白的、胜任不了的，一心好高骛远。看不透自己跟桀、纣一样的内心，还动不动要成就尧、舜他们一样的事业，怎么行得通呢？整年整年地碌碌奔忙，等到衰老死去，都不晓得到底成就了什么，太可怜了。”

一〇八

侃问：“先儒以心之静为体，心之动为用，如何？”[①]

---

① 先儒以心之静为体，心之动为用，如何：出自《河南程氏文集》卷九。

先生曰："心不可以动静为体用。动静时也，即体而言用在体，即用而言体在用，是谓体用一源。若说静可以见其体，动可以见其用，却不妨。"

精彩解说

薛侃问道："先儒说心静属于本体，心动属于作用，这样理解怎么样？"

先生回答道："不能用心的动静来比喻本体与作用，动静属于一时。就拿本体说，作用在于本体，就拿作用说，本体在于作用，这就是我们说的'体用一源'。假如说静的时候能看到心的本体，说动的时候能看到心的作用，这就行了。"

一〇九

问："上智下愚[①]如何不可移？"

先生曰："不是不可移，只是不肯移。"

精彩解说

薛侃问："为什么最聪明的人和最愚笨的人，都属于难以改变的呢？"

先生说："不是不能改变，而是不肯改变。"

一一〇

问"子夏门人问交"[②]章。

---

① 上智下愚：出自《论语·阳货》第三章，意思是从本性上讲，只有上知者与下愚者是不可改变的。这句话有局限。

② 子夏门人问交：出自《论语·子张》第三章。

先生曰："子夏是言小子之交，子张[①]是言成人之交，若善用之，亦俱是。"

精彩解说

薛侃跟先生讨教《论语》中"子夏门人问交"那一章的内容。

先生回答说："子夏讲的属于小孩子之间的交往，子张讲的属于成年人之间的交往，如倘若好好分析利用，全属于正确。"

一一一

子仁[②]问："'学而时习之，不亦说乎[③]'，先儒以学为效先觉之所为[④]，如何？"

先生曰："学是学去人欲，存天理；从事于去人欲，存天理，则自正。诸先觉考诸古训，自下许多问辨思索、存省克治工夫，然不过欲去此心之人欲，存吾心之天理耳。若曰效先觉之所为，则只说得学中一件事，亦似专求诸外了。'时习'者，坐如尸，非专习坐也，坐时习此心也；立如斋[⑤]，非专习立也，立时习此心也。

① 子张：指颛孙师，字子张，春秋时陈国阳城人，是孔子的学生。

② 子仁：指冯恩，字子仁，号南江，上海松江人，是王阳明的学生。

③ 学而时习之，不亦说乎：出自《论语·学而》。

④ 效先觉之所为：出自朱熹《论语集注》，是说后觉者必效先觉之所为，方才可以明善而复其初也。

⑤ 坐如尸，立如斋：出自《礼记·曲礼》，意思是说像祭礼中受祭者一样端正地坐着，谦恭地站立。

'说'是'理义之说我心'[1]之'说'，人心本自说理义，如目本说色，耳本说声，惟为人欲所蔽所累，始有不说。今人欲日去，则理义日洽浃，安得不说？"

精彩解说

子仁问："'学过后常常温习，不是很好的吗？先儒说学就属于效法先觉的做法，如何理解呢？"

先生说："学是学习把私欲去掉，只存养天理。只去掉私欲存养天理的功夫，当然能修正于先觉，考证于古训，自然会下不少问辨思索、存省克治的功夫，这也只是要去掉内心的私欲，存养内心的天理罢了。假如谈到效仿先觉的作为，只论到了学习里的一件事，这个效果就有点属于专门向外寻求的意思了。'时习'就好比'坐如尸'，不会只要求专门学习坐，而是在坐的时候能够修习内心。'立如斋'不属于专门学习站立，而是可以在站着的时候能够修习内心。'说'属于'理义之说我心'的'说'，人心都是因为理义而喜悦，就好比眼睛原本就因为美色而喜悦，耳朵会因为音乐而喜悦是一个道理，只有让私欲蒙蔽了受到连累的时候，才会表现出不高兴。现在私欲慢慢地去除掉，理义就能慢慢地普及润泽，如何还有不高兴的事呢？

一一二

国英[2]问："曾子三省[3]虽切，恐是未闻一贯[4]时工夫。"

先生曰："一贯是夫子见曾子未得用功之要，故告之。学者

① 理义之说我心：出自《孟子·告子上》第七章。

② 国英：指陈桀，字国英，福建莆田人，是王阳明的学生。

③ 曾子三省：出自《论语·学而》第四章。

④ 一贯：出自《论语·里仁》第十五章。

果能忠恕上用功，岂不是一贯？一如树之根本，贯如树之枝叶，未种根，何枝叶之可得？体用一源，体未立，用安从生？谓‘曾子于其用处，盖已随事精察而力行之，但未知其体之一’[①]，此恐未尽。”

精彩解说

陈国英问道：“曾子每天都反省自身的功夫，还不如用一个基本的思想贯彻功夫的始终。”

先生说：“用一个基本的思想贯彻始终，是孔子看到曾子抓不到用功的要领，才这样教他的。假如学者真正地在忠恕上下功夫，不就做到一以贯之了吗？一个基本的思想好比大树的根，而贯彻始终就属于树的枝枝叶叶。树根都没有，哪里来的枝叶？这里说的本体与作用属于一个源头，还没有确立本体，怎么会出现作用？说的‘曾子在作用方面，已依据具体事物细致观察，尽力去做，但还不知道它的本体’恐怕这话还没讲完。”

一一三

黄诚甫[②]问“汝与回也孰愈”[③]章。

先生曰：“子贡[④]多学而识，在闻见上用功；颜子在心地上用功，故圣人问以启之。而子贡所对又只在知见上，故圣人叹惜之，非许之也。”

---

① “曾子于其用处”句：出自朱熹《论语集注·里仁》第十五章注。

② 黄诚甫：名宗贤，号称致斋，浙江宁波人，是王阳明的学生。

③ 汝与回也孰愈：出自《论语·公冶长》第八章。

④ 子贡：指端木赐，字子贡，春秋卫国人，是孔子的学生，能说善辩，从事商业。

精彩解说

黄诚甫请教先生“汝与回也孰愈”这一部分的内容。

先生回答说：“子贡知识渊博，肯在见闻上面用功夫；颜子是在内心方面用功夫，所以圣人问子贡来启发他。但是子贡回答的，仍然是见闻方面的知识，所以圣人叹息，不赞扬他。”

一一四

“颜子不迁怒，不贰过[①]，亦是有未发之中[②]，始能。”

精彩解说

“颜子不对他人动怒，犯过的错误不会犯第二次，也是有未发之中的本事。”

一一五

“种树者必培其根，种德者必养其心[③]。欲树之长，必于始生时删其繁枝；欲德之盛，必于始学时去夫外好。如外好诗文，则精神日渐漏泄在诗文上去。凡百外好皆然[④]。”

又曰：“我此论学，是无中生有的工夫，诸公须要信得及只是立志。学者一念为善之志，如树之种，但勿助勿忘，只管培植将

① 颜子不迁怒，不贰过：出自《论语·雍也》第二章。

② 未发之中：出自《中庸》第一章。

③ 种德者必养其心：修养德行的人必定会修养内心。

④ 凡百外好皆然：所有对外物的喜欢都是这么一个道理。

去，自然日夜滋长，生气日完，枝叶日茂。树初生时，便抽繁枝，亦须刊落，然后根干能大。初学时亦然。故立志贵专一。"

精彩解说

先生讲道："会种树的人懂得培植树根，会养德的人懂得修养内心。树木需要生长，必须在开始的时候好好修剪多余的枝叶。德行想要盛大，必须在开始学习时消除对外物的爱好。比方说对外十分喜欢诗文，所有的精力就会集中到诗文上面去，别的对外物的喜欢跟这是一个道理。"

先生接着说道："我在此讲学，属于无中生有的功夫。大家一定要相信唯有立志。只要学者在内心首先立下一心为善的志向，就好比树的种子，只要内心维持自然，不忘记，也不去刻意助长，只管种下去，自然而然就会日夜不断地生长，跟着自然气象的完善，就会达到枝繁叶茂的地步。在树才开始生长的时候，必定会长出一些多余的枝叶，这时就得修剪，只有这样树根树干才有可能长大。刚开始学习的人跟这个道理是一样的。所以立志贵在专一。"

一一六

因论先生之门[①]，某人在涵养上用功，某人在识见上用功。

先生曰："专涵养者[②]日见其不足，专识见者日见其有余。日不足者日有余矣[③]，日有余者日不足矣。"

---

① 因论先生之门：讨论一下先生的学生。

② 专涵养者：专门在涵养上用功的人。

③ 日不足者日有余矣：天天感觉不足的人就会逐渐有所剩余。

精彩解说

评论先生的门生，他们有的在涵养内心上用功，有的却在见识上用功。

先生回答说：“在涵养上用功的人，他们每天能看到自己的不足。在知识见解上用功的人，他们每天感到自己有满足。天天发现自己不足的人，慢慢地就会一天比一天有余，天天感到自己有满足的人，慢慢地就会变得越来越不足。”

一一七

梁日孚[①]问：“居敬穷理是两事[②]，先生以为一事，何如？”

先生曰：“天地间只有此一事，安有两事？若论万殊，礼仪三百，威仪三千[③]，又何止两？公且道居敬是如何？穷理是如何？”

曰：“居敬是存养工夫，穷理是穷事物之理。”

曰：“存养个甚？”

曰：“是存养此心之天理。”

曰：“如此，亦只是穷理矣。”

曰：“且道如何穷事物之理？”

曰：“如事亲便要穷孝之理，事君便要穷忠之理。”

曰：“忠与孝之理，在君亲身上，在自己心上？若在自己心上，亦只是穷此心之理矣。且道如何是敬？”

---

① 梁日孚：指梁焯，字日孚，南海人，进士，官至职方主事，是王阳明的学生。

② 居敬穷理是两事：出自《朱子语类》，意思是说朱子谓居敬穷理是两码事，阳明却不这样认为。

③ 礼仪三百，威仪三千：出自《中庸》。

曰："只是主一。"

"如何是主一？"

曰："如读书便一心在读书上，接事便一心在接事上。"

曰："如此，则饮酒便一心在饮酒上，好色便一心在好色上，却是逐物，成甚居敬功夫？"

日孚请问。

曰："一者天理，主一是一心在天理上。若只知主一，不知一即是理，有事时便是逐物，无事时便是着空。惟其有事无事，一心皆在天理上用功，所以居敬亦即是穷理。就穷理专一处说，便谓之居敬；就居敬精密处说，便谓之穷理；却不是居敬了别有个心穷理，穷理时别有个心居敬。名虽不同，功夫只是一事。就如《易》言'敬以直内，义以方外[1]，敬即是无事时义，义即是有事时敬，两句合说一件。如孔子言'修己以敬[2]，即不须言义。孟子言'集义'，即不须言敬，会得时横说竖说，工夫总是一般。若泥文逐句，不识本领，即支离决裂，工夫都无下落。"

问："穷理何以即是尽性？"

曰："心之体，性也，性即理也。穷仁之理，真要仁极仁；穷义之理，真要义极义。仁义只是吾性，故穷理即是尽性。如孟子说'充其恻隐之心，至仁不可胜用'[3]，这便是穷理工夫。"

---

① 敬以直内，义以方外：出自《周易》，意思是指内心恭敬而且正直，那么待人接物的行为就符合正义。

② 修己以敬：出自《论语·宪问》第四十五章。

③ 充其恻隐之心，至仁不可胜用：出自《孟子·尽心下》第三十章。

日孚曰："先儒谓一草一木亦皆有理，不可不察，如何？"

先生曰："夫我则不暇[1]。公且先去理会自己性情，须能尽人之性，然后能尽物之性。"

日孚悚然有悟。

精彩解说

梁日孚问道："持身恭敬与穷究事理属于两码事，怎么先生却说是一件事？

先生回答道："在天地之间唯有这么一件事，怎么能说成两码事？假如讲到事物的现象不相同，三百礼仪，三千威仪，又怎么能用两码事概括？你暂且说说什么是持身恭敬与穷究事理？"

梁日孚讲道："持身恭敬是指存养的功夫，穷究事理是指穷尽事物的天理。"

先生问："存养些什么？"

梁日孚答："就是存养内心的天理。"

先生讲："这样说的话，也就属于穷究事理了。"

先生又问："那么你讲讲如何去做穷尽事物的天理。"

梁日孚答："比方说侍奉父母，就得要穷尽孝顺的天理。要是侍奉君主，就得要穷尽忠诚的天理。

先生说："要这么说，忠与孝的天理是体现在君主父母身上，还是体现在自己心中？假如体现在自己心中的话，也就只属于穷尽内心的天理了。那么说说如何算是恭敬。"

梁日孚说："就属于主一。"

先生问："如何才算是主一？"

梁日孚答："比方说读书，就得一心专在读书上。像做事，就得一心专

---

① 夫我则不暇：意思是说没有工夫做和修道没有关系的事，出自《论语·宪问》第三十一章。

在做事上。”

先生说：“照你这个说法，假如喝酒就得一心专在喝酒上，像好色就得一心专在好色上，这不成了追逐外物吗？算什么持身恭敬的功夫呢？

梁日孚向先生讨教。

先生说：“一，就属于天理。主一就是一心专注在天理上。假如只晓得主一，不晓得一就属于天理，有事的时候就会造成追逐外物，没事的时候就会造成费劲空想。唯有不管有事没事都能一心在天理上用功，这才算持身恭敬，才属于穷究事理。从穷究事理专一上讲，叫持身恭敬；从持身恭敬精密上讲，叫穷究事理。不是说有持身恭敬了，然后再有一个心思穷究事理，穷究事理的时候，还得要一个心思持身恭敬。叫法不同，但所做的功夫属于一件事。就好比《周易》中讲‘用敬畏来纠正内在的心志，用仁义来规定外在的行为’，敬畏就属于没事的时候表现的仁义，仁义就属于有事的时候表现出来的敬畏，合起来，两句话讲的是同一回事。又犹如孔子讲的“恭敬的态度要修养自己来维持’，也就没有必要讲仁义。孟子讲的‘行事合乎仁义’，也就没有必要讲到恭敬。明白了这些之后，不管如何论说，要做的功夫都是一样的。如果纠结于具体文句，见不到内涵的根本，就会七零八碎，让功夫找不到地方着落。

梁日孚问：“为什么穷究事理就属于尽性呢？”

先生说：“性属于心的本体，也就属于天理。穷尽仁的天理，使仁成为极致的仁。穷尽义的天理，让义成为极致的义。仁义单属于我的性，所以穷究事理就属于尽性。比方孟子说的‘人假如有十分的同情善良的心，圆满的仁就用也用不完’，这就属于穷究事理的功夫。”

梁日孚说：“先儒讲的‘草木也都有它的天理，不能不知道’，又如何？”

先生说：“那个闲功夫我没有，你暂且自己先领会性情，一定能穷尽人的本性，而后才能穷尽物的本性。”

梁日孚受到警醒有了很多领悟。

一一八

惟乾[1]问："知如何是心之本体？"

先生曰："知是理之灵处。就其主宰处说，便谓之心；就其禀赋处说，便谓之性。孩提之童无不知爱其亲，无不知敬其兄[2]，只是这个灵能不为私欲遮隔，充拓得尽，便完完[3]是他本体，便与天地合德[4]。自圣人以下不能无蔽，故须格物以致其知。"

精彩解说

冀元亨问道："为什么知是心的本体？"

先生回答说："知属于天理最灵的地方。从主宰的地方说就叫作内心，从禀赋的地方说就叫天性。小孩子，没有不知道孝爱他的父母，没有不知道尊敬他的兄长。这是因为良知不被私欲掩蔽，完整地展现它好的一面，也就是完整地体现了本体，就和天地的德性成为一体。但是从圣人往下，就不存在不被蒙蔽的人，所以才需要用格物使他的良知恢复。

① 惟乾：指冀元亨，字惟乾，号阇斋，是湖南常德人。

② "孩提"句：出自《孟子·尽心上》第十五章，"孩提"指小孩儿。

③ 完完：是说完完全全的意思。

④ 合德：出自《周易》乾卦"文言"。

一一九

守衡[1]问："《大学》工夫只是诚意，诚意工夫只是格物。修齐治平，只诚意尽矣。又有'正心之功，有所忿懥好乐，则不得其正'[2]，何也？"

先生曰："此要自思得之，知此则知未发之中矣。"

守衡再三请。

曰："为学工夫有浅深。初时若不着实用意去好善恶恶，如何能为善去恶？这着实用意便是诚意。然不知心之本体原无一物，一向着意去好善恶恶，便又多了这分意思，便不是廓然大公。《书》所谓无有作好作恶，方是本体。所以说'有所忿懥好乐，则不得其正'。正心只是诚意工夫，里面体当自家心体，常要鉴空衡平[3]，这便是未发之中。"

精彩解说

守衡问道："《大学》里的工夫只注重诚意，诚意工夫只属于格物。关于修、齐、治、平，只要存有诚意就行了。接着又有端正心志的功夫，有愤怒以及安逸的心情，心就不会端正，这是为何呢？"

先生讲："这得要自己思考才能体会。明白了这些，就知道未发之

① 守衡：根据陈荣捷先生《王阳明传习录详注集评》注释，守衡恐怕是王阳明学生朱衡的笔误。

② 正心之功，有所忿懥好乐，则不得其正：出自《大学》第七章。

③ 鉴空衡平：出自朱熹《大学或问》，意思是指以镜之空、秤之平比喻心体的清明中正。

中了。”

守衡一再请问先生。

先生回答说：“做学问的功夫有深浅之分，开始学的时候假如不真的下功夫去喜好厌恶，如何去做好事除坏事呢？这种真实的功夫，就属于诚意。但是假如不明白心的本体原来没有什么事物，一直刻意地去喜好厌恶，就又成了刻意追求的意思，这不属于‘廓然大公’了。《尚书》里讲‘不存在偏好，不去做恶事’，才属于本体。所以存有愤怒和逸乐的心情，心就不可能端正。端正心志就属于诚意的工夫，理解自己的心体，常常做到清明持平，这就属于未发之中了。”

一二〇

正之[①]问：“戒惧是己所不知时工夫，慎独是己所独知时工夫[②]，此说如何？”

先生曰：“只是一个工夫，无事时固是独知，有事时亦是独知。人若不知于此独知之地用力，只在人所共知处用功，便是作伪，便是见君子而后厌然[③]。此独知处便是诚的萌芽，此处不论善念恶念，更无虚假，一是百是，一错百错，正是王霸、义利、诚伪、善恶界头。于此一立立定，便是端本澄源，便是立诚[④]。古人许多诚身的工夫，精神命脉，全体只在此处。真是莫见莫显，无时

① 正之：指黄宏纲（1492—1561 年），江西雩县人，字正之，号洛村，官至刑部主事，王阳明的学生。

② 戒惧、独知：出自《中庸》第一章。

③ 见君子而后厌然：意思是看见君子掩饰自己不好的行为，出自《大学》。

④ 立诚：出自《周易》乾卦“文言”，意思是指修辞立其诚，所以居业也。

无处，无终无始，只是此个工夫。今若又分戒惧为己所不知，即工夫便支离，亦有间断。既戒惧即是知，己若不知，是谁戒惧？如此见解，便要流入断灭禅定。”

曰：“不论善念恶念，更无虚假，则独知之地更无无念时邪？”

曰：“戒惧亦是念。戒惧之念无时可息。若戒惧之心稍有不存，不是昏聩，便已流入恶念。自朝至暮，自少至老，若要无念，即是己不知，此除是昏睡，除是槁木死灰。”

精彩解说

黄正之有问：“戒惧工夫属于自己一点也不知道的情况下的，慎独工夫属于唯有自己知道可是别人一点也不知道的情况下，这样解释对吗？”

先生回答说：“这属于一个工夫。没有事时当然单有自己知道，有事时也一样单有自己知道。人假如在连自己都不知道的情况下做工夫，或者单有自己知道的情况下做工夫，还有只有别人知道时下工夫，就样都属于假工夫，就属于看到君子就把自己不好的行为掩盖起来。这种单有自己知道的地方就属于诚挚萌芽的地方。这里不管好念坏念，都不掺杂一点虚假，对就是对，错就是错，正属于王霸、义利、诚伪、善恶的界线。这时立定心志，就属于本体端正，源头清澄，就属于诚心确立。古人有很多诚身的工夫，工夫的精髓全都包括。不现不显，没时没处，没终没始，都只属于这个工夫。现在假如又把戒惧分成自己是否晓得情况下的工夫，工夫就会支离破碎，也有可能间断。那么戒惧，就属于已知了。自己假如不晓得的话，那是谁在戒惧呢？这样说就有点流于绝灭和佛家的学说了。”

黄正之讲：“不管好念坏念，都不是虚假的。那么只有自己知道的地方，就没有无念的时候了吗？”

先生回答说：“戒惧也属于意念，戒惧的念头根本不会中断。假如戒惧的念头稍有松弛，那么人不是昏聩糊涂，就是流于恶念。一天到晚，一辈子，假如不存在意念，那就是自己无知觉，除去昏睡时候，要不就是形如槁木、心如死灰。”

一二一

志道[1]问：“荀子云‘养心莫善于诚’[2]，先儒非之[3]，何也？”

先生曰：“此亦未可便以为非。诚字有以工夫说者：诚是心之本体，求复其本体，便是思诚的工夫。明道说‘以诚敬存之’，亦是此意。《大学》‘欲正其心，先诚其意’[4]。荀子之言固多病，然不可一例吹毛求疵。大凡看人言语，若先有个意见，便有过当处。‘为富不仁’[5]之言，孟子有取于阳虎[6]，此便见圣贤大公之心。”

精彩解说

志道问：“荀子说‘诚是养心最好的办法’，二程说不对，为何呢？”

先生回答道：“这也不算一定是错的。从工夫上谈论‘诚’，诚属于心的本体，力求还原它的本体，就属于思诚的功夫。程子讲的“用诚敬之心去实践它’，也是这个意思。《大学》里说‘端正自己的心思，首先要使自己的意念真诚’。虽然荀子的言论有不少错误，但也不能都吹毛求疵。大面上

① 志道：此人不详。

② 养心莫善于诚：出自《荀子·不苟》，意思是指立一个诚是养心最好的方法。

③ 先儒非之：这是二程对荀子的话提出的批评，出自《二程遗书》卷二上。

④ 欲正其心，先诚其意：出自《大学》首章。

⑤ 为富不仁：出自《孟子·滕文公上》第三章。

⑥ 阳虎：指阳货，春秋时期鲁国人，是季氏的家臣，后来叛鲁。

看待他人言论，假如先有个定论，就会说过当的话。‘为富不仁’是孟子引用阳虎的话，因此，就能看出圣贤的大公之心。”

一二二

萧惠[1]问：“己私难克，奈何？”

先生曰：“将汝己私来，替汝克[2]。”

先生曰：“人须有为己之心，方能克己；能克己，方能成己。”

萧惠曰：“惠亦颇有为己之心，不知缘何不能克己？”

先生曰：“且说汝有为己之心是如何？”

惠良久曰：“惠亦一心要做好人，便自谓颇有为己之心。今思之，看来亦只是为得个躯壳的己，不曾为个真己。”

先生曰：“真己何曾离着躯壳！恐汝连那躯壳的己也不曾为。且道汝所谓躯壳的己，岂不是耳目口鼻四肢？”

惠曰：“正是。为此，目便要色，耳便要声，口便要味，四肢便要逸乐，所以不能克。”

先生曰：“‘美色令人目盲，美声令人耳聋，美味令人口爽，驰骋田猎令人发狂’[3]，这都是害汝耳目口鼻四肢的，岂得是为汝耳目口鼻四肢？若为着耳目口鼻四肢时，便须思量耳如何听，目如

---

① 萧惠：王阳明的学生。

② 替汝克：出自《景德传灯录》中一僧人和达摩的对话。僧人问：“我的心不安，请大师给我安心。”达摩说：“把心拿来，替你安。”王阳明教人时常引用禅语，这是一例。

③“美色令人目盲”句：出自《道德经》，意思是说过度享乐有损于人的健康。

何视，口如何言，四肢如何动；必须非礼勿视、听、言、动[1]，方才成得个耳目口鼻四肢，这个才是为着耳目口鼻四肢。汝今终日向外驰求，为名为利，这都是为着躯壳外面的物事。汝若为着耳目口鼻四肢，要非礼勿视、听、言、动时，岂是汝之耳目口鼻四肢自能勿视听言动，须由汝心。这视、听、言、动皆是汝心：汝心之视，发窍于目；汝心之听，发窍于耳；汝心之言，发窍于口；汝心之动，发窍于四肢。若无汝心，便无耳目口鼻。所谓汝心，亦不专是那一团血肉。若是那一团血肉，如今已死的人，那一团血肉还在，缘何不能视、听、言、动？所谓汝心，却是那能视、听、言、动的，这个便是性，便是天理。有这个性才能生。这性之生理便谓之仁。这性之生理，发在目便会视，发在耳便会听，发在口便会言，发在四肢便会动，都只是那天理发生，以其主宰一身，故谓之心。这心之本体，原只是个天理，原无非礼，这个便是汝之真己。这个真己是躯壳的主宰。若无真己，便无躯壳，真是有之即生，无之即死。汝若真为那个躯壳的己，必须用着这个真己，便须常常保守着这个真己的本体，戒慎不睹，恐惧不闻，惟恐亏损了他一些；才有一毫非礼萌动，便如刀割，如针刺，忍耐不过，必须去了刀，拔了针，这才是有为己之心，方能克己。汝今正是认贼作子[2]，缘何却说有为己之心，不能克己？”

---

① 非礼勿视、听、言、动：出自《论语·颜渊》第一章。

② 认贼作子：出自《楞严经》卷一，意思是说假如用美色等当作追求，就好比把盗贼当成儿子。

精彩解说

萧惠问道："难以把自己的私欲克去，如何做呢？"

先生回答道："你把自己的私欲讲出来，我替你克去。"

先生又道："人一定得有为自己着想的心，才能把私欲克去；只有克去私欲，才能成就自己。"

萧惠讲："为自己着想的心我也有，可是为什么还是不知道怎么去克己？"

先生回答道："你暂且先说说是怎样的为自己着想的心。"

过了很长时间，萧惠说："我一心想着做个好人，这样就以为自己很有为自己着想的心。如今想想，看来也只属于为躯壳外表的自己着想，还不算为真正的自己。"

先生说："离开躯壳怎么能算真正的自己呢？只怕你连那躯壳外表的自己也做不到。就拿你所说的躯壳自己，不是指耳目口鼻四肢吗？"

萧惠说："就是因为这样，眼睛只追求美色，耳朵只关注美声，嘴巴只追求美味，四肢只追求逸乐，所以不能克除。"

先生说："美色让人目盲，美声让人耳聋，美味让人失去味觉，放纵驰骋让人发狂，这些对你的耳目口鼻四肢都是有危害的，又如何说是为了你的耳目口鼻四肢呢？假如为了耳目口鼻四肢，就一定要思考耳如何听，眼如何看，口如何说，四肢如何动作，一定得做到不按礼制规定的就不看、不听、不说、不动作，才成就耳目口鼻四肢，这才是为了耳目口鼻四肢。你如今整天向外追求，为了名利，这都属于为了躯壳外面的事物。假如你为了耳目口鼻四肢，要做到不按礼制规定的不看、不听、不说、不动作，不可能是耳目口鼻四肢自己做到不看、不听、不说、不动作，必须得从你的内心产生出来。这些看、听、说、动作，就都属于你的内心。通过眼睛来发生实现你内心的视觉，通过耳朵来生发实现你内心的听觉，通过嘴生发实现你内心的言语，通过四肢生发实现你内心的动作。假如没有你的心，也就不可能有耳目口鼻四肢。你的心，也单单指那一团血肉，假如单指那一团血肉，那么如今已死去的人，一团血肉依然还在，却为何不可以看、听、说、动作了呢？因此说，你的心，就属于那能看、听、说、动作的，这就属于性，属于天理。这个性在，才能生发本性的永不磨灭的事理，就叫作仁。这永不磨灭的事理，体现在眼睛会看到，体现在耳朵会听到，体现在嘴中能说话，体现在四肢能活动，这都仅是由于天理驱使，由于天理主宰人的身体，因此叫作心。心的本体，原本单属于天理，原本存在符合礼制规定的事。这就属于你真正的自己。真正的自己，是躯壳的主宰，假如无真正的自己，就无躯壳，真是生就有它，死就无它。假如你真为了那个躯壳的自己，就一定借助这个真正的自己，就一定时常保持着自己真正的本体。保证做到戒慎不睹，恐惧不闻，害怕亏损了一点真正的自己，才有一点不符合礼制规定的苗头，就好比被刀制，让针刺，没有办法忍受，一定扔了刀，拔了针。这样才算有为自己着想的心，才能克己。你如今正是在认贼为子，为什么还说有为自己着想的心，却不能克己呢？”

一二三

有一学者病目[1]，戚戚甚忧。先生曰：“尔乃贵目贱心。”

精彩解说

有个求学的学子害了眼病，很是忧愁。先生告诉他说：“你这是把眼睛看得太重，不重视内心。”

---

①病目：指眼睛生了病。

一二四

萧惠好仙、释。先生警之曰："吾亦自幼笃志二氏，自谓既有所得，谓儒者为不足学。其后居夷三载，见得圣人之学若是其简易广大，始自叹悔错用了三十年气力[①]。大抵二氏之学，其妙与圣人只有毫厘之间。汝今所学乃其土苴，辄自信自好若此，真鸱鸮窃腐鼠[②]耳！"

惠请问二氏之妙。先生曰："向汝说圣人之学简易广大。汝却不问我悟的，只问我悔的！"

惠惭谢，请问圣人之学。先生曰："汝今只是了人事问。待汝办个真要求为圣人的心来与汝说。"

惠再三请。先生曰："已与汝一句道尽，汝尚自不会。"

精彩解说

萧惠对道教、佛教的学问十分喜欢。先生提醒他道："我同样是从小就对道教、佛教的学说深信不疑，还自我感觉收获很大，感觉儒家没有可学的地方。但是在贵州住了三年，对圣人之学领略一番，真是简易广大，这才后悔自己白白浪费了三十年的气力。整体上讲，关于道教、佛教的学问，它的奥妙和圣人之学的区别只是有那么一点差别。如今你所学的，只属于道教、佛教的糟粕，还感觉自我良好，这就好比是猫头鹰得到腐鼠似的。"

萧惠问先生道教、佛教的奥妙是什么。先生回答说："给你说了圣人之

---

① 始自叹悔错用了三十年气力：这里是说王阳明十七岁的时候与道士讨论养生，三十七岁龙场明白道，明白圣人之学简易但博大，实际是二十年矣。

② 鸱鸮窃腐鼠：出自《庄子·秋水》，意思是说不知道吸收了糟粕，还感觉自我良好。

学简易广大，你不来请教，却只问我感觉后悔的。”

萧惠不好意思地道歉，向先生讨教圣人之学。先生说：“你如今只不过是见我问了，你才请教。还是等你有了一颗真想成为圣人的心，我再给你说吧。”

萧惠不停地向先生请教。先生说：“一句话就已经向你讲尽了，你还不明白。”

一二五

刘观时①问：“未发之中是如何？”

先生曰：“汝但戒慎不睹，恐惧不闻，养得此心纯是天理，便自然见。”

观时请略示气象。

先生曰：“哑子吃苦瓜②，与你说不得。你要知此苦，还须你自吃。”

时曰仁在傍，曰：“如此才是真知，即是行③矣。”

一时在座诸友皆有省。

精彩解说

刘观时问道：“什么是未发之中？”

---

① 刘观时：学者称沙溪先生，字易仲，武陵人，曾经与冀元亨、蒋信一起师事阳明于谪黔路湘途。

② 哑子吃苦瓜：出自《碧严录》。

③ 真知，即是行：出自《传习录》上徐爱录（第五条）阳明语，意思是说“所以必说个知，方才行得是。”“所以必说一个行，方才知得真。”

先生回答说："你需要达到戒慎不睹，恐惧不闻，存养内心到纯粹天理的地步，就自然而然地明白了。"

刘观时请先生对未发之中的景象稍微讲解一下。

先生回答说："这就好比哑巴吃苦瓜，有苦说不出。你想知道这里面的苦，必须自己亲自体验一下才行。"

那个时候，在一旁的徐爱说道："只有这样做才属于真知，才属于行。"

一时间在座的所有学友都明白了。

一二六

萧惠问死生之道[1]。

先生曰："知昼夜即知死生。"

问昼夜之道。

曰："知昼则知夜。"

曰："昼亦有所不知乎？"

先生曰："汝能知昼！懵懵而兴，蠢蠢而食，行不著，习不察[2]，终日昏昏，只是梦昼。惟息有养，瞬有存[3]，此心惺惺明明，天理无一息间断，才是能知昼。这便是天德，便是通乎昼夜之道而知[4]，更有甚么死生？"

---

① 死生之道：出自朱熹《论语集注·先进》第十一章。

② 行不著，习不察：出自《孟子·尽心上》第五章。

③ 息有养，瞬有存：出自张载《张子全书》卷三《正蒙·有德》。

④ 通乎昼夜之道而知：出自《周易·系辞上》第四章。

精彩解说

萧惠问先生生死的道理。

先生说："懂得了昼夜也就懂得了生死。"

萧惠问先生昼夜的道理。

先生说："懂得了白天，就能懂得了夜晚。"

萧惠说："还有人不懂得白天吗？"

先生说："你可以弄懂白天吗？糊里糊涂地起床，糊里糊涂地吃饭，行为不准确，修习不觉醒，一天浑浑噩噩，这不过是像梦中的白天。只有能达到'休息的时候一定保养身体与气质，在什么时候都不能放心外驰'，让内心机警清明，天理无时无刻不再间断，才算是弄清楚白天。这就是天德，就是通晓懂得昼夜的道理，生死的问题还有什么不懂的呢？"

一二七

马子莘[①]问："修道之教[②]，旧说谓'圣人品节，吾性之固有，以为法于天下，若礼乐刑政之属'[③]，此意如何？"

先生曰："道即性即命，本是完完全全，增减不得，不假修饰的，何须要圣人品节？却是不完全的物件。礼乐刑政是治天下之法。固亦可谓之教，但不是子思本旨。若如先儒之说，下面由教入道的，缘何舍了圣人礼乐刑政之教，别说出一段戒慎恐惧工夫，却是圣人之教为虚设矣。"

子莘请问。

---

① 马子莘：参见第四十章注释 2。

② 修道之教：出自《中庸》第一章。

③ "圣人品节"句：出自朱熹《中庸章句》。

先生曰："子思性、道、教，皆从本原上说。天命于人，则命便谓之性；率性而行，则性便谓之道；修道而学，则道便谓之教。率性是诚者事，所谓'自诚明，谓之性'[①]也；修道是诚之者事，所谓'自明诚，谓之教'也。圣人率性而行，即是道。圣人以下，未能率性，于道未免有过不及，故须修道。修道则贤知者不得而过，愚不肖者不得而不及，都要循着这个道，则道便是个教。此'教'字与'天道至教'[②]'风雨霜露，无非教也'[③]之'教'同。'修道'字与'修道以仁'[④]同。人能修道，然后能不违于道，以复其性之本体，则亦是圣人率性之道矣。下面'戒慎恐惧'便是修道的工夫，'中和'便是复其性之本体，如《易》所谓'穷理尽性，以至于命'[⑤]，'中和''位育'[⑥]便是尽性至命。"

精彩解说

马子莘问道："关于修道之教，朱嘉说圣人本来就有品质节操，要求世

① 自诚明，谓之性：出自《中庸》第二十一章，意思是与生俱来就有道德觉悟，这是圣人的本性，这种道德觉悟同样也是贤人接受教化的结果。

② 天道至教：出自《礼记·礼器》，意思是天道属于至高无上的教化，圣人就拥有了至高无上的道德。

③ 风雨霜露，无非教也：出自《礼记·孔子闲居》，这里是指天象的变化，无非也属于一种教化。教，也可作规律、法则讲，天象的变化同样属于规律、法则。

④ 修道以仁：出自《中庸》，在这里是说道德的修养必须以仁为核心。

⑤ 穷理尽性，以至于命：出自《周易·说卦》，在这里是指《周易》可以穷究事物之理，通晓人性，参透天命。

⑥ 位育：出自《中庸》。

人都去跟着学，就好比礼乐刑政这一类，这个说法如何？”

先生回答说：“道属于人性，属于天命。原本是一个无须增减无须修饰的整体，为什么还需要圣人评价，做出规定呢？那样还算一个完整的整体吗？有关礼、乐、刑、政，这些属于管理天下的条条框框，当然会称之为教，不过也不代表是子思的意思。假如根据先儒的说法，后来因为教育而成为圣人的人，为何还要舍弃圣人对礼、乐、刑、政的教导，再重新说一套戒慎恐惧的工夫呢？这不是把圣人的教导当成摆设了吗？”

马子莘需要先生指点一下。

先生回复说：“关于子思的性、道、教，都是从基础上讲的。要说天命在人，那么命就称为性。率性而行，那么性就可说成道。修道而学，那么道就被称为教。率性属于真诚的事，就是所说的‘因为真诚而能自然而然地懂得事理，这就属于天性’。修道属于追求真诚的事，就是所说的‘因为懂得事理而可做到真诚，这就属于教化。圣人率性而行，就属于道。圣人以下的人还没有能在道上做到率性的，免不了有越界后做不到的地方，所以才需要修道。修道以后，那些贤明有才的人就不会越界，愚钝的人就会做到，都可遵循着道，所以说道就属于教。这里讲‘教’与‘天道至教’‘风雨霜露，无非教也’的‘教’是一个意思，‘修道’和‘修道以仁’一个意思。人第一得修道，这样才不会违背道，用来恢复人性的本体，这样就可以成圣人率性的道。接着戒慎恐惧就属于修道的功夫了，中和是用来恢复人性本体的，就好比《周易》讲的‘穷尽事理率性而为，来做到天命的地步’。中和与位育，就属于率性，做到了天命的地步。”

一二八

黄诚甫问："先儒以孔子告颜渊为邦[1]之问，是立万世常行之道[2]，如何？"

先生曰："颜子具体圣人，其于为邦的大本大原都已完备。夫子平日知之已深，到此都不必言，只就制度文为上说。此等处亦不可忽略，须要是如此方尽善。又不可因自己本领是当了，便于防范上疏阔，须是要放郑声，远佞人。盖颜子是个克己向里、德上用心的人，孔子恐其外面末节或有疏略，故就他不足处帮补说。若在他人，须告以为政在人，取人以身，修身以道，修道以仁，达道九经[3]及诚身许多工夫，方始做得，这个方是万世常行之道。不然，只去行了夏时，乘了殷辂，服了周冕，作了韶舞，天下便治得。后人但见颜子是孔门第一人，又问个'为邦'，便把做天大事看了。"

精彩解说

黄诚甫问："朱熹说孔子回答颜渊治理国家的事情，就是把万世常行的标准确立了。这种观点对吗？"

先生回答说："颜子把圣人学说的精髓学到了，对于治理国家的基本，都全部具备了。夫子平时就非常了解他，想这些都没有必要再说什么了，单

---

① 孔子告颜渊为邦：出自《论语·卫灵公》第十章。

② 万世常行之道：出自朱熹《论语集注·卫灵公》第十章。

③ 九经：出自《中庸》第二十章。

从制度文策上教导他。不能忽视制度文策这些地方，一定得做到才算极尽完善。不要因为自己有了本领，就不防范了，必须要“禁绝郑声，离小人远点”。由于颜子属于严于律己、性格内向，又注重德行的人，孔子怕他忽略了表面的细节，这才根据他哪里不足给补一些。要是别人，孔子得教导他们从政在于才，从修养自身求人才，从遵循道义中修养自身，从内心仁爱中遵循道义，遵行不变之道，依据九经管理国家，用至诚立身去做事去讲解，做好这些工夫才能治理国家，才属于世代都通行的准则。要不然，就好比是沿用夏朝的历法，坐着商朝的车，看虞舜的乐舞，就能把天下治理好吗？后人单看到颜子是孔门中的第一人，再问治理国家的问题，把它当成最大的事了。”

一二九

蔡希渊问：“文公《大学》新本[1]，先格致而后诚意工夫，似与首章次第[2]相合。若如先生从旧本之说，即诚意反在格致之前。于此尚未释然。”

先生曰：“《大学》工夫即是明明德，明明德只是个诚意，诚意的工夫只是格物致知。若以诚意为主，去用格物致知的工夫，即工夫始有下落，即为善去恶无非是诚意的事。如新本先去穷格事物之理，即茫茫荡荡，都无着落处，须用添个‘敬’字，方才牵扯得向身心上来。然终是没根源。若须用添个‘敬’字，缘何孔门倒将一个最紧要的字落了，直待千余年后要人来补出？正谓以诚意为

① 文公《大学》新本：是指朱熹的《大学章句》，因为他改了一部分内容，所以和原本的《礼记·大学》顺序不太一样。

② 首章次第：这里是指排列顺序。

主，即不须添‘敬’字，所以提出个诚意来说，正是学问的大头脑处。于此不察，真所谓毫厘之差，千里之缪。大抵《中庸》工夫只是诚身，诚身之极便是至诚；《大学》工夫只是诚意，诚意之极便是至善：工夫总是一般。今说这里补个‘敬’字，那里补个‘诚’字，未免画蛇添足。”

精彩解说

蔡希渊问：“有关朱子对《大学》的新版本的说明，格致在前诚意在后，工夫好像和第一章的顺序一样，但是您根据旧版本说明，按说诚意不应该在格致之前啊，这一点为什么我就有点搞不懂了。”

先生答道：“《大学》讲的工夫，是指明明德。明明德说的单单是指诚意。像诚意的工夫，只是格物致知。靠诚意为主要内容，从格物致知上用工夫，工夫才能落到实处。可理解，做好事除坏事，都不过是指诚意的事，按照新版本的说法，第一格致事物的性理，给人的感觉是有点茫然有点空荡，没有一点着落，所以才加上‘敬’字，这样就感觉回到身心上来了，最后还是无根源。假如必须加一个‘敬’字，为何孔子学问还要把这么重要的字丢掉，非得等上千余年让后人补上？这就说明，用诚意为主，就没有必要加上‘敬’字了。把诚意单独提出来讲的原因，此乃学问的关键之处。在这里稍微不加注意，就容易造成毫厘之差，千里之谬。大概上讲，《中庸》的工夫只属于诚身，诚身到了极限就属于至诚。《大学》的工夫仅属于诚意，诚意到了极限就属于至善。工夫都是相同的。如今说这里要加上个‘敬’字，那里要添上个‘敬’字，难免会造成画蛇添足的后果。”

◎传习录　中◎

【钱德洪序】

德洪[①]曰："昔南元善[②]刻《传习录》[③]于越[④]，凡二册。下册摘录先师手书，凡八篇[⑤]。其《答徐成之》二书[⑥]，吾师自谓：'天下是朱非陆[⑦]，论定既久，一旦反之为难[⑧]。二书姑为调停两可之说，使人自思得之。'故元善录为下册之首者，意亦以是欤？今朱、陆之辩明于天下久矣。洪刻先师《文录》[⑨]，置二书于《外集》者，

---

① 德洪：浙江余姚人，王阳明的学生，与王龙溪一起成为浙中王门的代表人物，只不过二人观点不大相同。

② 南元善：陕西渭南人，进士，在 1524 年拜王阳明为师。

③《传习录》：薛侃第一次刻录，共 129 条，就是现在的《传习录》上卷。

④ 越：指现在的浙江绍兴。

⑤ 八篇：是指《答人论学书》《答周道通书》《答陆原静书》《答欧阳崇一》《答罗整庵少宰》《答徐成之》一、《答徐成之》二、《答聂文蔚》这八篇。

⑥ 二书：指《答徐成之》二。

⑦ 是朱非陆：意思是在南宋淳熙二年，朱熹和陆九渊接受吕祖谦的邀请，在江西上饶信州铅山鹅湖寺会面，他俩针对太极与无极、道问学与尊德性话题展开辩论，闹得不愉快。朱熹说九渊空泛，九渊嘲笑朱熹支离。

⑧ 反之为难：想着扭转这一局面是非常困难的。

⑨《文录》：起先是邹守益在浙江写的，后来由谢廷杰汇总《王文成公全书》的第四到第八卷。

示未全也，故今不复录。其余指‘知行之本体’，莫详于答人论学[①]与答周道通[②]、陆清伯[③]、欧阳崇一[④]四书[⑤]；而谓‘格物为学者用力日可见之地’，莫详于答罗整庵[⑥]一书。平生冒天下之非诋推陷，万死一生，遑遑然不忘讲学，惟恐吾人不闻斯道，流于功利机智，以日堕于夷狄禽兽而不觉；其一体同物之心，譊譊终身，至于毙而后已。此孔、孟已来圣贤苦心，虽门人子弟，未足以慰其情也。是情也，莫详于答聂文蔚[⑦]之第一书。此皆仍元善所录之旧。而揭‘必有事焉，即致良知功夫，明白简切，使人言下即得入手’，此又莫详于答文蔚之第二书，故增录之。元善当时汹汹，乃能以身明斯道，卒至遭奸被斥[⑧]，油油然惟以此生得闻斯学为庆，而绝无有纤芥愤郁不平之气。斯录之刻，人见其有功于同志甚大，而不知其处时之甚艰也。今所去取，裁之时义[⑨]则然，非忍有所加损于其间也。”

---

① 答人论学：是指《答顾东桥书》。

② 答周道通：指《启问道通书》。

③ 陆清伯：是指陆澄，号清伯，王阳明的学生。

④ 欧阳崇一：是指欧阳德，字崇一，号南野，江西泰和人，王阳明的学生，江右王门的代表性人物。

⑤ 四书：在这里指的是《答周道通书》《答陆原静书》一和二，以及《答欧阳崇一》，不是平时讲的《大学》《中庸》《论语》《孟子》这“四书”。

⑥ 罗整庵：名钦顺，号整庵，江西泰和人，著有《困知记》等。

⑦ 聂文蔚：指聂豹，字文蔚，江西永丰人，著有《困辩录》等。

⑧ 遭奸被斥：意思是说南大吉因为在越大力提倡阳明之学，而被奸党陷害被迫辞职。

⑨ 裁之时义：意思是取决于时下的要义。

精彩解说

钱德洪讲道："以前南元善在浙江绍兴把《传习录》刻录了两册。在下册里面刻录了先生的亲笔书信八篇。这八篇里面有回复徐成之的两封书信，先生认为：'所有的人都同意朱熹的说法，不赞同陆九渊的说法吗？论点确定很长时间了，现在想要把这个论点推翻，很是困难，现在暂时用这两封书信调解他们的学说，让你们考虑一下，做出结论。'所以南元善在下册的开始就刻录了它们，目的不是很好吗？如今天下人针对朱陆之争的看法明确很长时间了，我在刻录先生的《文集》的时候，这两封信被编在《外集》当中，原因是还不太完善，所以如今没有再收录。至于别的指出知行本体的观点，还没发现比答人论学、答周道通、答陆清伯、答欧阳崇一这四封书信更加详细到位的了；要讲解格物，该是学者平时用功之处的看法，同样没有发现比答罗整庵的书信更详细到位的。先生一辈子甘心冒着被天下人难为与诽谤，身处绝境，一辈子处于恐慌之中，依旧不忘讲学，恐怕我们这些弟子不明白圣学大道，追求功利虚识，慢慢地堕落到夷狄、禽兽境地而自己一点也没有感觉。先生想拥有与天地事物一体的心，一辈子争辩论学，一直到死也不后悔。这种孔孟以来的圣贤苦心，就是先生的门人弟子也没有办法劝慰先生的豪情。这种情怀的表现，答聂文蔚的第一封书信解释得详细。上面所说的都属于南元善刻录的旧文章，但是揭露'必有事焉'就是指'致良知'功夫，简单明了，人只要听了就会找到下手的地方，能做到这些的，再没有比答聂文蔚的第二封书信解释得更详细的了，所以就把它也刻录了进去。南元善那个时候身处危险之中，但仍以身作则传授先生的学问，到最后遭到坏人的陷害与排挤，不过他依旧以为，这辈子能接触到先生的学说是最大的好事，从来没有半点怨言。他所刻印的《传习录》，人们都看到这件事对于同习此学的人有多么大的功劳，但却感受不到元善那个时候处境是多么的艰难。现在我对他刻录内容的去留，是根据现实情况的需要而采取的办法，根本不会对南元善的《传习录》有什么伤害。"

答顾东桥书

一三〇

来书云："近时学者务外遗内，博而寡要，故先生特倡'诚意'一义，针砭膏肓，诚大惠也。"

吾子洞见时弊如此矣，亦将何以救之乎？然则鄙人之心，吾子固已一句道尽，复何言哉！复何言哉！若"诚意"[1]之说，自是圣门教人用功第一义。但进世学者乃作第二义者，故稍与提掇紧要出来，非鄙人所能特倡也。

精彩解说

来信中讲："现在学子们只注重外物，而忽视内修，虽然知识广大渊博，却找不到要领，所以先生特意提倡'诚意'，贬低那些已经病入膏肓的学者，真是有很大的价值。"

你观察时事矛盾的见识已有这种境界，又计划如何去改变呢？虽然如此，我心里所想，你用一句话说完了，我已经没有什么对你说的了！我已经

① 诚意：出自《大学》，在此重点强调"诚意"的重要性。

没有什么对你说的了！假如“诚意”的说法，原来就是圣人教人用功时第一要做的事，可是学者却把它当作次要的事看，所以我稍微地把这里关键的部分说出来，这种倡议不是我那么说的。

一三一

来书云：“但恐立说太高，用功太捷，后生师传，影响谬误，未免坠于佛氏明心见性[①]、定慧顿悟[②]之机，无怪闻者见疑。”

区区“格、致、诚、正”[③]之说，是就学者本心、日用事为间体究践履，实地用功，是多少次第、多少积累在，正与空虚顿悟之说相反。闻者本无求为圣人之志，又未尝讲究其详，遂以见疑，亦无足怪。若吾子之高明，自当一语之下便了然矣！乃亦谓“立说太高，用功太捷”，何邪？

精彩解说

你在来信中写道：“只怕立论太高，用功太快，后学门生以后成为人师，造成错误，不免就会成了佛教明心见性、定慧顿悟的机会，难怪听了您的学说会让人产生怀疑。”

我所说的格物、致知、诚意、正心的观点，是要求学者的本心在平常做事的时候真切地研究，真正地实施，在实处用功而说的，这里面有很多程序、很多积累，与空虚顿悟的观点正好相反。听我的学说的人并没有说非要

① 明心见性：这是佛教禅宗的主张，它的意思是说让自己的心底清澈明亮，等见到自己的真性，就能成佛，而没有必要拘泥于语言文字。

② 定慧顿悟：是指除去心中的杂念，等明了事物的道理，就会突然明白困惑很久的佛理。

③ 格、致、诚、正：出自《大学》，意思是指格物、致知、诚意、正心。

当圣人，对我的学说也没有做过多的细致地解读，所以心有怀疑，这也没有什么可奇怪的。像你这样聪明的人，自然应该一句话就能说明白，为什么你会说我的立论高，用功快呢？

一三二

来书云："所喻知行并进，不宜分别前后，即《中庸》'尊德性而道问学'[①]之功，交养互发、内外本末一以贯之之道，然工夫次第不能无先后之差。如知食乃食，知汤乃饮，知衣乃服，知路乃行，未有不见是物，先有是事。此亦毫厘倏忽之间，非谓有等今日知之而明日乃行也。"

既云"交养互发，内外本末一以贯之"，则知行并进之说无复可疑矣。又云"工夫次第不能无[②]先后之差"，无乃自相矛盾已乎？"知食乃食"等说，此尤明白易见，但吾子为近闻[③]障蔽，自不察耳。夫人必有欲食之心然后知食，欲食之心即是意，即是行之始矣。食味之美恶必待入口而后知，岂有不待入口而已先知食味之美恶者邪？必有欲行之心然后知路，欲行之心即是意，即是行之始矣。路岐之险夷必待身亲履历而后知，岂有不待身亲履历而已先知路岐之险夷者邪？"知汤乃饮""知衣乃服"，以此例之，皆无可疑。若如吾子之喻，是乃所谓不见是物而先有是事者矣。吾子又谓

---

① 尊德性而道问学：出自《中庸》第二十七章。

② 无：原意为"不无"。

③ 近闻：这里是指朱熹的"知先行后"说。

“此亦毫厘倏忽之间，非谓截然有等今日知之而明日乃行也”，是亦察之尚有未精。然就如吾子之说，则知行之为合一并进，亦自断无可疑矣。

精彩解说

你在来信写道：“你说知行一同，不该分成一前一后，像《中庸》里讲的‘尊德性而道问学’两种工夫互相存养，一起发生，本心和外物原来就属于一个不能割开的整体。但是工夫的次序有先后的区别。例如，先知道是食物才会吃，先知道是汤水才会喝，先知道是衣服才会穿，先知道是道路才会走。你见过还没有看到东西，就先去做的吗？虽然说这其中的先后次序也是一眨眼的工夫，不可能贸然去区分，也不代表说现在知道了，等到明天才去实行。”

现在说了“交养互发，内外本末一以贯之之道”，知行同时并举的说法就不会再有什么疑惑的了吧。又讲到“工夫次第不能无先后之差”，显然就有点自相矛盾了，至于“知食乃食”的讲法，就再简单不过了，只不过朱熹先生知先行后的观点把你蒙蔽了，你没有察觉罢了。人肯定得先有想吃的想法，后知道去吃食物，想吃的想法就属于意，也是实行之初。食物是不是美味得等到在人尝过才会明白，怎么可能还没有吃就知道食物味道好不好呢？人肯定得先有想要走的意识，后才知道去行路，想要行走的意识就属于意，属于行走之初。道路是不是崎岖险阻，人肯定得等到自己走过才真正明白，怎么会有自己还没有亲自走就先知道道路崎岖险阻到怎样程度呢？知道这是汤水才会喝，知道这是衣服才会穿，按这个说法，都没有疑问了。假如照你说的，还没有看到所谓的东西，就先有了这件事，你还说，这也属于一毫一厘眨眼的差别，并没有说要等到现在知道了，等到明天才实行，这就说明你的体察依然不精确。但是像你说的那样，知与行一起并进的主张，也就自然而然没什么可怀疑的了。

一三三

来书云："真知即所以为行，不行不足谓之知，此为学者吃紧立教，俾务躬行则可。若真谓行即是知，恐其专求本心，遂遗物理，必有暗而不达之处。抑岂圣门知行并进之成法哉？"

知之真切笃实处，即是行；行之明觉精察处，即是知，知行工夫本不可离。只为后世学者分作两截用功，失却知行本体，故有合一并进之说。"真知即所以为行，不行不足谓之知"，即如来书所云"知食乃食"等说可见，前已略言之矣。此虽吃紧救弊而发，然知行之体本来如是，非以己意抑扬其间，姑为是说以苟一时之效者也。"专求本心，遂遗物理"，此盖失其本心者也。夫物理不外于吾心，外吾心而求物理，无物理矣；遗物理而求吾心，吾心又何物邪？心之体，性也，性即理也。故有孝亲之心，即有孝之理；无孝亲之心，即无孝之理矣。有忠君之心，即有忠之理；无忠君之心，即无忠之理矣。理岂外于吾心邪？晦庵[①]谓："人之所以为学者，心与理而已。心虽主乎一身，而实管乎天下之理；理虽散在万事，而实不外乎一人之心。"是其一分一合之间，而未免已启学者心理为二之弊。此后世所以有专求本心、遂遗物理之患，正由不知心即理耳。夫外心以求物理，是以有暗而不达之处；此告子"义外"[②]

① 晦庵：指朱熹的号。

② 义外：出自《孟子·告子上》第四章。

之说，孟子所以谓之不知义[1]也。心一而已，以其全体恻怛而言谓之仁，以其得宜而言谓之义，以其条理而言谓之理。不可外心以求仁，不可外心以求义，独可外心以求理乎？外心以求理，此知行之所以二也。求理于吾心，此圣门知行合一之教，吾子又何疑乎？

精彩解说

你在来信中写道："真正的认识是实践，不践行的就不能叫作认识，这些可为学者们当作重要的立论，一定要亲自实施才行。假如真以为践行就属于真知，就怕学者专心讲求本心，而忘了对事物天理的追求，这样容易存在不清楚的地方，这真的是圣学所讲的知行共同进步的办法吗？"

真正的认识并付诸实践就属于行，行为做到清楚精准就属于知。知和行原来是不能分离的，只不过后世学者把知和行分成两个部分去用功，丢失了知与行的本来含义，所以才会有知行合一的讲法。能够付诸实践的属于真正的认识，不是真正的认识是不会付诸实践的，正像你在来信中说的"知食乃食"等说法就能证明，并且我上文已简要说过。虽说是为了拯救时弊于危急之中而提出来的，但是知行的本义就是这样，可不属于我的意念加以强化而提出来，给这一说法求个一时的效果，"专心的追求本心。因此，忘了对事物天理的追求"，这就是丢失了本心。事物天理没有在我心以外。从心外去寻找事物天理，就无事物天理可谈了。丢失了事物天理而来讲求本心，我的心又是什么东西呢？心的本体属于性，性就属于理。所以要有对父母孝顺的心，就会有孝顺的理；对父母没有孝顺的心，就谈不上有孝顺的理；有对君主忠诚的心，就会有忠诚的理；对君主没有忠诚的心，就谈不上忠诚的理：理怎么可能在我心之外？朱子说过"人所以要学习，就是因为心和理的存在。虽然心主宰全身，但真正统之于天下之理的管理。理属于渗透在万事之中的，可是真正没有在人心之外"，这话里的分合，难免会让学者把心与

---

① 不知义：出自《孟子·公孙丑上》第二章，意思是告子不懂得义，原因是他把义看成心外之物。

理分为两件事。后世会有“专求本心，遂遗物理”的错误，原因就是没有弄明白心即是理的含义。还去心之外去找事物天理，这样就容易存在不明白的地方，这就属于告子“义外”的看法，孟子就因为这个说他不明白何为义。心属于一个整体，用它对天下人的恻隐之心来说为仁，用它合乎时宜来说为义，用它条理有序说为理。不能到心外去找仁，不能到心外去找义。就单单能到心外去找理？要是到心外去找理，就是把知与行分成两件事了。我在心中寻求理，这才属于圣门知行合一的说法，你还有什么怀疑的呢？

一三四

来书云：“所释《大学》古本，谓致其本体之知，此固孟子尽心之旨。朱子亦以虚灵知觉为此心之量[1]。然尽心由于知性，致知在于格物。”

“尽心由于知性，致知在于格物”，此语然矣。然而推本吾子之意，则其所以为是语者，尚有未明也。朱子以尽心、知性、知天为物格知致，以存心、养性、事天为诚意、正心、修身，以殀寿不贰、修身以俟为知至仁尽、圣人之事。若鄙人之见，则与朱子正相反矣。夫尽心、知性、知天者，生知安行，圣人之事也；存心、养性、事天者，学知利行，贤人之事也；殀寿不贰、修身以俟者，困知勉行，学者之事也。岂可专以尽心、知性为知，存心、养性为行乎？吾子骤闻此言，必又以为大骇矣。然其间实无可疑者，一为吾子言之。

夫心之体，性也；性之原，天也。能尽其心，是能尽其性

① 此心之量：出自朱熹《孟子集注·尽心上》第一章。

矣。《中庸》云“惟天下至诚为能尽其性”，又云“知天地之化育”“质诸鬼神而无疑”。知天也，此惟圣人而后能然，故曰“此生知安行，圣人之事也”。存其心者，未能尽其心者也，故须加存之之功；必存之既久，不待于存而自无不存，然后可以进而言尽。盖“知天”之“知”，如“知州”“知县”之“知”。知州则一州之事皆己事也，知县则一县之事皆己事也，是与天为一者也；事天则如子之事父，臣之事君，犹与天为二也。天之所以命于我者，心也，性也，吾但存之而不敢失，养之而不敢害，如“父母全而生之，子全而归之”[①]者也。故曰“此学知利行，贤人之事也”。至于“夭寿不贰”，则与存其心者又有间矣。存其心者虽未能尽其心，固已一心于为善，时有不存，则存之而已；今使之夭寿不贰，是犹以夭寿贰其心者也。犹以夭寿贰其心，是其为善之心犹未能一也。存之尚有所未可，而何尽之可云乎？今且使之不以夭寿贰其为善之心，若曰死生夭寿皆有定命，吾但一心于为善，修吾之身，以俟天命而已，是其平日尚未知有天命也。事天虽与天为二，然已真知天命之所在，但惟恭敬奉承之而已耳；若俟之云者，则尚未能真知天命之所在，犹有所俟者也，故曰所以立命。“立”者“创立”之“立”，如“立德”“立言”“立功”“立名”之类，凡言“立”者，皆是昔未尝有而本始建立之谓，孔子所谓“不知命，无以为君子”者也，故曰“此困知勉行，学者之事也”。今以尽心、

① 父母全而生之，子全而归之：出自《礼记·祭仪》第二十四章，意思是父母把儿女完整地生下，儿女还完整地还给父母，这才属于“孝”。

知性、知天为格物致知，使初学之士尚未能不贰其心者，而遽责之以圣人生知安行之事，如捕风捉影，茫然莫知所措其心，几何而不至于“率天下而路”[1]也！今世致知格物之弊，亦居然可见矣。吾子所谓“务外遗内，博而寡要”者，无乃亦是过欤？此学问最紧要处，于此而差，将无往而不差矣！此鄙人之所以冒天下之非笑，忘其身之陷于罪戮，呶呶其言，其不容已者也。

精彩解说

你在来信中写道：“您释注的《大学》旧本，里面有‘实现心本体的知’，这应该是孟子尽心的主旨，可是朱子同样用虚灵的心可知觉天下事理当作人心的最大容量。可是您却说，尽心属于知性，致知则是为了格物。”

“尽心由于知性，致知在于格物”，这句话没有错误。但是推测你的说法，你会这样说，应该是没有明白我的学说。朱子说尽心、知性、知天属于格物致知，说存心、养性、事天属于诚意、正心、修身，认为夭寿不贰、修身以俟是知至仁尽、圣人的事。不过，我的观点和朱子的说法正好相反。我认为尽心、知性、知天，属于生知安行，属于圣人之事；存心、养性、事天，属于学知利行，属于贤人的事；夭寿不贰、修身以俟，属于困知勉行，属于学者之事。怎么能仅把尽心、知性看成知，存心、养性看成行呢？这句话你忽然间听到，肯定还会大吃一惊。不过这里面真的没有什么地方值得怀疑，等我给你一一说明。

心的本体属于性，性的本原属于天。可尽心，同样可尽性。《中庸》里有说“唯有天下至诚才可尽性”，又说“知道天地的化育生长”“被用鬼神的事质问而不存在疑虑”，就属于知道天了，这只有圣人才可做到。所以说，这里说的生知安行，属于圣人之事。只嘴上说存养内心，实际上并没有

① 率天下而路：出自《孟子·滕文公上》第四章，意思是说假如一个人必须自己生产所有的用品，按照这个说法就相当于率领天下的人疲于奔命。

做到的人，就必须增加存养的工夫。存养的时间必定会很久，等到不再刻意去存养，而是自然地每时每刻存养的时候，才能被称为真正尽心了。这里说的知天的知，就好比知州、知县的知。知州是指一个州的事都属于自己的事，知县是指一个县的事都属于自己的事，就属于与天合而为一。假如事天好像儿子伺候父亲、臣下伺候君主，那样就说不上什么与天合而为一。天赐予自己的，属于本心和本性，我必须保留而不能丢失，唯有修养而不能伤害，就好比“父母全而生之，子全而归之”，是一个道理。所以说，这属于学知利行，属于贤人的事。关于夭寿不贰，和存养心性的人还有差别。对于存养心性的人，虽说不可以尽心，但早已一心为善，就是有的时候还不存在存养，只要存养就行了。现在让人夭寿不贰，这种说法还是把本心用夭寿分为两个了。依旧用夭寿将心分而为二，这属于他为善的内心还没有专一的原因。存养内心还有不能做到的地方，如何去说尽心呢？现在要求人们的善心不要用夭寿割裂那么专一，就好比是说生死夭寿都是命定，我只想一心为善修身养性，等候天命就行了，这是平时就不晓得存有天命的原因。虽说事天与天分而为二，但是自己真的晓得天命的存在，只需恭敬奉承天命就行了。等待天命这些说法，就是没有真正明白天命的存在，却依然等待着。所以才有立命的说法。这里说的立属于创立的立，就好比立德、立言、立功、立名这一类。只要说到立的，都是从前没有说过的，如今才开始创立的意思，正如孔子说的“不知命，无以为君子”。因此，说这属于困知勉行，属于学者的事情。如今把尽心、知性、知天看成格物、致知，就使才开始学的人不能专一他们的内心，而又马上让他们去做圣人生知安行的事，就好比追风一样，让刚开始学的心感到不知所以，如何可以回避“率天下而路”的下场呢？如今世上致知格物的毛病，因此，能清楚地看到。你说的“专务外物忽视内修，虽知识广博却不容易找到重点”的现象，难道不是一种错误吗？求学最重要的地方就是这些，这里有了差错，就可能一错百错。这正是我为何要冒天下人的指责和嘲笑，不怕自己处于被怪罪和指责的境地，还不住地说道的原因。

一三五

来书云："闻语学者，乃谓即物穷理[①]之说，亦是玩物丧志；又取其'厌繁就约''涵养本原'数说，标示学者，指为晚年定论[②]，此亦恐非。"

朱子所谓"格物"云者，在即物而穷其理也。即物穷理，是就事事物物上求其所谓定理者也。是以吾心而求理于事事物物之中，析"心"与"理"而为二矣。夫求理于事事物物者，如求孝之理于其亲之谓也。求孝之理于其亲，则孝之理其果在于吾之心邪？抑果在于亲之身邪？假而果在于亲之身，则亲没之后，吾心遂无孝之理欤？见孺子之入井，必有恻隐之理，是恻隐之理果在于孺子之身欤？抑在于吾心之良知欤？其或不可以从之于井欤？其或可以手而援之欤？是皆所谓理也，是果在于孺子之身欤？抑果出于吾心之良知欤？以是例之，万事万物之理，莫不皆然。是可以知析心与理为二之非矣。夫析心与理而为二，此告子"义外"之说，孟子之所深辟也。务外遗内，博而寡要，吾子既已知之矣。是果何谓而然哉？谓之玩物丧志，尚犹以为不可欤？若鄙人所谓致知格物者，致吾心之良知于事事物物也。吾心之良知，即所谓天理也。致吾心良知之天理于事事物物，则事事物物皆得其理矣。致吾心之良知者，致知

① 即物穷理：出自朱熹《大学章句》，意思是接触与研究事物，穷究事物的道理。

② 晚年定论：是王阳明作的书信，他认为朱熹晚年早已对自己中年没有定之说有所悔改而接近于陆九渊的看法。

也。事事物物皆得其理者，格物也。是合心与理而为一者也。合心与理而为一，则凡区区前之所云，与朱子晚年之论，皆可以不言而喻矣！

精彩解说

你在来信中写道："听别人说您对学者讲过，朱子即物穷理的看法，也属于玩物丧志。您还用朱子'厌繁就约''涵养本原'几种学说来让学者看，说是他晚年的定论。这样做不太好吧。"

朱子认为"格物"的说法，是在事物中穷究天理。在事物上探究所以的定理，就是他的即物穷理，用人们的心到事物中去求理，不免把心和理分开了。所讲的事物中求理，就好比从父母身上去索取孝的意思一样。从父母身上去索取孝的意思，要是这样讲的话，孝的本身是在我的心中呢，还是在父母的身上呢？倘若是在父母的身上，要是他们死了，我心中是不是就不存在孝的道理了？见到有小孩儿落井，肯定会产生恻隐的理，这种恻隐之理是在孩童身上呢，还是我心中的良知呢？虽说不可能随着他跳入井中，但还是伸手去援救他，这些都是恻隐的理。这种恻隐的理是小孩儿身上的，还是我心中的良知上的呢？从而证明，世上万物的理没有不是这样的。这完全可以证明把心与理分开的错误了。把心与理分开，属于告子义外的主张，孟子曾经十分反对。注重外物，忽略内修，虽说知识广博，还是难以得到要领，你既然已经知道了，为什么还这样说？把它说成玩物丧志，还是说有什么不对的地方？我说的致知格物，是把我心中的良知实现在事物之中。我心中的良知，也就是我讲的"天理"。在事事物物当中把我心中良知的天理实现了，这样事物就能得到理了。我心中的良知实现了，就是致知。事物都得到理，就是格物。这是把心与理合二为一。把心与理二而为一，这样只要是我以前说过的内容，还包括朱子晚年的学说，都能不言而喻了。

一三六

来书云："人之心体本无不明，而气拘物蔽，鲜有不昏，非学问思辨以明天下之理，则善恶之机，真妄之辨，不能自觉；任情恣意，其害有不可胜言者矣。"

此段大略似是而非，盖承沿旧说之弊，不可以不辨也。夫学、问、思、辨、行，皆所以为学，未有学而不行者也。如言学孝，则必服劳奉养，躬行孝道，则后谓之学，岂徒悬空口耳讲说，而遂可以谓之学孝乎？学射则必张弓挟矢，引满中的；学书则必伸纸执笔，操觚染翰[1]。尽天下之学，无有不行而可以言学者，则学之始固已即是行矣。笃者，敦实笃厚之意，已行矣，而敦笃其行，不息其功之谓尔。盖学之不能以无疑，则有问，问即学也，即行也；又不能无疑，则有思，思即学也，即行也；又不能无疑，则有辨，辨即学也，即行也。辨既明矣，思既慎矣，问既审矣，学既能矣，又从而不息其功焉，斯之谓笃行。非谓学、问、思、辨之后而始措之于行也。是故以求能其事而言谓之学，以求解其惑而言谓之问，以求通其说而言谓之思，以求精其察而言谓之辨，以求履其实而言谓之行。盖析其功而言则有五，合其事而言则一而已。此区区心理合一之体，知行并进之功，所以异于后世之说者，正在于是。

今吾子特举学、问、思、辨以穷天下之理，而不及笃行，是专

---

① 操觚染翰：觚，古人书写时用的竹简。翰，笔。意思是指为此提笔作文。

以学、问、思、辨为知，而谓穷理为无行也已。天下岂有不行而学者邪？岂有不行而遂可谓之穷理者邪？明道云："只穷理，便尽性至命。"[①]故必仁极仁，而后谓之能穷仁之理；义极义，而后谓之能穷义之理。仁极仁则尽仁之性矣，义极义则尽义之性矣。学至于穷理，至矣，而尚未措之于行，天下宁有是邪？是故知不行之不可以为学，则知不行之不可以为穷理矣；知不行之不可以为穷理，则知知行之合一并进，而不可以分为两节事矣。

夫万事万物之理不外于吾心，而必曰穷天下之理，是殆以吾心之良知为未足，而必外求于天下之广，以裨补增益之，是犹析心与理而为二也。夫学、问、思、辨、笃行之功，虽其困勉，至于人一己百[②]，而扩充之极，至于尽性知天，亦不过致吾心之良知而已。良知之外，岂复有加于毫末乎？今必曰穷天下之理，而不知反求诸其心，则凡所谓善恶之机、真妄之辨者，舍吾心之良知，亦将何所致其体察乎？吾子所谓"气拘物蔽"者，拘此蔽此而已。今欲去此之蔽，不知致力于此，而欲以外求，是犹目之不明者，不务服药调理以治其目，而徒伥伥然求明于其外，明岂可以自外而得哉！任情恣意之害，亦以不能精察天理于此心之良知而已。此诚毫厘千里之谬者，不容于不辨，吾子毋谓其论之太刻也。

精彩解说

你在来信中写道："人的心体原来不存在不明，可是因为受外物气息的

① 只穷理，便尽性至命：出自《二程遗书》里程颢说的一句话。

② 人一己百：出自《中庸》。

掩蔽束缚，就没有什么明朗的了。假如不借用学、问、思、辨来认识天下之理，就会导致善恶不分，真假难辨；假如随着性子做事，不好的后果是不能用语言形容的。”

你说的这些都是似是而非的话，是受了朱熹学说的弊端，所以得说道说道。学习的步骤包含学习、询问、思考、辨析、践行，不学习怎么会践行？比方说关于孝道的学说，就必须要服侍奉养，还得亲自躬行孝道，这样才可以算是学。怎么可能没有做只是说说听听，就算是学孝的呢？关于学习射箭，就必须要真正地张弓搭箭，拉弦射靶。关于学习写字，就必须得铺开纸握着笔，提笔写起来。世上的学习，不存在还没有去践行就说学会了的。所以一旦开始学习，就是已经在践行了。笃，就是敦实笃厚的意思。已经践行，就是准备敦厚笃实地践行，自始至终地下功夫。学习免不了有疑问，因此就算有了问题。问也属于学，属于践行。问题中免不了有疑难，所以就有了思考。思考也属于学习，属于践行。思考中难免没有疑问，所以就得分析。分析也属于学习，也属于践行。可以分析，可以思考，可以审问，就可以做到学，就仍是自始至终地下功夫，这就是笃行。并不代表说只有在学、问、思、辨后，才算践行。所以，就可以成就事情把它叫为学，就可以解答疑惑把它叫作问，就可以通圆其说把它叫作思，就可以精微考察把它叫作辨，就可以踏实做事把它叫作行。单着来说，这些功夫包括五个内容，合着就属于一个内容。也就是我说的心理合一的本体以及知行并进的方法，其跟朱熹先生的说法不同，就是这个原因。

如今你单讲用学、问、思、辨来说完天下之理，而不讲笃行。你单把学、问、思、辨看成知，就去穷理，行就不存在了。世上如何有不去践行就算学习的呢？根本不可能不践行就说之为穷理。程子曾说过，理只要穷尽事物，就能让本性发挥充分，做到知天命，所以必须在实践中让仁爱做到最好，才算是穷尽了仁的道理。实践中能做到义的最高境界，才算穷尽了义的道理。唯有仁爱做到最好，才算穷尽了仁的本性。唯有义做到最高境界，才是穷尽了义的本性。不实践，就说通过学做到了穷尽天理，世上如何会有这样的事？所以，明白了不去践行，不可以说是学，明白了不去践行，自然就不算是穷尽天理。明白了不通过践行就无法穷尽天理的道理，也就明白了知与行的并进，是无法当成两件事来说了。

万事万物的道理不可能存在于我们的心之外，还要必须说完天下的事理，这属于我们心中的良知还是不充分，必须得从外来找广大天地间的事物进行弥补。这样做还是把心和理当作两件事了。关于做学、问、思、辨、笃行的功夫，即使人资质不好，只要肯付出比别人百倍的努力，功夫也会增长到极致，哪怕是本性充分发挥达到了知天命的地步，也只是把我们心中的良知实现了罢了。良知以外，难道还得从外面再加一分一毫吗？现在肯定说穷尽天下之理，却不明白转过身向内心寻求，那么所说的善恶根源、真假之分，既然丢掉了自己心中的良知，又用什么去体会省察呢？你讲的让气息外物约束蒙蔽，就是让这些束缚掩蔽住了。现在打算把这些掩蔽去掉，不晓得在这里用功，还想着向外寻求，这好比是眼睛的毛病，不想法用药调理治疗，只是一味地向身外寻找光明，如何能从外界寻得光明呢？随着性子做事的危害，不从心中的良知方面去细致考察天理，后果就会差之毫厘，失之千里，不可以不去分辨明察。我的这些说法你不要认为太过分。

一三七

来书云："教人以致知明德，而戒其即物穷理，诚使昏暗之士深居端坐，不闻教告，遂能至于知致而德明乎？纵令静而有觉，稍悟本性，则亦定慧无用之见，果能知古今，达事变，而致用于天下国家之实否乎？其曰'知者意之体，物者意之用'，格物如'格君心之非'之'格'，语虽超悟独得，不踵陈见，抑恐于道未相吻合。"

区区论致知格物，正所以穷理，未尝戒人穷理，使之深居端坐而一无所事也。若谓即物穷理，如前所云“务外而遗内”者，则有所不可耳。昏暗之士，果能随事随物精察此心之天理，以致其本然之良知，则虽愚必明，虽柔必强，大本立而达道行[1]，九经[2]之属可一以贯之而无遗矣。尚何患其无致用之实乎？彼顽空虚静之徒，正惟不能随事随物精察此心之天理，以致其本然之良知，而遗弃伦理，寂灭虚无[3]以为常，是以要之不可以治家国天下。孰谓圣人穷理尽性之学而亦有是弊哉？

心者身之主也，而心之虚灵明觉，即所谓本然之良知也。其虚灵明觉之良知，应感而动者谓之意，有知而后有意，无知则无意矣。知非意之体乎？意之所用，必有其物，物即事也。如意用于事亲，即事亲为一物；意用于治民，即治民为一物；意用于读书，即读书为一物；意用于听讼，即听讼为一物：凡意之所用，无有无物者，有是意即有是物，无是意即无是物矣。物非意之用乎？

“格”字之义，有以“至”字训者，如“格于文祖”[4]“有苗来格”[5]，是以“至”训者也。然格于文祖，必纯孝诚敬，幽明之间，无一不得其理，而后谓之格；有苗之顽，实以文德诞敷而后格，则亦兼有“正”字之义在其间，未可专以“至”字尽之也。如

---

① 大本达道：出自《中庸》第一章，意思是指中属于天下的根本，和属于一般遵循的规律。中和好了，天地就可以各司其职，有利于万物的生长。

② 九经：出自《中庸》，是指修养自身、尊重贤人、亲爱亲人、敬重大臣、体恤群臣、爱民如子、招纳工匠、优待远客、安抚诸侯这九条。

③ 寂灭虚无：佛家讲寂灭，道家讲虚无。

④ 格于文祖：出自《尚书·舜典》，意思是说格至文祖、尧的庙。

⑤ 有苗来格：出自《尚书·大禹》，意思是有苗族人来到。

"格其非心""大臣格君心之非"之类，是则一皆正其不正以归于正之义，而不可以"至"字为训矣。且《大学》格物之训，又安知其不以"正"字为训，而必以"至"字为义乎？如以"至"字为义者，必日穷至事物之理，而后其说始通。是其用功之要全在一"穷"字，用力之地全在一"理"字也。若上去一"穷"、下去一"理"字，而直曰"致知在至物"，其可通乎？夫穷理尽性，圣人之成训，见于《系辞》[①]者也。苟格物之说而果即穷理之义，则圣人何不直曰"致知在穷理"，而必为此转折不完之语，以启后世之弊邪？

盖《大学》格物之说，自与《系辞》穷理大旨虽同，而微有分辨。穷理者，兼格致诚正而为功也；故言穷理则格致诚正之功皆在其中，言格物则必兼举致知、诚意、正心，而后其功始备而密。今偏举格物而遂谓之穷理，此所以专以穷理属知，而谓格物未常有行，非惟不得格物之旨，并穷理之义而失之矣。此后世之学所以析知行为先后两截，日以支离决裂，而圣学益以残晦者，其端实始于此。吾子盖亦未免承沿积习，见则以为于道未相吻合，不为过矣。

精彩解说

你在来信中写道："您教育人要懂得致知明德，从事物上劝诫不能穷究天理，倘若要不清楚的人天天住在深山里什么也不做，没有圣贤人引导，他的境界能达到实现良知和明白德行吗？就是他们能在安静中有一点知觉，可能略微体悟到一点人的态性，也只能是一些禅定智慧没有用的看法，难不成

①《系辞》：《易经》的《传》。

真可以通晓古今，把事变领悟透彻，能在国家大事中真正地派上用场吗？您讲过‘意的本体属于知，意的作用属于物’，格物的‘格’就属于‘格君心之非’的‘格’。这句话虽体现出高超的悟性，显得见解独到不落俗套，只怕与圣道也合不到一块吧？”

我讲的致知格物，就是穷尽事物的道理，可不是不让人们去穷尽事物之理，要求人们深居空坐不做事情。倘若穷究事物的理，就跟以前说的没有区别了，一贯注重外在学习不重视内心的存养，那就错了。不清楚的人假如可以在万事万物上细心观察本心的天理，发觉他原有的良知，这样，就是愚钝的人也可能聪明起来，就是软弱的人也有可能变得强大，就可以立大本，行达道，九经之类也能一应贯穿而不会遗漏，还担心他没有治理国家的真正才能吗？像顽固地非得坚守虚灵静空的佛家弟子，就是因为不可以在万事万物上找本心的良知，因此才有可能不要伦理，将寂灭虚无说成正常现象，这就证明他们不可能齐家、治国、平天下。谁知道圣人穷尽天理、尽可能发挥人性的学说，也有这些弊端呢?

心是身体的主宰，但是心的虚灵明觉，正是人本心原有的良知。虚明灵觉的良知，由于感应而发动就是意念。良知先有而意念后有，良知不存在，意念也就不存在，这样良知难道不是意念的依据吗？意念的运用一定得针对某一事物，一个事物就是一件事情。比方说意念针对侍奉双亲，这样侍奉双亲就是一件事情；意念针对治理百姓，这样治理百姓就是一件事情；意念针对读书，读书就是一件事情；意念针对听讼，听讼就是一件事情。主要是意念针对的地方，准会存有一件具体事物。意念怎么样，事物就怎么样，不存在意念事物同样也不存在。难道事物不是意念左右吗?

针对“格”字的解释，有的用“至”来说明，例如“格于文祖”“有苗来格”，这里讲的格是至的意思。但是“格于文祖”肯定是至纯的孝、至诚的敬。就是阴阳两界的道理都没有不通晓的，这样才可以被说成“格”。苗族人性情愚钝还很固执，唯有用礼乐教化后才可以格。因此“格”字又含有正的意思，不可以仅仅用“至”来说明。比方“格其非心”以及大臣“格君心之非”等，这里的“格”都是纠正毛病，让他改正的意思。如何单用一个“至”来说明呢？再说《大学》针对格物的说明，又如何知道它不可以用“正”字而必须用“至”字来说明呢？假如用“至”字来说明，一定得说穷尽事物的道理，这样才会讲得通，如此一来，“穷”字就成了用功的要领，“理”字就成了用力的对象。假如前头去个“穷”字，后头去个“理”字，直接讲“致知在至物”，能讲明白吗？穷理尽性属于圣人讲的教诲，《易经·系辞》中曾有记载。要是格物的学说是穷理的意思，圣人为什么不直接说“致知在穷理”，而是要讲这种语意拐弯还不完整的话，让后世理解错误呢？

《大学》里的格物之说以及《易经·系辞》里的穷理的意思大概一样，只是略微有点差别。穷理里面有格物、致知、诚意、正心等这些内容。因此像说的穷理，格物、致知、诚意、正心等这些内容都在这里面；说到格物，就必须包含致知、诚意、正心，而后格物的功夫才可以严密。如今仅说到格物就说穷理，这是把穷理看成知，以为格物里没有包括践行，这不但找不到格物的本质，还把穷理的本义丢掉了。后世学者为什么会把知和行分为两个就是这个原因，导致自己的学问弄得七零八散，圣学也逐渐被弄得缺这缺那不怎么乐观。导致这个现状的原因就是这些。旧的观点你承袭了，反过来认为我的学说和圣人的相背而驰，如此理解不过分吧！

一三八

来书云：“谓致知之功将如何为温清，如何为奉养即是诚意，非别有所谓格物，此亦恐非。”

此乃吾子自以己意揣度鄙见而为是说，非鄙人之所以告吾子者矣。若果如吾子之言，宁复有可通乎？盖鄙人之见，则谓意欲温清、意欲奉养者，所谓意也，而未可谓之诚意。必实行其温清奉养之意，务求自慊而无自欺，然后谓之诚意。知如何而为温清之节，知如何而为奉养之宜者，所谓知也，而未可谓之致知。必致其知如何为温凊之节者之知，而实以之温凊，致其知如何为奉养之宜者之知，而实以之奉养，然后谓之致知。温凊之事，奉养之事，所谓物也，而未可谓之格物。必其于温凊之事也，一如其良知之所知。当如何为温凊之节者而为之，无一毫之不尽；于奉养之事也，一如其良知之所知，当如何为奉养之宜者而为之，无一毫之不尽，然后谓之格物。

温凊之物格，然后知温凊之良知始致；奉养之物格，然后知奉养之良知始致，故曰“物格而后知至”①。致其知温凊之良知，而后温凊之意始诚；致其知奉养之良知，而后奉养之意始诚；故曰“知至而后意诚”②。此区区诚意、致知、格物之说盖如此。吾子更熟思之，将亦无可疑者矣。

精彩解说

你在来信写道：“所说的致知的功夫，就是怎样让父母冬暖夏凉，如何奉养父母，这就属于诚意，并不是另外还有所说的格物，这应该不对吧。”

这属于你用自己的思想来推测我的观点，并代表我这样讲过。照你这样说，如何能讲得通？我的意思是，要想让父母冬暖夏凉、要想奉养父母，这只是意念，还不可以说成诚意；必须要真正地实施了温凊奉养，还得保证让自己觉得自己这样做心里感到十分愉快，并且不感到违心，这样才是诚意。晓得如何让父母冬暖夏凉、如何最适宜奉养父母，这样只可以算得上是知，还不算致知。必须要晓得而且又做到了，才算致知。温凊与奉养这样的事，

---

① 物格而后知至：出自《大学》，意思是指通过认识、研究万事万物的道理，才获得的知识。

② 知至而后意诚：是指获得对道理的认知以后，意念才算真诚。

属于所讲的物，还不算格物；关于让父母冬暖夏凉和奉养父母适宜这种事，一定得按照自己心中的良知去实施，不能有一点保留，这才算格物。

做到使父母冬暖夏凉的物格了，之后保证父母冬暖夏凉的良知才可以算是“致”；奉养父母的物格了，而后想奉养父母的良知才属于“致”。因此《大学》里讲“物格而后知至”，想让父母冬暖夏凉的良知致了，而后的意念才是诚挚的；想奉养父母且得适宜的良知致了，而后的意念才是真诚的，因此《大学》又讲“知至而后意诚”。我讲“诚意、致知、格物”的学说大都如此，你再仔细考虑一下，就没有什么可疑惑的了。

一三九

来书云：“道之大端易于明白，所谓良知良能，愚夫愚妇可与及者①。至于节目时变之详，毫厘千里之谬，必待学而后知。今语孝于温凊定省，孰不知之？至于舜之不告而娶②，武之不葬而兴师③，养志养口④，小杖大杖⑤，割股⑥庐墓等事，处常处变，过与不及之间，必须讨论是非，以为制事之本，然后心体无蔽，临事无失。”

---

① 愚夫愚妇可与及者：出自《中庸》第十二章，意思是一般的人可以认识。

② 舜之不告而娶：出自《孟子·万章上》第二章，意思是舜在没有告诉父亲的情况下娶妻。

③ 武之不葬而兴师：自出《史记》卷六十一《伯夷列传第一》，意思是武王没有先葬父亲文王而载文王木主伐纣。

④ 养志养口：出自《孟子·离娄上》第十九章。

⑤ 小杖大杖：出自《孔子家语·六本》。

⑥ 割股：是指在春秋时期晋文公重耳流亡的时候，介子推把自己大腿上的肉割下来给文公吃。

“道之大端易于明白”，此语诚然。顾后之学者，忽其易于明白者而弗由，而求其难于明白者以为学，此其所以“道在迩而求诸远，事在易而求诸难”也。孟子云：“夫道若大路然，岂难如哉？人病不由耳！”[①]良知良能，愚夫愚妇与圣人同。但惟圣人能致其良知，而愚夫愚妇不能致，此圣愚之所由分也。节目时变，圣人夫岂不知？但不专以此为学。而其所谓学者，正惟致其良知，以精察此心之天理，而与后世之学不同耳。吾子未暇良知之致，而汲汲焉顾是之忧，此正求其难于明白者以为学之弊也。夫良知之于节目时变，犹规矩尺度之于方圆长短也。节目时变之不可预定，犹方圆长短之不可胜穷也。故规矩诚立，则不可欺以方圆，而天下之方圆不可胜用矣；尺度诚陈，则不可欺以长短，而天下之长短不可胜用矣；良知诚致，则不可欺以节目时变，而天下之节目时变不可胜应矣。毫厘千里之谬，不于吾心良知一念之微而察之，亦将何所用其学乎？是不以规矩而欲定天下之方圆，不以尺度而欲尽天下之长短，吾见其乖张谬戾，日劳而无成也已。

吾子谓：“语孝于温凊定省，孰不知之？”然而能致其知者鲜矣。若谓粗知温凊定省之仪节，而遂谓之能致其知，则凡知君之当仁者皆可谓之能致其仁之知，知臣之当忠者皆可谓之能致其忠之知，则天下孰非致知者邪？以是而言，可以知致知之必在于行，而不行之不可以为致知也明矣。知行合一之体，不益较然矣乎？夫舜

---

① “夫道若大路然”二句：出自《孟子·告子下》第二章，意思是指道就像大路一样坦然，难道难以了解吗？只怕人不去寻求罢了。

之不告而娶，岂舜之前已有不告而娶者为之准则，故舜得以考之何典，问诸何人，而为此邪？抑亦求诸其心一念之良知，权轻重之宜，不得已而为此邪？武之不葬而兴师，岂武之前已有不葬而兴师者为之准则，故武得以考之何典，问诸何人，而为此邪？抑亦求诸其心，念之良知，权轻重之宜，不得已而为此邪？使舜之心而非诚于为无后[①]，武之心而非诚于为救民，则其不告而娶与不葬而兴师，乃不孝不忠之大者。而后之人不务致其良知，以精察义理于此心感应酬酢之间，顾欲悬空讨论此等变常之事，执之以为制事之本，以求临事之无失，其亦远矣！其余数端，皆可类推，则古人致知之学，从可知矣。

精彩解说

你在来信中写道："容易清楚圣道大的方面，犹如您所讲的'良知良能'，就是愚夫愚妇也会明白。对于具体的内容跟着时代的变化而变化，就存在毫厘千里的区别，一定得学习后才能清楚。如今从季节温凊、早晚定省上讲孝道，谁不清楚？对于舜没有请示父母就娶亲，武王没有安葬文王就起兵，曾子赡养父亲属于遵从父亲的意愿，但曾元赡养父亲就只属于为了让他活着，父亲要用小杖打就该受着，要用大杖打就应跑掉，割自己股上的肉给君主吃，盖庐守孝这类的事，在平常与非常时期、过分与不足当中，一定要说出对错，当作处理事情的标准，而后人心的本体才算不被蒙蔽，遇事不会出现差错。"

"易明白圣道大的方面"，这句话是对的。见后来的学者，不重视易明白的大道理也不遵循，拿着那些难以弄懂的东西当作学问，这就是孟子所讲

① 无后：出自《孟子·离娄上》第二十六章，意思是指不娶无子，绝先祖祀，三不孝也。

的“道在迩而求诸远，事在易而求诸难”。孟子讲：“圣道就犹如大路，难道很难认知吗？不去探求是人们出现问题的所在。”在良知良能方面，愚夫愚妇和圣人是一样的。但仅圣人能致良知，愚夫愚妇却做不到，这就是他们有区别的地方。详细内容随着时代变化而变化，圣人如何会不知道？只不过是不把它当成专门的学问罢了。圣人所讲的学问，只属于致良知来准确体察心中的天理，这与后世所说的学问不同。你不花时间去致良知，却在一些细节问题上纠结发愁，这种弊端是把那不容易明白的东西当成了学问。良知面对随时变化的详细内容，就犹如规矩尺度对于方圆长短一样。那些变化的细节不可以事先确定下来，就犹如方圆长短没有穷尽一样。因此一旦确定了规矩，就十分清楚是方是圆了，天下方圆的测量也就不难理解了；一旦制定了尺度，就十分明白是长是短了，衡量天下长短也就不是问题了。一旦实现了良知，那些随时变化的细节就会暴露出来，就能够应付天下不断变化的详细情况。毫厘千里的差别，不在我们心中良知的细微处进行仔细体察，所学习的东西又有何用呢？不根据规矩而确定天下的方圆，不利用尺度而确定天下的长短，我认为是非常荒谬的做法，这样做只会导致整天辛劳而没有收获。

你说“拿季节温凊、早晚定省来讨论孝道，谁不清楚？”，可真正能实现孝道的人却不多。假如说知道一点温凊定省的礼数就可以实现孝的良知，这样看只要知道君王应当仁爱的人，就能说他可以实现仁的良知，只要知道臣子应该忠心的人，就能说他可以实现忠的良知，如此看来，天下还有人不能实现良知吗？所以说“致知”一定得付诸实践，没有实践就不可以算“致知”，就很明白了。知行合一的本质，就很容易明白了吧？舜没有请示父母就娶妻，是以前难道已有这个规则，因此舜可以考证什么经典，向什么人询问，才如此做？还是他依据心里的一点良知，对轻重利弊进行了权衡，才不得已这样做？武王没有安葬文王就起兵打仗，难道也是过去已有这个规则，因此武王可以考证什么经典，向什么人询问，才做的？还是他依据心里的一点良知，对轻重利弊进行了权衡，不得已才如此做？如果舜不是真的担心无后代，武王不是真的想救百姓于水火之中，这样看来，不向父母请示而娶妻和没有安葬先王就兴兵讨伐，就是最大的不孝和不忠。后世的人不想法实现他们的良知，不在处理事物的时候精确体察天理，只是一味地凭空研究这些非常的事情，把这些当成待人处事的原则，用来求做事不出现过失，这就远离对的了。别的例子都能依据这些例子来推测，这样想古人致良知的学说，就弄清楚了。

一四〇

来书云："谓《大学》格物之说专求本心，犹可牵合，至于六经、四书所载'多闻多见'①'前言往行'②'好古敏求'③'博学审问''温故知新'④'博学详说'⑤'好问好察'⑥，是皆明白求于事为之际、资于论说之间者，用功节目固不容紊矣。"

格物之义，前已详悉；牵合之疑，想已不俟复解矣。至于多闻多见，乃孔子因子张⑦之务外好高，徒欲以多闻多见为学，而不能求诸其心，以阙疑殆，此其言行所以不免于尤悔，而所谓见闻者，适以资其务外好高而已。盖所以救子张多闻多见之病，而非以是教

---

① 多闻多见：出自《论语·为政》第十八章，意思是通过多闻多见解除疑感，增长知识。

② 前言往行：出自《周易》大畜卦辞，意思是作为君子就该多了解古代先贤的言行，用来积蓄自己的德性。

③ 好古敏求：出自《论语·述而》第十九章，意思是爱好古代文化，勤奋求知。

④ 温故知新：出自《论语·为政》第十一章，意思是说在温习旧知识的时候，能有新体会、新发现，就可以做老师了。

⑤ 博学详说：出自《孟子·离娄下》第十五章，意思是广泛地学习和详细地解说。

⑥ 好问好察：出自《中庸》，意思是不仅善于请教别人，而且善于观察百姓日常用语，以了解民情民意。

⑦ 子张：这里是说孔子的学生，鲁国人，姓颛孙，名师，字子张。

之为学也。夫子尝曰“盖有不知而作之者，我无是也”[①]，是犹孟子“是非之心，人皆有之”[②]之义也。此言正所以明德性之良知非由于闻见耳。若曰“多闻，择其善者而从之，多见而识之”，则是专求诸见闻之末，而已落在第二义矣，故曰“知之次也”。夫以见闻之知为次，则所谓知之上者果安所指乎？是可以窥圣门致知用力之地矣。夫子谓子贡曰：“赐也，汝以予为多学而识之者欤？非也，予一以贯之[③]。”使诚在于多学而识，则夫子胡乃谬为是说以欺子贡者邪？“一以贯之”，非致其良知而何？《易》曰：“君子多识前言往行，以畜其德。”[④]夫以畜其德为心，则凡多识前言往行者，孰非畜德之事？此正知行合一之功矣。

“好古敏求”者，好古人之学而敏求此心之理耳。心即理也。学者，学此心也；求者，求此心也。孟子云：“学问之道无他，求其放心[⑤]而已矣。”非若后世广记博诵古人之言词，以为好古，而汲汲然惟以求功名利达之具于其外者也。“博学审问”，前言已

---

① 盖有不知而作之者，我无是也：出自《论语·述而》第二十八章，指的是那种明明不懂却凭空造作的人，孔子说自己没有这种毛病。

② 是非之心，人皆有之：出自《孟子·告子上》第六章，意思是对错的心，谁都有。

③ 一以贯之：出自《论语·卫灵公》第二章，意思是子贡他们所看重的是孔子的博学多才，而孔子自己所看重的则是贯彻始终的忠恕之道。

④ 君子多识前言往行，以畜其德：出自《周易》大畜卦辞，意思是作为君子就该多了解古代先贤的言行，用来积蓄自己的德性。

⑤ 求其放心：出自《孟子·告子上》第十一章，意思是说孟子认为，学问没有别的之道，找回来丧失了的善良之心就行。

尽。“温故知新”，朱子亦以温故属之尊德性[①]矣。德性岂可以外求哉？惟夫知新必由于温故，而温故乃所以知新，则亦可以验知行之非两节矣。“博学而详说之”者，将以反说约也，若无反约之云，则博学详说者果何事邪？舜之“好问好察”，惟以用中而致其精一于道心耳。道心者，良知之谓也。君子之学，何尝离去事为而废论说？但其从事于事为论说者，要皆知行合一之功，正所以致其本心之良知；而非若世之徒事口耳谈说以为知者，分知行为两事，而果有节目先后之可言也。

精彩解说

你在来信中写道：“您说《大学》讲的‘格物’是特定探求本心，还能勉强理解，至于六经、四书中记载的‘多闻多见’‘前言往行’‘好古敏求’‘博学审问’‘温故知新’‘博学详说’‘好问好察’，这都是在做事和辩论的过程中十分明显地探求出来的，下功夫的名目顺序是不可以乱的。”

“格物”的意思，在前面已经说得十分详细了，对于你感觉牵强的部分，也就不用我做过多的说明了。针对“多闻多见”，是孔子针对好高骛远的子张说的。子张只把多闻多问当作学问，没有从本心上来认识存养，由于一点缺失就有危险，所以他的言行举止免不了就有点过失与悔恨。他的好高骛远向外探求的毛病正是他认为的见闻助长的。所以，孔子这么说是为了给他指出毛病，可不是让他把多闻多问当作学问。孔子又说过：“也许有的人什么都不知道，却爱没有根据地瞎说，我不是这样的人。”就犹如孟子说的“是非之心，人皆有之”，是一个意思。从而说明从见闻中得不到人的德性良知。关于孔子说的“多闻，择其善者而从之，多见而知之”，这是探求见

① 温故属之尊德性：出自《朱子语类》卷六十四，意思是温故本属道问学之事，但只要存得道理在，便是向内寻求，便是尊德性。

闻的细节，这也早已是次要的了，因此孔子讲“知之次也”。把见闻方面的知识作为次要的事情，那么第一重要的学问是什么呢？圣学致知用功的地方从这里可以体现出来。孔子对子贡讲：“端木赐呀，你以为我是博学多才的人吗？不对，我只不过是把忠恕之道贯穿了。”假如良知可以左右多闻多见，孔子为何还用这种“谬论”骗子贡呢？一以贯之，不属于良知属于什么？《周易》里讲：“君子多识前言往行，以蓄其德。”假如它的目的是为了积累存养德性的话，更多地了解圣人的言行，还不算积累存养德性吗？这就属于知行合一的功夫了。

所说的“好古敏求”就属于喜欢古人的学问，勤劳地探求心中的天理，心就属于天理，学就属于学这个本心，求就属于求这个本心。孟子讲过：“学问之道无他，求其放心而已矣。”后世人不一样，大量地背诵古人的诗词，以为这就属于好古，还时刻不忘追求名利之外的东西。“博学审问”，以前早已讲过。“温故知新”，朱子也认为“温故”是尊德性的范围。德性难道能在心外探求吗？知新一定得通过温故，温故才可以知新，这就能证明知行不是两件事。关于“博学而详说之”，也是为了回到简单的表达中去，若不是为了“以反说约”，“博学强说”目的是什么呢？舜属于好问好察，就是中正平和，促使他的心精纯至极达到天理的地步。道心属于良知。君子的学问何时离开过实践，远离过辨析？不过实践与辨析都得遵循知行合一的功夫，这就是用来实现本心里的良知，而不像后世学者把夸夸其谈看作认识，把认识和实践当成两件事，从而导致用功内容有先后之说。

一四一

来书云："杨、墨之为仁义[①]，乡愿之乱忠信[②]，尧、舜、子之之禅让[③]，汤、武、楚项之放伐[④]，周公、莽、操之摄辅[⑤]，谩无印正，又焉适从？且于古今事变，礼乐名物，未尝考识，使国家欲兴明堂[⑥]，建辟雍[⑦]，制历律[⑧]，草封禅[⑨]，又将何所致其用乎？故《论语》曰'生而知之'者，义理耳。若夫礼乐名物[⑩]，古今事变，亦必待学，而后有以验其行事之实。此则可谓定论矣。"

---

① 杨、墨之为仁义：这里指杨朱与墨翟他们提倡兼爱、非攻，反对儒家"爱有差等"，近似于仁。

② 乡愿之乱忠信：出自《论语·阳货》，意思是指不讲原则、八面玲珑地瞎讲忠信。

③ 尧、舜、子之之禅让：出自《史记·燕召公世家》，意思是指古时部落首领不是传位给自己的儿子而是传位给有贤德的人，尧禅让于舜，舜禅让于禹。子之为战国时燕王哙的相国，后哙让位给子之。

④ 汤、武、楚项之放伐：意思是说历史上商汤放逐夏桀于南巢，周武王讨伐商纣于牧野，项羽杀义帝而自立为西楚霸王。

⑤ 周公、莽、操之摄辅：周公在周成王小时候帮着摄政，等周成王长大后把政权还给周成王，成为后世的典范。王莽用外戚居大司马，杀了汉平帝，立孺子婴为王，他摄政，后来又篡位，改国号新。曹操讨伐董卓，迎立汉献帝，自己当丞相，要挟天子命令诸侯，他的儿子曹丕废掉献帝，建魏国。

⑥ 明堂：周天子在各地建设明政教之堂，礼上帝、祭祖先、朝诸侯等大典都在这个地方进行。

⑦ 辟雍：指周天子给贵族子弟建立的大学，形如璧环，四面都有水。

⑧ 历律：意思是历法与乐律。

⑨ 封禅：古时候帝王在泰山筑坛祭天叫"封"，在泰山旁的梁父山辟场以祭地叫"禅"。

⑩ 礼乐名物：出自朱熹《论语集注·述而》第十九章。

所喻杨、墨、乡愿、尧、舜、子之、汤、武、楚项、周公、莽、操之辨，与前舜、武之论，大略可以类推。古今事变之疑，前于良知之说，已有规矩尺度之喻，当亦无俟多赘矣。

至于明堂、辟雍诸事，似尚未容于无言者。然其说甚长，姑就吾子之言而取正焉，则吾子之惑将亦可以少释矣。

夫明堂、辟雍之制，始见于吕氏之《月令》、汉儒之训疏[①]，六经、四书之中未尝详及也。岂吕氏、汉儒之知，乃贤于三代之贤圣乎？齐宣之时[②]，明堂尚有未毁，则幽、厉[③]之世，周之明堂皆无恙也。尧、舜茅茨土阶，明堂之制未必备，而不害其为治；幽、厉之明堂，固犹文、武、成、康[④]之旧，而无救于其乱。何邪？岂能以不忍人之心而行不忍人之政[⑤]，则虽茅茨土阶，固亦明堂也，以幽、厉之心而行幽、厉之政，则虽明堂，亦暴政所自出之地邪？武帝肇讲于汉，而武后盛作于唐[⑥]，其治乱何如邪？

天子之学曰辟雍，诸侯之学曰泮宫[⑦]，皆象地形而为之名耳。

---

① 吕氏之《月令》、汉儒之训疏：这里的吕氏就是《吕氏春秋》，战国末期秦相吕不韦召集门客所编写，是杂家的代表著作。汉儒之训疏，是指为儒家经典所作的注疏。

② 齐宣之时：是指战国时期齐国的国君齐宣王当政的时候。

③ 幽、厉：指周幽王和周厉王。

④ 文、武、成、康：是指周文王、周武王、周成王、周康王。

⑤ 以不忍人之心而行不忍人之政：出自《孟子·公孙丑上》第六章。

⑥ 武帝肇讲于汉，而武后盛作于唐：意思是说汉武帝曾经和大臣们讨论过立明堂的事，武则天曾经毁乾元殿而立明堂。

⑦ 泮宫：是指西周的时候为诸侯弟子建立的学校，在泮水之旁。

然三代之学[1]，其要皆所以明人伦，非以辟不辟、泮不泮为重轻也。孔子云："人而不仁，如礼何！人而不仁，如乐何！"[2]制礼作乐，必具中和之德，声为律而身为度[3]者，然后可以语此。若夫器数之末，乐工之事，祝史之守，故曾子曰"君子所贵乎道者三"，"笾豆之事，则有司存"[4]也。尧命羲和，钦若昊天，历象日月星辰，其重在于敬授人时也。舜在璿玑玉衡[5]，其重在于以齐七政[6]也。是皆汲汲然以仁民之心而行其养民之政，治历明时之本，固在于此也。羲和历数之学，皋、契[7]未必能之也，禹、稷未必能之也；尧、舜之知而不遍物[8]，虽尧、舜亦未必能之也。然至于今，循羲和之法而世修之，虽曲知小慧之人，星术浅陋之士，亦能推步占候而无所忒，则是后世曲知小慧之人，反贤于禹、稷、尧、舜者邪？

封禅之说，尤为不经，是乃后世佞人谀士，所以求媚于其上，倡为夸侈，以荡君心，而靡国费。盖欺天罔人，无耻之大者，君子

---

① 三代之学：出自《孟子·滕文公上》第三章，意思是学则三代共之。

② 孔子云礼乐句：出自《论语·八佾》第三章。

③ 声为律而身为度：出自《史记·夏本纪》，发声合乎音律，举止合乎法度，权衡标准，以禹为标准。意思是称颂大禹的词语。

④ 笾豆之事，则有司存：笾豆是指祭祀的礼器，出自《论语·泰伯》第四章。

⑤ 璿玑玉衡：出自《尚书·舜典》第五节，是指旋转而可以窥测天象的玉制仪器。

⑥ 七政：出自《尚书·舜典》，指日、月和金、木、水、火、土的运行为政。

⑦ 皋、契：皋指皋陶，舜的大臣，执法之官；契是指舜的大臣，为司徒，掌管教育。

⑧ 尧、舜之知而不遍物：出自《孟子·尽心上》第四十六章。

之所不道，司马相如[1]之所以见讥于天下后世也。吾子乃以是为儒者所宜学，殆亦未之思邪？

夫圣人之所以为圣者，以其生而知之也。而释《论语》者曰："生而知之者，义理耳。若夫礼乐名物，古今事变，亦必待学而后有以验其行事之实。"夫礼乐名物之类，果有关于作圣之功也？而圣人亦必待学而后能知焉，则是圣人亦不可以谓之生知矣！谓圣人为生知者，专指义理而言，而不以礼乐名物之类，则是礼乐名物之类无关于作圣之功矣。圣人之所以谓之生知者，专指义理，而不以礼乐名物之类，则是学而知之者，亦惟当学知此义理而已，困而知之者，亦惟当困知此义理而已。今学者之学圣人，于圣人之所能知者，未能学而知之，而顾汲汲焉求知圣人之所不能知者以为学，无乃失其所以希圣之方欤？

凡此，皆就吾子之所惑者而稍为之分释，未及乎"拔本塞源"[2]之论也。

精彩解说

你在来信中写道："历史上有关杨朱、墨翟他们所说的仁义，乡愿所说的忠信，尧、舜、子之的禅让，以及商汤、周武王、项羽的放逐与杀戮，还有周公、王莽、曹操的辅佐摄政，这些往事已经没有办法考察了，谁说的对呢？何况像古今事变、礼乐名物度数也无法考察识别，要是国家要修建明

---

① 司马相如：字长卿，成都人，西汉著名文学家。为讨汉武帝的欢心，写了《封禅文》，为后世所讥讽。

② 拔本塞源：字面意思是说拔出树根，堵塞水源。在这里是指将错误的观念从根本上铲除，以达到思想的正本清源。

堂，修建学校，制定历法乐律，举行封禅大典，又如何能发挥作用呢？因此《论语》中讲的‘生而知之’，知就属于知义和理。别的如礼乐名物、古今事变这些事，也要等学习之后才能验证是否可行。这句话是公理了。”

你所说的杨朱、墨子、乡愿、尧、舜、子之、商汤、武王、项羽、周公、王莽、曹操等人的区别，与之前说到的舜和武王的讨论，大致可类推。对古今事变的疑问，前面在谈论良知时，已经用规矩尺度的比喻解释过，这里无须再多说了。关于造明堂、建学校等事，似乎还不能不讲。但是这些事说来话长，姑且拿你信中的话讨论一下，如此这般你就会少一些疑惑。

明堂以及学校的制度，最早出现在《吕氏春秋》里的《月令》，还有就是汉代儒生的注释中，六经、四书还没作详细记载。是不是吕不韦、汉代儒生的见识能超过三代的圣贤？齐宣王那时候的明堂有的还存在，可是周幽王、周厉王的时代，明堂都保存得非常完整。尧舜时期住的是茅草屋，垒的是土台阶，明堂的制度不一定完善，却不影响他们把天下治理得井井有条。幽王、厉王时期的明堂，虽然与文王、武王、成王、康王时的相同，可是也没有拯救他们免于大乱，这是怎么回事呢？只要会运用仁爱之心，实施仁爱之政，就是茅草屋和土台阶也能承当明堂的作用。假如用幽王、厉王的心实施幽王、厉王的暴政，就是拥有了明堂，也会成为施行暴政的地方吧？汉武帝和大臣们议论过建设明堂的事情，武则天把乾元殿毁掉修建明堂，他们治理天下的情况有改变吗？

辟雍属于天子建的学校，泮宫属于诸侯建的学校，是依据地形命名的。但是三代时期的学校，重点是用昌明伦理纲常作为目的，没有以它的样子是不是和璧环一样，是不是建在泮水之畔来权衡。孔子说：“人假如不存有仁爱之心，有礼又能如何呢？人假如不存在仁爱之心，有乐又能如何呢？”制作礼乐，中和的品德必须具备，只有其声音合乎音律，举止合乎法度，像禹那样的人，才能胜任这样的工作。关于礼乐器具的细节和技巧，就是乐工和祝史的事了。因此曾子说：“君子看重的道有三方面，关于行补过程中的详细事项，就由相关官员详细安排。”尧让羲和遵从矢道，观察推测日月星辰的运行，为的就是让恭敬地将时令传授给老百姓。舜要观测北斗七星的运行，是为了安排好七种政事。这些都属于从心里用仁爱之心对老百姓施行仁爱之政。制定历法、清楚时令就是为了这些。羲氏、和氏在历法和数学方面的本事，皋陶和契不一定有，大禹和后稷同样不一定有。尧舜的智慧没有通晓万物，即便尧舜也不一定具有这些本事。但到如今，按着羲和二氏的办法祖祖辈辈地传承下来，就是一知半解有点小聪明的人、稍微懂点星术的浅薄之士，也可推算历法，占卜天象。难不成这些人会比大禹、后稷、尧、舜还要贤明吗？

像封禅这事属于荒诞不经的说法了，这是后代爱说奉承话的人为了讨好皇帝、迷惑怂恿君心、浪费国力的说教。这是欺天惑人、无耻的行径，但凡君子是不会看得起这些的。司马相如为什么受到天下人讥笑，也是因为这样。可是你还想让儒者认真学习，明显是考虑得不周到！圣人被称为圣人的原因，就是因为他们生而知之。朱熹解释《论语》的时候说：“生而知之的属于义和理。关于礼乐名物，古今事变，还得需要学了，才可以知道它对还是错。”假如礼乐名物这些都是圣人成为圣人的功夫，圣人也一定等到学后才能明白，这样圣人也就不是生而知之了。说圣人生而知之，是指义和理方面而言，没有礼乐名物之类，所以有关礼乐名物之类的事物和成为圣人的功夫没有关系。至于学而知之，也单指学习义理，困而知之，也单指困勉于这个义和理罢了。现在学者学习圣人，不去学圣人能通晓的义理，却只想着探求圣人不明白的东西，还把它们看作学问，难道不算找错了成圣的方向吗？说的这些只是针对你的困惑简单地分析解释，还涉及不到正本清源的讨论。

一四二

夫“拔本塞源”之论[①]不明于天下，则天下之学圣人者将日繁日难，斯人沦于禽兽夷狄，而犹自以为圣人之学；吾之说虽或暂明

① 夫“拔本塞源”之论：是王阳明尤为著名、尤为具代表性的论述之一。

于一时，终将冻解于西而冰坚于东，雾释于前而云滃[①]于后，呶呶焉危困以死，而卒无救于天下之分毫也已！

夫圣人之心，以天地万物为一体[②]，其视天下之人，无外内远近，凡有血气，皆其昆弟赤子之亲，莫不欲安全而教养之，以遂其万物一体之念。天下之人心，其始亦非有异于圣人也，特其间于有我之私，隔于物欲之蔽，大者以小，通者以塞，人各有心，至有视其父子兄弟如仇雠者。圣人有忧之，是以推其天地万物一体之仁以教天下，使之皆有以克其私，去其蔽，以复其心体之同然[③]。其教之大端，则尧、舜、禹之相授受，所谓"道心惟微，惟精惟一，允执厥中"[④]。而其节目，则舜之命契，所谓"父子有亲，君臣有义，夫妇有别，长幼有序，朋友有信"[⑤]五者而已。唐、虞、三代之世，教者惟以此为教，而学者惟以此为学。当是之时，人无异见，家无异习，安此者谓之圣，勉此者谓之贤，而背此者，虽其启明如朱，亦谓之不肖[⑥]。下至闾井、田野、农、工、商、贾之贱，莫不皆有是学，而惟以成其德行为务。何者？无有闻见之杂，记诵之烦，辞章之靡滥，功利之驰逐，而但使之孝其亲，弟其长，信其朋友，以复其心体之同然。是盖性分之所固有，而非有假于外者，

---

① 云滃：是指云雾涌起。

② 以天地万物为一体：出自《河南程氏遗书》。

③ 同然：出自《孟子·告子上》第七章。

④ 道心惟微，惟精惟一，允执厥中：这是十六字心诀后面部分，在"道心惟微"前面还有"人心惟危"四字。

⑤ 父子有亲句：出自《孟子·滕文公上》第四章。

⑥ 启明如朱，谓之不肖：出自《尚书·尧典》。

则人亦孰不能之乎？

学校之中，惟以成德为事，而才能之异，或有长于礼乐、长于政教、长于水土播植者，则就其成德，而因使益精其能于学校之中。迨夫举德而任，则使之终身居其职而不易，用之者惟知同心一德，以共安天下之民，视才之称否，而不以崇卑为轻重，劳逸为美恶；效用者亦惟知同心一德，以共安天下之民，苟当其能，则终身处于烦剧而不以为劳，安于卑琐而不以为贱。当是之时，天下之人熙熙皞皞[①]，皆相视如一家之亲。其才质之下者，则安其农、工、商、贾之分，各勤其业以相生相养，而无有乎希高慕外之心。其才能之异若皋、夔、稷、契者，则出而各效其能，若一家之务，或营其衣食，或通其有无，或备其器用，集谋并力，以求遂其仰事俯育[②]之愿，惟恐当其事者之或怠而重己之累也。故稷勤其稼，而不耻其不知教，视契之善教，即己之善教也；夔司其乐，而不耻于不明礼，视夷之通礼[③]，即己之通礼也。盖其心学纯明，而有以全其万物一体之仁，故其精神流贯，志气通达，而无有乎人己之分，物我之间。譬之一人之身，目视、耳听、手持、足行，以济一身之用。目不耻其无聪，而耳之所涉，目必营焉；足不耻其无执，而手之所探，足必前焉；盖其元气充周，血脉条畅，是以痒疴呼吸，感触神应，有不言而喻之妙。此圣人之学所以至易至简[④]，易知易

① 熙熙皞皞：意思是和乐宽广。

② 仰事俯育：出自《孟子·梁惠王上》。

③ 夷之通礼：出自《尚书·舜典》。

④ 至易至简：出自《周易·系辞上》第一章。

从，学易能而才易成者，正以大端惟在复心体之同然，而知识技能，非所与论也。

精彩解说

在正本清源的学说没有昌明于天下的时候，学习圣人的人，天天都会觉得内容繁琐，有可能沦落到夷狄、禽兽的地步，心里还觉得自己学的是圣人的学问。我的学说虽说眼下已经昌明于天下，也不过是才把西边的冻解开，东边的冰又结了；前面的雾扒拉开，后面的云又涌起。就是我不顾安危、一刻也不停地讲论说道，对拯救天下也起不到一点作用。

圣人的心和天地万物成为一体，在他看来，天下的人都是一样的，不会有远近内外的区别，只要是有生命的，都有自己的兄弟子女，就得教养他们，保证他们的安全，用来实现他与天地万物成为一体的信念。所有人的心，刚开始的时候和圣人的心一样，只不过是后来夹杂了私心，因物欲所蒙蔽，大公无私的心围绕自己的蝇头小利而转，本来没有阻碍的心被阻塞了，每个人都有私心，有的把兄弟姐妹父母看成仇人。因此圣人感到很担心忧虑，所以想用他那天地万物都是一体的仁爱来开导人们，让每个人都克制私欲，把蒙蔽清除掉，让人心得到恢复，做到和圣人一样的状态。圣人们把尧、舜、禹一脉相承的“道心惟微，惟精惟一，允执厥中”用来作为教化的根本精神，圣人把舜让契所推行的“父子有亲，君臣有义，夫妇有别，长幼有序，朋友有信”这五个方面作为教化的具体内容。在唐、虞的时代与夏、商、周三代，老师都教这些，学生也都学这些。在那个时候，每个人的观点都是统一的，每家的习惯也都是一致的，能实践这些内容的自然就都属于圣人了，经过努力可以做到的，就都属于贤人；不遵循这些的，即使像丹朱那样聪明，也是不肖的人。普通人就是在田间市井，从事农、工、商贸的，也学习这些内容，第一要务就是成就自己的品德。原因是什么呢？主要是因为那个时候不存在杂乱的见闻，也没有琐碎的东西要记住背诵，诗词也不是很多，也没有追求名利的东西，当时只要对待父母要孝顺，对待兄长要尊敬，对待朋友要忠信，恢复人心本体所共有的良知。这就证明人性中本来就有，没有必要从外面去求取，没有人做不到。

培养人的性德是学校的主要作用。人有不同的才能，有的擅长礼乐，有的擅长政治教化，有的擅长水利农事，要根据他们各自的资质进行教育，在学校里使他们的才干得到进一步提高，从人的德性出发，让他们一辈子担任某种职务。用人的人只要从同心同德、共同努力方面考虑，让天下人安居乐业，再看看被任用的人的才能能否称职，不能从身份的高低分出轻重，好坏也不能用职业不同区分。被任用的人也只需要同心同德、共同努力，就能让天下人安居乐业。假如任命的岗位适合自己，就是一辈子都从事繁重的工作也不会感觉辛苦，一辈子都干粗糙繁琐的工作也不会感觉卑贱。那个时候，人人都开开心心，像一家人一样亲。才能一般的人从事农、工、商贸的职业，任劳任怨，相互提供生活必需品，不存在攀比、嫉妒与羡慕，成为皋陶、夔、后稷、契一样杰出的人，当官发挥自己的才干。天下的事就好比一个家庭的事，有的人从事衣服、食物方面的劳作，有的人从事经商互通有无，有的人制造器具，大家一起出力，达成赡养父母、教育子女的心愿，人们所担心的只是怕自己不能尽到自己那份责任，所以都尽心尽责地去做。后稷从事农业劳动，并没有把自己才学不高当成耻辱，他推广了契的善于施教，当成自己的善教一样。夔从事音乐，也没有因为自己不通礼仪而感到耻辱，他把伯夷的通晓礼仪，当成也通晓礼仪一样。这都是源自他们纯明的心地，全部实现天地万物为一体的仁爱，因此他们的精神心气流畅贯通，不会有你我之分，也无人和万物的分别。就好像一个人的身体，眼睛用来看东西，耳朵用来听声音，手用来把持，脚用来行走，都是根据身体的需要而行动。眼睛不可能因自己听不到而觉得耻辱，耳朵听到声音时，眼睛也会去看。脚也不会因为自己不能拿东西而觉得耻辱，手伸出去拿东西的时候，脚也会向前走。因为人体元气十分充沛周行，血脉十分畅通，故此痒痛呼吸都被感觉到，并且有相应的神奇反应，拥有不言而喻的好处。因此，圣人的学问是十分通俗、十分简单，十分容易领会、容易践行的，学会掌握了，才能更好地发挥。圣学的重点就是恢复人心所共有的天理，关于具体的知识和技能，在这里我就不再多说了。

一四三

三代之衰，王道熄而霸术焻；孔、孟既没，圣学晦而邪说横。教者不复以此为教，而学者不复以此为学。霸者之徒，窃取先王之近似者，假之于外，以内济其私己之欲，天下靡然而宗之，圣人之道遂以芜塞，相仿相效，日求所以富强之说，倾诈之谋，攻伐之计，一切欺天罔人，苟一时之得，以猎取声利之术，若管、商、苏、张[1]之属者，至不可名数。既其久也，斗争劫夺，不胜其祸，斯人沦于禽兽夷狄，而霸术亦有所不能行矣。

世之儒者，慨然悲伤，搜猎先圣王之典章法制，而掇拾修补于煨烬[2]之余，盖其为心，良亦欲以挽回先王之道。圣学既远，霸术之传积渍已深，虽在贤知，皆不免于习染，其所以讲明修饰，以求宣畅光复于世者，仅足以增霸者之藩篱，而圣学之门墙遂不复可睹。于是乎有训诂之学，而传之以为名；有记诵之学，而言之以为博；有词章之学，而侈之以为丽。若是者纷纷籍籍，群起角立于天下，又不知其几家，万径千蹊，莫知所适。世之学者，如入百戏之场，欢谑跳踉、骋奇斗巧、献笑争妍者，四面而竞出，前瞻后盼，

---

① 管、商、苏、张：管，指管仲，春秋时人，帮助齐桓公成就春秋第一霸；商，指商鞅，卫国人，在秦国实行变法，让秦国国力大增；苏，指苏秦，战国时洛阳人，游说六国合纵拒秦，一度身佩六国相印；张，指张仪，战国时魏人，这四人都有杰出的治国才能。

② 煨烬：是指秦始皇三十四年（前213年）焚书。

应接不遑，而耳目眩瞀，精神恍惑，日夜遨游淹息其间，如病狂丧心之人，莫自知其家业之所归。时君世主亦皆昏迷颠倒于其说，而终身从事于无用之虚文，莫自知其所谓。间有觉其空疏谬妄，支离牵滞，而卓然自奋，欲以见诸行事之实者，极其所抵，亦不过为富强功利五霸[①]之事业而止。

圣人之学日远日晦，而功利之习愈趋愈下。其间虽尝瞽惑于佛、老，而佛、老之说卒亦未能有以胜其功利之心；虽又尝折衷于群儒，而群儒之论终亦未能有以破其功利之见。盖至于今，功利之毒沦浃于人之心髓，而习以成性也几千年矣。相矜以知，相轧以势，相争以利，相高以技能，相取以声誉。其出而仕也，理钱谷者则欲兼夫兵刑，典礼乐者又欲与于铨轴[②]，处郡县则思藩臬[③]之高，居台谏[④]则望宰执之要。故不能其事，则不得以兼其官；不通其说，则不可以要其誉。记诵之广，适以长其敖[⑤]也；知识之多，适以行其恶也；闻见之博，适以肆其辨也；词章之富，适以饰其伪也。是以皋、夔、稷、契所不能兼之事，而今之初学小生皆欲通其说，究其术。其称名借号，未尝不曰吾欲以共成天下之务，而其诚心实意之所在，以为不如是则无以济其私而满其欲也。

呜呼！以若是之积染，以若是之心志，而又讲之以若是之学

---

① 五霸：春秋五霸。

② 铨轴：铨是讲选官；轴，指要害部位，古代吏部的要职。

③ 藩臬：是指藩司和臬司。

④ 台谏：指御史台与谏议大夫。

⑤ 敖：原意指“教”。

术，宜其闻吾圣人之教，而视之以为赘疣、枘凿[1]，则其以良知为未足，而谓圣人之学为无所用，亦其势有所必至矣！

呜呼！士生斯世，而尚何以求圣人之学乎！尚何以论圣人之学乎！士生斯世而欲以为学者，不亦劳苦而繁难乎！不亦拘滞而险艰乎！呜呼！可悲也已！所幸天理之在人心，终有所不可泯，而良知之明，万古一日，则其闻吾拔本塞源之论，必有恻然而悲，戚然而痛，愤然而起，沛然若决江河而有所不可御者矣！

非夫豪杰之士无所待而兴起者，吾谁与望乎！

精彩解说

夏、商、周三个朝代以后，王道逐渐颓败，霸道兴盛起来。孔子、孟子死后，圣学陷入晦暗，邪说十分横行。教的人再也不教圣学，学的人再也不学圣学。提倡霸道的人，偷偷地用与三代先王相同的东西，借着外在的知识技能去达到自己的私欲，世上的人都把他们当成楷模，所以没人教圣学，也没有人学圣学了。世人一个跟着一个学，整天讨论穷兵黩武、倾轧欺瞒、征伐一兵的谋策，采用瞒天过海，用一时之能获得功名利禄的手段，比如管仲、商鞅、苏秦、张仪这样的人，数都数不过来。照这样下去，人们之间争斗不断，祸患无边，这些人就好比夷狄、禽兽，以至于连霸道之术都无法推行。

所以儒生们悲戚地感叹天下，艰难地寻找以往圣王的典章制度，从秦始皇焚书剩下的灰烬里拾掇修修补补，为的就是恢复先王之道。可是，圣学晦暗的时间太长了，再说霸术流传给人们造成了十分深重的影响，就算是贤明睿智的人也难免受污染。他们宣扬、修饰圣学，盼望圣学再次发扬光大，可真正的效果也只是增加了霸术的影响力，就连圣学的踪影也找不到。故此诞

---

① 赘疣、枘凿：意思是累赘、迂腐。

生了训诂学来解释古书字义，用虚名传授课程；用记诵学记诵圣言，用满口圣人之言充当博学；产生了辞章学作诗填词，以大力夸张追求文采。相似的学说吵嚷喧嚣，真可谓争奇斗艳，不清楚有多少家！因为流派众多，导致人们无所适从。天下学者就犹如踏进了民间百戏的舞台，从四面同时涌出欢呼跳跃、争奇斗巧、献媚取悦的戏子，让人前看后看，看不过来，让人眼花耳聋，精神恍惚，在里面日日夜夜沉溺游弋，就好比丧心病狂的人，不清楚自己的家在哪儿。就连那个时候的君王也在这类学问中沉迷倾倒，一辈子光做一些没有用的假文章，说了什么连他自己都不知道。就是有人感觉到这些学说荒诞没有意义，内容杂乱不通顺，也想发奋努力，打算用实际行动做点实事，但他们可做到的也只是像春秋五霸那样富国强兵、建功立业、追逐功名的霸业罢了。

圣人的学问越来越疏远、晦暗，功与利的风气却一天比一天盛行。这里面虽有被佛教、道教的学说迷惑的人，可是佛教、道教的学说到最后也没有办法把世人追逐名利的心战胜。虽说也有人想着用群儒的学说调和折衷，可是群儒的学说最后也没能战胜人们的功利之心。直到现在，功利的流毒还在侵蚀人们的灵魂，积习已经成性，经过数千年。人们在知识上互相夸耀，在权势上互相倾轧，在利益上互相争夺，在技能上互相攀比，在名声上互相竞争。做官的那些人，管着钱粮的还想兼管军事和司法，掌管礼乐的又想去参与吏部的事务，做郡县官的就想着到省里当主管人事、财政和司法的大官，监察要职的人还在窥伺着宰相的位子。原就没有这个方面的才能，按说就不能做这个方面的官；不精通某个方面的理论，按说就不能得到对应的荣誉，可是真实情况却是：他们擅长记忆，正好助长了傲慢；他们知识丰富，正好促使了作恶；他们见闻广博，让他们肆意诡辩；他们文采富丽，正好掩饰了虚伪。因此，皋陶、夔、后稷、契都不能兼做的事，如今才开始学的孩童都想知道那些理论，探究他们的方法。名义幌子被他们打出来，说我想完成所有人共同的事业，可他们的真正想法却是用这样的手段，满足他们的私欲。

唉！在这样的积习下深受影响，用这样的心态，再讲求这样的学问，他们听到我说圣人的教诲的时候，当然就会看作累赘和迂腐的学说。他们说良知属于短处，把圣人的学说当成没有用的东西，这是肯定的了！

唉，在这样时代生活的人，要如何寻求圣学呢？要如何谈论圣学呢？在这样的时代生活，还想着成为学圣之人，难道不是太艰难困苦吗？难道不是太艰难险峻吗？唉，真是可悲呀！让人感到欣慰的是天理自在人心，始终不会泯灭，即便良知的光明历经万古也不会改变。因此听了我正本清源的论述，有识之士一定会恻然而悲，慽然而痛，奋然而起，就犹如决堤的洪水一般无法阻挡。如果没有天下豪杰之士奋勇而起的英雄，我还能指望谁？

启问道通[1]书

一四四

吴、曾两生[2]至，备道道通恳切为道之意，殊慰相念！若道通，真可谓笃信好学者矣。忧病中，曾[3]不能与两生细论，然两生亦自有志向肯用功者，每见辄觉有进，在区区诚不能无负于两生之远来，在两生则亦庶几无负其远来之意矣。临别以此册致道通意，请书数语，荒愦无可言者，辄以道通来书中所问数节，略下[4]转语奉酬。草草殊不详细，两生当亦自能口悉也。

来书云："日用工夫只是立志。近来于先生诲言时时体验，愈益明白。然于朋友不能一时相离。若得朋友讲习，则此志才精健阔大，才有生意。若三五日不得朋友相讲，便觉微弱，遇事便会困，亦时会忘。乃今无朋友相讲之日，还只静坐，或看书，或游衍经

---

① 道通：周道通，江苏宜兴人，名充，号静庵。

② 吴、曾两生：王阳明学生，与周道通同门。

③ 曾：原作"会"，根据施氏《集要》改编。

④ 下：原作"干"，根据施氏《集要》改编。

行[1]，凡寓目措身，悉取以培养此志，颇觉意思和适。然终不如朋友讲聚，精神流动，生意更多也。离群索居[2]之人，当更有何法以处之？”

此段足验道通日用工夫所得，工夫大略亦只是如此用，只要无间断，到得纯熟后，意思又自不同矣。大抵吾人为学紧要大头脑只是立志，所谓困忘之病，亦只是志欠真切。今好色之人未尝病于困忘，只是一真切耳。自家痛痒，自家须会知得，自家须会搔摩得。既自知得痛痒，自家须不能不搔摩得。佛家谓之方便法门，须是自家调停斟酌，他人总难与力，亦更无别法可设也。

精彩解说

吴、曾二人到我这里，细致地说了你诚恳向道的志向，我感到很欣慰且想和念你见面。你这一类人，称得上笃信好学了。我如今是忧病之中，身体不允许和他俩细谈，不过他们两位也属于有志向并且肯用功的人，每回见面都看到他们的进步。我肯定不能辜负他们大老远来的诚意，也不能有负大老远来的期待。分别的时候，用写信的方式表示对你的想念，写几句话。我这时候昏聩糊涂，不晓得说什么好，就把道通你在信中问的几个问题简单地做个解释吧。几句话也不能怎么详细，他俩应该也会和你面对面地说吧。

你在信中写道：“平时的工夫只属于立志，最近体察验证了先生您的这一教诲，感觉就更加清楚了。不过我片刻也没有办法离开朋友，假如有朋友和我切磋，我的志向专注健全、广阔宏大，才能显得生机勃勃。假如和朋友相差三五天不互相切磋，志向就变得有点微弱，碰到事的时候就可能产生困惑，有时甚至会把志向忘记。在现在无朋友互相切磋的日子里，我只有静坐

① 游衍经行：是指漫游并且不经意地行走。

② 离群索居：出自《礼记·檀弓》，意思是说离开了人群独自一个人居住。

沉思，要不就看看书，要不无目的地漫游散步。每时每刻都记着存养这个心志，深深体会到自己内心的平和与舒适，但还是无法与朋友一起切磋的时候精神振奋、生机勃勃的感觉相比。过着独居生活的人，保持心志有没有更好的办法呢？”

你说的这些话完全验证了你平时用功的效果。立志的工夫大体就是这样，每天只要坚持，不间断，到工夫纯熟的时候，感觉就会不一样。正常说来，“立志”是做学问最重要的。要说有困惑健忘的问题，也不过属于立志还不是那么真切笃实。那些好色的人根本不可能存在困惑健忘的问题，其原因是他好色的欲望太真切了。自己知道自己哪里痛痒，自己挠痒就会解决。既然晓得痛痒，只有挠痒，佛教把这个说成“方便法门”。这肯定需要自己调整斟酌，别人始终没有办法助力，门道也没有更好的了。

一四五

来书云：“上蔡[①]尝问：‘天下何思何虑？’伊川云：‘有此理，只是发得太早[②]。’在学者工夫，固是‘必有事焉而勿忘’，然亦须识得‘何思何虑’底气象，一并看为是。若不识得这气象，便有‘正’与‘助长’之病。若认得‘何思何虑’而忘‘必有事焉’工夫，恐又堕于无也。须是不滞于有，不堕于无。然乎否也？”

所论亦相去不远矣，只是契悟未尽。上蔡之问与伊川之答，亦只是上蔡、伊川之意，与孔子《系辞》原旨稍有不同。《系》言“何思何虑”，是言所思所虑只是一个天理，更无别思别虑耳，

① 上蔡：这里是指谢良佐，河南上蔡人，人称上蔡先生，是程门四大弟子之一。
② 发得太早：出自《河南程氏遗书·上蔡语录》。

非谓无思无虑也，故曰“同归而殊途，一致而百虑，天下何思何虑”。云“殊途”，云“百虑”，则岂谓无思无虑邪？心之本体即是天理，天理只是一个，更有何可思虑得？天理原自寂然不动，原自感而遂通，学者用功，虽千思万虑，只是要复他本来体用而已，不是以私意去安排思索出来，故明道云：“君子之学，莫若廓然而大公，物来而顺应。”若以私意去安排思索，便是用智[①]自私矣。“何思何虑”正是工夫，在圣人分上便是自然的，在学者分上便是勉然的。伊川却是把作效验看了，所以有“发得太早”之说。既而云“却好用功”，则已自觉其前言之有未尽矣。濂溪“主静”[②]之论，亦是此意。今道通之言虽已不为无见，然亦未免尚有两事也。

精彩解说

你在来信讲道：“谢良佐问过天下考虑些什么，又担心些什么。伊川先生讲：‘有一些理，只由于生发得太早了。’打学者的工夫看来，当然是‘必有事焉而勿忘’，可是也一定得知道‘何思何虑’的气象，加起来想才行。假如不清楚这种气象，就会发生揠苗助长的弊端。假如清楚‘何思何虑’，却又不记得‘必有事焉’的工夫，担心还会处于虚无。想不累于‘有’，又不想坠于‘无’。这样解释怎么样？”

你讲的虽然有那么点意思，但还是不算领悟透彻。有关上蔡的问心和伊川先生的回答，也只代表他们的意思。这与孔子《系辞》中的原意略微不同。《系辞》里的“何思何虑”，是指所思所虑只属于一个天理，除了这些，别的思虑没有，并不代表说无思虑。所以说“同归而殊途，一致而百虑，天下何思何虑”。讲“殊途”，讲“百虑”，这不算思虑吗？心的本体

① 用智：明道答横渠先生《定性书》里的一句话。

② 主静：出自周敦颐《太极图说》。

就属于天理，天理仅有一个，还有别的什么想法呢？天理本来就属于宁静寂然的，感应了就可以贯通。学者下工夫，就是千思万虑，目的也只是想复原天理本来的本体和功用，而不能仗着自己的私心去左右思索出来。因此明道讲："君子做学问，就该心胸宽广、公正无私，有事就顺其自然。"假如仗着私心去左右思索，就属于把智慧放在了私欲上。"何思何虑"的目的是为了学功夫，在圣人看来这属于自然的，对学者来讲一定得下功夫才可能做到。伊川先生把这些当作下功夫的结果，因此他说"发得太早"，又讲"这正是必须下的工夫"，他已觉察前面讲得不齐全。濂溪主张静守的观点也类似这些。现在道通你的看法虽没见地，但依然存在时而累于有、时而陷入无的现象。

一四六

来书云："凡学者才晓得做工夫，便要识认得圣人气象[①]。盖认得圣人气象，把做准的，乃就实地做工夫去，才不会差，才是作圣工夫。未知是否？"

"先认圣人气象"，昔人尝有是言矣，然亦欠有头脑。圣人气象自是圣人的，我从何处识认？若不就自己良知上真切体认，如以无星之秤而权轻重，未开之镜而照妍媸，真所谓以小人之腹而度君子之心[②]矣。圣人气象何由认得？自己良知原与圣人一般，若体认得自己良知明白，即圣人气象不在圣人而在我矣。程子尝云："觑着尧，学他行事，无他许多聪明睿智，安能如彼之动容周旋中

① 圣人气象：出自《河南程氏遗书》卷二十二。

② 以小人之腹而度君子之心：出自《世说新语·雅量》，意思是拿小人的度量来衡量君子的心胸。

礼[①]？”又云：“心通于道，然后能辨是非。”[②]今且说通于道在何处，聪明睿智从何处出来。

精彩解说

你在来信中写道：“大部分学者才懂得做工夫，就得知道圣人气象。也许认识了圣人气象，拿圣人气象作为标准，去踏踏实实地下工夫，才不至于出问题，才属于成为圣人的工夫。该不该这样认为？”

“先认识圣人气象”，也有人这样说过，但是依然没抓住要点。圣人气象显然是圣人的，我们怎样去体会认识呢？假如不真切地从自己良知上认识，就犹如轻重是用没有准星的秤来衡量，美丑是用没有开光的镜来对照，真的成了用小人之腹度君子之心了。圣人气象怎样体认呢？我们自身的良知原来和圣人是相同的，假如把我们自身的良知体认弄懂了，圣人气象不在圣人了，我们自己身上就有。程子有说：“眼瞅着尧，跟着他学怎样做事，可不具备他那些聪明睿智，如何能如他那样一举一动都合乎礼仪呢？”程子还讲：“心和天道相通，接着才能分辨对错。”现在你讲你哪里和天道相通，你的聪明睿智是如何来的。

一四七

来书云：“事上磨炼[③]，一日之内不管有事无事，只一意培养本原。若遇事来感，或自己有感，心上既有觉，安可谓无事？但因

---

① “动容周旋中礼”：出自《孟子·尽心下》第三十三章，意思是举止仪容无不合于礼。

② 心通于道，然后能辨是非：出自《河南程氏遗书》卷五，意思是只要心和天理相通，才算明辨对错。

③ 事上磨炼：这里是指王阳明一再强调的功夫与解读“知行合一”“致良知”的经常说辞。

事凝心一会，大段觉得事理当如此，只如无事处之，尽吾心而已。然乃有处得善与未善，何也？又或事来得多，须要次第与处，每因才力不足，辄为所困，虽极力扶起，而精神已觉衰弱。遇此未免要十分退省[1]，宁不了事，不可不加培养。如何？”

所说工夫，就道通分上也只是如此用，然未免有出入在。凡人为学，终身只为这一事，自少至老，自朝至暮，不论有事无事，只是做得这一件，所谓“必有事焉”者也。若说“宁不了事，不可不加培养”，却是尚为两事也。必有事焉而勿忘勿助，事物之来，但尽吾心之良知以应之，所谓“忠恕违道不远”[2]矣。凡处得有善有未善，及有困顿失次之患者，皆是牵于毁誉得丧，不能实致其良知耳。若能实致其良知，然后见得平日所谓善者未必是善，所谓未善者却恐正是牵于毁誉得丧，自贼其良知者也。

精彩解说

你在信中写道：“存养需在事上锻炼，一天的时间里，不管有没有事，只要专心培养本体。倘若碰到事情有了触动，或自己有了感想，那么心里有了感觉，怎么会说没有事呢？可是依据事情认真想想，大体上感觉应该这样，只不过是当成无事一样看待，尽了自己的本心而已。但仍然存在处理得好与处理得不好这两种情况，这为啥呢？再就是事情有时会很多，但都得一个一个地来，经常会因为自己才力不够，而被事情所困扰，就是尽力坚持，也会感觉到已经很累。碰到这种状况，不免地要退下来自己反省一下，宁愿事情不做下去，也不可不存养本心。如此理解对吗？”

---

① 退省：出自《论语·为政》第九章，意思是下去反省。

② 忠恕违道不远：出自《中庸》第十三章。

你所讲的功夫，对你而言，也就这样了，可是难免也是有出入的。一般的人求学，一辈子就做这一件事。从小到大，从早到晚，不管有没有事，单做这一件，这就是所说的“必有事焉”。倘若说“哪怕事情不做完，也不可不存养本心”，就属于两件事了。所说的“必有事焉而勿忘勿助”，当有事时，我只要能尽心中的良知去做，就是所说的“忠恕违道不远”了。任何事都有处理好与不好的，有困扰、有失序的，都属于太在意得失，反而没能脚踏实地地实现良知。假如可以脚踏实地地实现良知，自然而然就会反映出平日里所说的处理得好的事情不一定就是好，处理得不好的，应该就是由于过于在意毁誉得失，而把自己的良知所致丢掉了。

一四八

来书云：“致知之说，春间再承诲益[1]，已颇知用力，觉得比旧尤为简易。但鄙心则谓与初学言之，还须带格物意思，使之知下手处。本来致知格物一并下，但在初学，未知下手用功，还说与格物，方晓得致知。”云云[2]。

格物是致知工夫，知得致知，便已知得格物。若是未知格物，则是致知工夫亦未尝知也。近有一书[3]，与友人论此颇悉，今往一通细观之，当自见矣。

精彩解说

你来信说：“致知的学问，春天里再次得到先生的教诲，不胜受益，已

① 春间再承诲益：春天里再次得到先生的教诲。

② 云云：等等。

③ 近有一书：最近我有一封书信。

经很清楚应该怎样用功，觉得比从前更加简易了。但是我心中认为对初学者讲说的时候，还一定要加上‘格物’的意思，让他们明白下功夫的地方。本来‘致知’和‘格物’应该是一起用功的，但对于初学者来说，不知道如何下手，所以还是先讲‘格物’，再明白‘致知’。”等等。

“格物”就是“致知”的功夫，知道“致知”就是已经知道了“格物”。如果不知道“格物”，那么连“致知”的功夫也就不曾知道。近来我有一封书信，与朋友谈论这个问题非常详细，现在寄去给你仔细看看，自然能够明白。

一四九

来书云：“今之为朱、陆之辨者尚未已，每对朋友言正学不明已久，且不须枉费心力为朱、陆争是非；只依先生‘立志’二字点化人，若其人果能辨得此志来，决意要知此学，已是大段明白了，朱、陆虽不辨，彼自能觉得。又尝见朋友中见有人议先生之言者，辄为动气。昔在朱、陆二先生所以遗后世纷纷之议者，亦见二先生工夫有未纯熟，分明亦有动气之病，若明道则无此矣。观其与吴涉礼论介甫之学[1]，云：‘为我尽达诸介甫，不有益于他，必有益于我也[2]。’气象何等从容！尝见先生与人书[3]中亦引此言，愿朋友皆如此。如何？”

此节议论得极是极是，愿道通遍以告于同志，各自且论自己

①吴涉礼：字安仲，杭州人。介甫：指王安石，王安石字介甫，号半山，江西临川人。

②为我尽达诸介甫，不有益于他，必有益于我也：请把我的全部观点转达给介甫先生，假如对他没有什么好处，就一定对我有好处。

③与人书：这里是指王阳明写的《答汪石潭内翰》里的一句话。

是非，莫论朱、陆是非也。以言语谤人，其谤浅；若自己不能身体实践，而徒入耳出口，呶呶度日，是以身谤也，其谤深矣。凡今天下之论议我者，苟能取以为善，皆是砥砺切磋我也，则在我无非警惕修省进德之地矣。昔人谓“攻吾之短者是吾师”[①]，师又可恶乎？

精彩解说

你来信说：“如今为朱熹、陆九渊争辩的还大有人在。我常常对朋友们说，圣学不昌明已经很久了，并不需要枉费心机来为朱陆的学说争论是非，只凭着先生‘立志’两个字来指点人。如果这个人真能辨别这个志向，决心要学习圣学，那他已经大体上算是明白了。朱与陆的谁是谁非，他自己也能觉察出来。我也常常看到朋友当中有人看到旁人有非议先生的言论时，就非常生气。以前，朱陆两位先生遗留给后世诸多争议，说明两位先生的功夫有不够纯熟的地方，分明有意气用事的毛病。像明道先生就没有这样的问题。他与吴涉礼谈论王介甫的学问时，曾说：‘请替我向介甫先生转达我的全部观点，即使这对他没有好处，也一定对我有益。’这是何等从容的气度！我曾经看到先生给别人的书信中也引用这句话，希望朋友们都能这样，是吗？”

你这段话讲得非常非常对，希望道通你能够告诉所有朋友，每个人只需审视自己的不足，不要去议论朱陆的是非。用语言来诽谤他人，这种诽谤很肤浅，如果自己不能亲身实践，而只是随便听听说说，唠唠叨叨度日，这是用行动诽谤，这种诽谤的错误就深重了。现在天下凡是非议我的，如果能使我从中得到好处，那都是对我的磨砺切磋，我无非把他当作是警惕反省，当作是增进品德之处。荀子曾说“攻击我缺点的人是我的老师”，我怎会对老师产生厌恶呢？

---

① 攻吾之短者是吾师：出自《荀子·修身》，意思是指出我的缺点的人是我的老师。

一五〇

来书云："有引程子'人生而静[①]，以上不容说，才说性，便已不是性'，何故不容说？何故不是性？晦庵答云：'不容说者，未有性之可言；不是性者，已不能无气质之杂矣[②]。'二先生之言皆未能晓，每看书至此，辄为一惑，请问。"

"生之谓性"，"生"字即是"气"字，犹言气即是性也。气即是性。人生而静，以上不容说，才说气即是性，即已落在一边，不是性之本原矣。孟子"性善"，是从本原上说。然性善之端须在气上始见得，若无气，亦无可见矣。恻隐、羞恶、辞让、是非即是气，程子谓"论性不论气，不备；论气不论性，不明"[③]，亦是为学者各认一边，只得如此说。若见得自性明白时，气即是性，性即是气，原无性气之可分也。

精彩解说

你在来信中写道："有人拿程子说的'人从一生下来就处于一种静中，这种静以上的状态是无法说的，这才讲了性时，就已经不是性了'这句话请教朱熹为何不能说，是什么原因说了就不属于性，朱晦庵答道：'不可以说的原因是没有性可讲，不属于性，证明早已没有可能里面不掺杂气质。'

① 人生而静：出自《礼记·乐记》第十一节，意思是人天生就是静的。

② 已不能无气质之杂矣：出自《朱子文集》卷六十一《答严时亨》之一，意思是说早已经不可能无气质糅合在里面了。

③ 论性不论气，不备；论气不论性，不明：这句话出自《河南程氏遗书》卷六，意思是论性不论气，不算全面，论气不论性，不算明朗。

他俩讲的，我都不明白，回回读到这里，心理就有这个疑问，今特地请教先生。

我自己认为，“生之谓性”里面的“生”就是指“气”，也可以理解为“气”就是“性”。人天生就处于静中，这以上就不讲了，要是说了“气”就是“性”，这个性就属于跑偏了，不属于性原来的状态了。有关孟子的性善论，他是根据性的本原讲的。可是性善的开始，必定得通过气才能显现，假如不存在气，也就没有办法看到。恻隐、羞恶、辞让、是非都属于气。程子讲的“论性不论气，就显得不齐全了；论气不论性，就显得不明朗了”，这是因为做学问的人常常只会看到一个方面，所以也就只能这么讲了。假如可以弄清楚自己的天性的话，可以把气理解为性，性理解为气，其实性与气本来也没有多大的区别。

答陆原静[1]书

一五一

来书云[2]："下手工夫，觉此心无时宁静。妄心固动也，照心亦动也；心既恒动，则无刻[3]暂停也。"

是有意[4]于求宁静，是以愈不宁静耳。夫妄心则动也，照心非动也；恒照则恒动恒静，天地之所以恒久而不已也。照心固照也，妄心亦照也；"其为物不贰[5]，则其生物不息"，有刻暂停则息矣，非"至诚无息"之学矣。

精彩解说

陆澄来信写道："着手做功夫时，感觉这个心没有一会儿是安宁的。妄心在动，照心也在动，心就一直在动，难道就没有片刻停歇了吗？"

---

① 陆原静：指陆澄。

② 来书云：来信说。

③ 无刻：无时。

④ 有意：刻意。

⑤ 其为物不贰：照心和妄心不能分为两件事物。

要是有意地追求平静，就会越发地不能得到平静，妄心属于活动的，照心不是活动的。心只要明澈，就永远是活动的，与此同时也永远是平静的，天地之间的一切也会因此一直运动着。照这样看来，照心要是明澈的，妄心也一定是明澈的，因为照心和妄心是相连的事物，只要是有生命的也会一直运动着，假如停息了，那么生命也就死亡了，这就不属于至诚而没有止境的学问了。

一五二

来书云“良知亦有起处”[①]云云。

此或听之未审[②]。良知者，心之本体，即前所谓恒照者也。心之本体，无起无不起，虽妄念之发，而良知未尝不在，但人不知存[③]，则有时而或放耳；虽昏塞之极[④]，而良知未尝不明，但人不知察，则有时而或蔽耳。虽有时而或放，其体实未尝不在也，存之而已耳；虽有时而或蔽[⑤]，其体实未尝不明也，察之而已耳。若谓良知亦有起处，则是有时而不在也，非其本体之谓矣。

精彩解说

你来信写道：“良知也有开始之处。”等等。这也许是你没有听清楚，良知属于心的本体，就像上面所说的恒常的照心。心的本体，没有什么开始不开始的，就是有妄的想法，也不代表良知就不存在，只是人们不明白良知

---

① 良知亦有起处：良知也有开始的地方。

② 此或听之未审：这也许是你没有听明白。

③ 但人不知存：但是人不懂得存养良知。

④ 虽昏塞之极：即使昏聩闭塞到极限。

⑤ 虽有时而或蔽：虽然良知有时候被蒙蔽。

要存养，所以有的时候它就会被放失。就是昏聩闭塞到极限，良知也不是不明朗，只因为人不懂得省察良知，所以有时候就会被蒙蔽。良知虽然有时候被放失，但是良知的本体依然存在，只要存养它就行了。良知虽然有时候被蒙蔽，但是本体不一定不明朗，只要时时省察就行。假如说良知也有开始之处，就可能会有良知原先不存在的想法，这就不属于良知的本体之说了。

一五三

来书云："前日精一之论，即作圣之功否[①]？"

"精一"之"精"以理言[②]，"精神"之"精"以气言。理者气之条理，气者理之运用；无条理则不能运用[③]，无运用则亦无以见其所谓条理者矣。精则精，精则明，精则一，精则神，精则诚；一则精，一则明，一则神，一则诚：原非有二事也。后世儒者之说与养生之说各滞于一偏[④]，是以不相为用。前日"精一"之论，虽为原静爱养精神而发[⑤]，然而作圣之功实亦不外是矣。

精彩解说

你的来信中说道："前几日先生讲的'精一'这个论点，属于做圣人的功夫吗？"

"精一"中的精属于从理方面讲，"精神"中的"精"属于气质。理属于气质的条理；气属于理的运筹。条理不存在就没有运筹之说。没有运筹也

① 即作圣之功否：就是做圣人的功夫吗？

② "精一"之"精"以理言："精一"里的"精"属于从理上讲的。

③ 无条理则不能运用：没有条理也就不可以运用。

④ 各滞于一偏：各自偏向一边。

⑤ 虽为原静爱养精神而发：虽然是相对于原静喜欢存养精神而讲的。

就不能体现条理。精就要求精细，精就明朗，精就专一，精就神圣，精就诚心。一就能做到精细，一就明朗，一就神圣，一就诚心。精和一原来就是一回事。可是后世儒者与道家养生，他们的学说都各偏向了一边，所以就不能互相通用了。我前几日讲过“精一”这个论点，只不过是相对原静喜欢存养精神说的，但是做圣人的功夫，也就是这些了。

一五四

来书云“元神、元气、元精[1]，必各有寄藏发生之处，又有真阴之精、真阳之气”云云。

夫良知一也，以其妙用而言谓之神，以其流行而言谓之气，以其凝聚而言谓之精，安可以形象方所求哉？真阴之精，即真阳之气之母；真阳之气，即真阴之精之父；阴根阳，阳根阴[2]，亦非有二也。苟吾良知之说明，则凡若此类，皆可以不言而喻。不然，则如来书所云“三关[3]七返九还”之属，尚有无穷可疑者也。

精彩解说

你来信写道“元神、元气、元精肯定都有自己藏身的地方，还有真阴的精、真阳的气”等等。

良知是唯一的，单从它的奇妙用处来说真的可以称得上是神，从它的流行方面来说真的可称得上是气，从它的凝聚方面来讲真的可以称得上是精，如何从它的形象、方位、处所方面来探索呢？真阴里的元精，属于真阳气的

① 元神、元气、元精：这里指道教所说的三元。

② 阴根阳，阳根阴：这里是讲阴和阳相互作为根据，动和静也相互作为根据。

③ 三关：有的说是指口、手、足，也有的说是指耳、目、口，还有的是说人身上的三处穴位。

母体；真阳里的元气，属于真阴精的父体。阴生阳，阳又生阴，都属于一个整体。假如我的良知学说可以在天下昌明，像这样的问题就都能很容易解答了。要不，你的信中说的“三关、七返、九还”这些，依旧还有很多疑问。

又

一五五

来书云："良知，心之本体[①]，即所谓性善也，未发之中也，寂然不动之体也，廓然大公也。何常人皆不能而必待于学邪？中也，寂也，公也，既以属心之体，则良知是矣。今验之于心，知无不良，而中、寂、大公[②]实未有也。岂良知复超然于体用之外乎？"

性无不善，故知无不良[③]，良知即是未发之中，即是廓然大公，寂然不动之本体，人人之所同具者也。但不能不昏蔽于物欲，故须学以去其昏蔽，然于良知之本体，初不能有加损于毫末也[④]。知无不良，而中、寂、大公未能全者，是昏蔽之未尽去，而存之未纯耳。体即良知之体，用即良知之用，宁复有超然于体用

---

① 心之本体：心的本体。

② 中、寂、大公：指中和、寂然、大公无私的品质。

③ 故知无不良：所以知没有不良的。

④ 初不能有加损于毫末也：开始对良知没有半点损害。

之外者乎[1]？

精彩解说

你在信中说道："良知属于心的本体，这是指性善，是感情没有发生时的中正，属于寂然不动的本体，属于廓然大公，为什么一般人得通过学习才能达到这种地步呢？要是中和、寂然以及大公无私的品德，都是心的本体，那就属于良知了。现在经过心中的验证，知无有不良的，可是中和、寂然以及大公无私的品德也许不一定真的存在。所以说，良知不能超然于体用之外。"

性无有不善的，因此知也无有不良的。良知属于没有发出来的中和，就属于廓然大公，寂然不动的本体，每个人都有。可是不能幸免物欲的遮蔽，只有通过不断的学习才能去除昏聩与蒙蔽。到最后不会对良知的本体有一点的损害。知无有不良的，中和、寂静、大公无私的品德没有完全具备的原因，是昏聩与蒙蔽还没被彻底驱除，良知的存养也不是太纯粹。体属于良知的本体，用属于良知的作用，哪有超然于体用之外的良知？

一五六

来书云："周子[2]曰'主静'，程子曰'动亦定，静亦定[3]'，先生曰'定者心之本体'，是静定也，决非不睹不闻、无思无为之谓，必常知、常存、常主于理之谓也。夫常知、常存、常主于理，

① 宁复有超然于体用之外者乎：哪里有超然于体用之外的良知呢？

② 周子：指周敦颐。

③ 动亦定，静亦定：出自程颢的《明道先生文二·答横渠张子厚先生书》里的一句话。

明是动也，已发也，何以谓之静[1]？何以谓之本体？岂是静定也，又有以贯乎心之动静者邪？”

理无动者也。“常知、常存、常主于理”，即“不睹不闻、无思无为”之谓也。不睹不闻，无思无为，非槁木死灰之谓也。睹、闻、思、为，一于理，而未尝有所睹、闻、思、为，即是动而未尝动也，所谓“动亦定，静亦定”，体用一原者也。

精彩解说

你的来信中写道：“周敦颐讲主静，程子讲动也定，静也定，您讲定是心的本体，这里讲的静与定，一定不会是不看不停，不想不做，一定得是常知常存，常主天理。分明属于动，是已发，如何能说属于静呢？如何能说是本体呢？是这个静定下来，又贯穿于心的动静之中吗？”

天理属于不动。有时认知，有时存养，有时遵循天理，就属于不看不听，不想不做的意思。不看不听，不想不做也不是身像槁木，心像死灰，这里说的看、听、想、做别的事，就属于所谓的动，却又没有动。所说的“动也定，静也定”，就属于本体与作用原本就是一样的意思。

一五七

来书云：“此心未发之体，其在已发之前乎？其在已发之中而为之主乎？其无前后内外而浑然一体者乎？今谓心之动静者，其主有事无事而言乎？其主寂然感通而言乎？其主循理从欲而言乎？若以循理为静，从欲为动，则于所谓‘动中有静，静中有

[1] 明是动也，已发也，何以谓之静：分明属于动了，而且已经发了，为什么还说是静呢？

动，动极而静，静极而动’[①]者不可通矣。若以有事而感通为动，无事而寂然为静，则于所谓‘动而无动，静而无静’[②]者不可通矣。若谓未发在已发之先，静而生动，是至诚有息也，圣人有复[③]也，又不可矣。若谓未发在已发之中，则不知未发已发俱当主静乎？抑未发为静而已发为动乎？抑未发已发俱无动无静乎？俱有动有静乎？幸教。”

“未发之中”即良知也，无前后内外而浑然一体者也。有事无事，可以言动静，而良知无分于有事无事也。寂然感通，可以言动静，而良知无分于寂然感通也。动静者所遇之时，心之本体固无分于动静也。理无动者也，动即为欲，循理则虽酬酢万变而未尝动也，从欲则虽槁心一念而未尝静也。动中有静，静中有动，又何疑乎？有事而感通，固可以言动，然而寂然者未尝有增也。无事而寂然，固可以言静，然而感通者未尝有减也。动而无动，静而无静，又何疑乎？无前后内外而浑然一体，则至诚有息之疑不待解矣。未发在已发之中，而已发之中未尝别有未发者在；已发在未发之中，而未发之中未尝别有已发者存，是未尝无动静，而不可以动静分者也。

凡观古人言语，在“以意逆志”[④]而得其大旨，若必拘滞于文

---

① 动中有静，静中有动，动极而静，静极而动：出自朱熹注《周子通书·动静第十六》。

② 动而无动，静而无静：出自《周子通书·动静第十六》。

③ 圣人有复：出自《周子通书》第三章，意思是圣人一定会回复到德性。

④ 以意逆志：出自《孟子·万章上》第四章。

义，则“靡有孑遗”者，是周果无遗民也。周子“静极而动”之说，苟不善观，亦未免有病。盖其意从“太极动而生阳，静而生阴”说来。太极生生之理，妙用无息，而常体不易。太极之生生，即阴阳之生生。就其生生之中，指其妙用无息者而谓之动，谓之阳之生，非谓动而后生阳也。就其生生之中，指其常体不易者而谓之静，谓之阴之生，非谓静而后生阴也。若果静而后生阴，动而后生阳，则是阴阳动静截然各自为一物矣。阴阳一气也，一气屈伸而为阴阳；动静一理也，一理隐显而为动静。春夏可以为阳为动，而未尝无阴与静也；秋冬可以为阴为静，而未尝无阳与动也。春夏此不息，秋冬此不息，皆可谓之阳、谓之动也；春夏此常体，秋冬此常体，皆可谓之阴、谓之静也。自元、会、运、世、岁、月、日、时，以至刻、杪、忽、微，莫不皆然，所谓动静无端，阴阳无始，在知道者默而识之，非可以言语穷也。若只牵文泥句，比拟仿像，则所谓心从《法华》转，非是转《法华》矣。[①]

精彩解说

你在来信中写道：“人心未发的本体，属于在已发之前呢，还是属于在已发之中，并主导着已发？或许属于未发，已发没有先后内外之分，而是一体的呢？现在所讲的心动与静，相对于有事无事说的，还是相对于寂静不动、感应相通说的，或是相对于遵循天理、顺从欲望的时候是运动的，要是这么说动中有静，静中有动，动极而静，静极而动就对了。要是用有事感应为运动，没事寂静就为静止，要这样认为动而不动，静而不静也同样不对。

① 心从《法华》转，非是转《法华》：这句话出自《六祖坛经》，意思是应该巧妙运用《法华经》的悟境，而不是拘束于《法华经》的文字。

要是说未发在已发的前面，静由动而产生，至诚就又会停息，圣人一定会回复到德性，这样说又讲不通了。要是说未发已经在已发的当中，是不是未发与已发都主宰静呢？还是静被未发主宰，动被已发主宰，或者未发与已发都属于无动无静，有动有静呢？还请老师赐教。”

“未发之中”属于良知，无内外前后的区别，它们是浑然一体的。有事没事都用动静表示，可是良知不能分有事没事。寂静不动、感应相通都能用动静说，可是良知没有寂静感应。动和静属于随着时间来变化的，心的本体原本没有运动与静止。天理属于固定静止不变的，动就属于私欲。从天理上说，那么千变万化也就不动了，顺从私欲，就是心中仅有那么一念也就不属于静了。动中有静，静中有动，这没有什么可值得怀疑的了。有事感应相连，固然能说属于动，可是寂静不动良知也不会增加多少。无事寂静不动，固然能说属于静，可是感应相通的良知也没有减少什么。动而不动，静而无静，还有什么可怀疑的？良知不分前后内外，属于浑然一体，这样对至诚有息的疑问也就迎刃而解了。未发就在已发当中，可已发当中没有另外的未发；已发就在未发当中，但未发当中没有另外的已发。这里不是没有动静，只不过是用动静来区分罢了。

只要观察古人的言论，用心体察古人的良苦用心，然后就会明白他们的主旨。假如非要纠结文字，“没有一个遗留在世”这句就应该理解成周朝当真没有遗民了。周子“静极而动”的学说，假如不好好体察，就免不了出点差错，这源于他的意思是从“太极动而生阳，静而生阴”上说的。太极运动变化的理论是非常奇妙的，但它的本体是永恒不变的。太极运动的变化属于阴阳的运动变化，在它的运动变化中。就它的奇妙之处属于动，就属于阳的产生，并不是运动后才产生阳；在它的变化运动中，就它本体永远不变属于静，就属于阴的产生，并不是静止后才有的阴。假如真的是静止后才产生阴，阳是运动后才产生，这样的说法证明阴阳、动静属于根本不同的两个事物。阴阳属于一种气，阴阳是由于气的伸缩产生的；动静属于一个理，理的隐藏和出现就属于动静。春季与夏季成是阳与动，但不代表阴与静不存在。秋季与冬季可说成阴与静，但同样不代表没有阳与动。春夏秋冬是变化没有止境的，都属于阳，属于动；春夏秋冬的本体属于永恒没有变化的，都属于阴，属于静。从元、会、运、世、岁、月、日、时，直到刻、秒、忽、微，皆属于这样。所说的动静无有开始，阴阳也无有开始，对知道天道的人来讲，会一点点地体会，而不会都用语言表达。假如只是纠结文字，比附模仿，那可就属于心跟着《法华》转，而不是《法华》跟着心转了。

一五八

来书云："尝试于心，喜怒忧惧之感发也，虽动气之极，而吾心良知一觉，即罔然消阻[①]，或遏于初，或制于中，或悔于后。然则良知常若居优闲无事之地而为之主，于喜怒忧惧若不与焉者，何欤？"

知此则知未发之中，寂然不动之体，而有发而中节之和，感而遂通之妙矣[②]。然谓良知"常若居于优闲无事之地"，语尚有病[③]。盖良知虽不滞于喜怒忧惧，而喜怒忧惧亦不外于良知也。

精彩解说

你在信中讲道："过去在心里试过，喜怒哀乐产生的时候，就是非常生气，只要心里的良知一发觉，就能一点点消解掉，有的是在刚开始生气的时候，有的是在生气的中途，都会消除掉，只不过有的时候得等到事后才会悔悟。可是良知一般都是在悠闲没有事的时候才会成为主宰，这好像和喜怒哀乐不沾边，这是什么原因呢？"

---

① 即罔然消阻：就能一点点消解掉。

② 感而遂通之妙矣：感而遂通的奇妙之处。

③ 语尚有病：话尚有纰漏。

你清楚了这一点，就明白未发里的寂然不动的本体了，就悟出发而中节的平和与感而遂通的奇妙之处了。单指良知经常像是在悠闲没事的时候出现，这样认为是有纰漏的，良知虽说不在喜怒哀乐中停留，但喜怒哀乐也不会超脱良知。

一五九

来书云："夫子昨以良知为照心[①]。窃谓：良知，心之本体也；照心，人所用功，乃戒慎恐惧之心也，犹思也。而遂以戒慎恐惧为良知，何欤[②]？"

能戒慎恐惧者，是良知也。

精彩解说

你在信中讲道："先生昨天把良知解释成照心。我认为，良知属于心的本体，照心属于人下的功夫，属于戒慎恐惧的心，就好比思想。可是先生却说戒慎恐惧是良知，这是怎么回事呢？"

能使人戒慎恐惧的，就属于良知。

一六〇

来书云："先生又曰'照心非动也'，岂以其循理而谓之静欤[③]？'妄心亦照也'，岂以其良知未尝不在于其中，未尝不明于

---

① 良知为照心：良知解释成照心。

② 何欤：这是怎么回事呢？

③ 岂以其循理而谓之静欤：是因为他遵循天理，所以就能说它属于静？

其中，而视听言动之不过则者，皆天理欤[①]？且既曰妄心，则在妄心可谓之照，而在照心则谓之妄矣。妄与息何异？今假妄之照以续至诚之无息，窃所未明，幸再启蒙。”

“照心非动”者，以其发于本体明觉之自然，而未尝有所动也[②]。有所动即妄矣。“妄心亦照”者，以其本体明觉之自然者未尝不在于其中，但有所动耳。无所动即照矣。无妄无照，非以妄为照、以照为妄也。照心为照，妄心为妄，是犹有妄有照也。有妄有照则犹贰也，贰则息矣[③]。无妄无照则不贰，不贰则不息矣。

精彩解说

你在信中说道：“先生又讲‘照心不是动也’，是因为它遵循天理，所以就能说它属于静？‘妄心亦照也’，是由于良知没有在妄心中，没有在妄心中澄清，人的视觉听力言论动作能不超过准则，都属于天理的作用吗？那么谈到妄心，就针对妄心讲，其中也存在照心；针对照心，其中存在妄心。妄与息能有什么不同？倘若把妄心中的照和至诚无息连在一起，我就不懂了，还请先生赐教。”“照心非动”，是由于它产生在本体自然的明觉，但没有什么活动，只要有一点活动就属于妄。“妄心亦照”，是说本体自然而然的明觉在妄心当中，只因为有所活动罢了，没活动就属于照。无妄无照，并不属于把妄心看成照心，拿照心当成妄心。要是以为照心属于照，妄心属于妄，这属于依然有妄有照。有妄有照，就属于把妄心与照心分为两个心，良知就停息了。无妄无照，就是把妄心与照心看成一体，整体就不会停息，这属于至诚而不停息的良知了呀！

---

① 皆天理欤：都属于天理的作用吗？

② 而未尝有所动也：但没有什么活动，只要有一点活动就属于妄了。

③ 有妄有照则犹贰也，贰则息矣：有妄有照，就属于把妄心与照心分为两个心，良知就停息了。

一六一

来书云："养生以清心寡欲为要[①]。夫清心寡欲，作圣之功毕矣。然欲寡则心自清。清心非舍弃人事而独居求静之谓也。盖欲使此心纯乎天理，而无一毫人欲之私耳。今欲为此之功[②]，而随人欲生而克之，则病根常在，未免灭于东而生于西。若欲刊剥洗荡于众欲未萌之先，则又无所用其力，徒使此心之不清。且欲未萌而搜剔以求去之，是犹引犬上堂而逐之也[③]，愈不可矣。"

必欲此心纯乎天理，而无一毫人欲之私，此作圣之功也。必欲此心纯乎天理，而无一毫人欲之私，非防于未萌之先而克于方萌之际不能也。防于未萌之先而克于方萌之际，此正《中庸》"戒慎恐惧"、《大学》"致知格物"之功，舍此之外，无别功矣。夫谓"灭于东而生于西""引犬上堂而逐之"者，是自私自利、将迎意必之为累，而非克治洗荡之为患也。今曰"养生以清心寡欲为要"，只"养生"二字，便是自私自利、将迎意必之根[④]。有此病根潜伏于中，宜其有"灭于东而生于西""引犬上堂而逐之"之患也。

---

① 养生以清心寡欲为要：养生把清心寡欲作为重要的方面。

② 今欲为此之功：现在要做这种功夫。

③ 是犹引犬上堂而逐之也：是想着把狗引进屋子里，再驱赶它。

④ 将迎意必之根：打算做了就必须从根本上去除。

精彩解说

你在信中写道："清心寡欲是养生最关键的。清心寡欲圣人的功夫就得完成。可是寡欲后，心也就自然而然地清明了。清心不是不让做人事，通过隐居一个人生活追求宁静，主要是让心纯然天理，不存在一点私欲。如今要做这种功夫，跟着私欲的发生去克制，只不过这样做病根依然存在，不可避免东边克制住了，西边又冒出来了。要想在各种私欲发生前就克制住，还不知道从哪里下手，反而弄得自己的心变得不清明。何况，在私欲发生前就到处寻找，然后把它克制掉，就犹如放狗进屋，再把它赶出去，这样做感觉更不好。"

必须让这种心纯乎天理，没有一点私欲，这才算是做圣人的功夫。必须要让这种心纯乎天理，没有一点私欲，不是在私欲发生前才加以克制，把它克制在发生的时候，这样做不对。在私欲产生前就防范，把它克制在发生的时候，这属于《中庸》里的"戒慎恐惧"，以及《大学》里的"致知格物"说的功夫。除了这些外没有别的功夫了。至于东边克制掉，西边又冒出来，让狗进屋，再驱赶它，这都属于自私自利，来回没有一点效益，主观方面刻意的结果，并不算是从根本上真正去除的问题。现在讲"清心寡欲是养生最关键的"，但是"养生"这两个字，就代表着自私自利，刻意追求，这属于事情的根源，心中有这个根源存在，才会导致东边的私欲克制掉了，西边的私欲就会又冒出来，让狗进屋，再把它赶出去的情况。

一六二

来书云："佛氏于不思善不思恶时认本来面目[1]，与吾儒'随物而格'之功不同。吾若于不思善不思恶时用致知之功，则已涉

① 不思善不思恶时认本来面目：出自《六祖坛经·行由品》，意思是不刻意去追求善，也不刻意于躲避恶，处于一种自然平和心态下来体认本心。

于思善矣。欲善恶不思，而心之良知清静自在，惟有寐而方醒之时耳。斯正孟子‘夜气’之说。但于斯光景不能久，倏忽之际，思虑已生。不知用功久者，其常寐初醒而思未起之时否乎？今澄欲求宁静，愈不宁静，欲念无生，则念愈生，如之何而能使此心前念易灭，后念不生，良知独显[①]，而与造物者游乎？”

“不思善不思恶时认本来面目”，此佛氏为未识本来面目者设此方便。“本来面目”即吾圣门所谓“良知”。今既认得良知明白，即已不消如此说矣。“随物而格”，是“致知”之功，即佛氏之“常惺惺”，亦是常存他本来面目耳。体段工夫，大略相似[②]。但佛氏有个自私自利之心，所以便有不同耳。今欲善恶不思，而心之良知清静自在，此便有自私自利、将迎意必之心，所以有不思善、不思恶时用致知之功，则已涉于思善之患。孟子说“夜气”，亦只是为失其良心之人指出个良心萌动处，使他从此培养将去。今已知得良知明白，常用致知之功，即已不消说夜气；却是得兔后不知守兔，而仍去守株[③]，兔将复失之矣。欲求宁静，欲念无生，此正是自私自利、将迎意必之病，是以念愈生而愈不宁静。良知只是一个良知，而善恶自辨[④]，更有何善何恶可思？良知之体本自宁静，今却又添一个求宁静；本自生生，今却又添一个欲无生，非独圣门致知之功不如此，虽佛氏之学亦未如此将迎意必也。只是一

① 良知独显：仅仅让良知存在。

② 大略相似：大致一样。

③ 守株：出自《韩非子·五蠹》里的一个成语故事。

④ 而善恶自辨：然而善与恶自己就能分辨出来。

念良知，彻头彻尾，无始无终[1]，即是前念不灭，后念不生。今却欲前念易灭而后念不生，是佛氏所谓断灭种性，入于槁木死灰之谓矣。

精彩解说

你在信中写道：“佛教属于在不思善、不思恶里认识本来面目，和我们儒家从事物详细情况去考虑事理所说的工夫不一样。儒家下致知的工夫是在不思善、不思恶的时候，这样做早已涉及思善了。想达到不思恶，使心理的良知保持在清静自在的状态，也许只有觉刚醒的时候，这就是孟子所说的‘夜气’。不过这个状态不可能保持很久，一眨眼的工夫就会产生思虑。不晓得用功时间久的圣人，能不能经常如刚睡醒时，还没有思虑发生的情况？现在我打算去掉私欲以求安宁，可是越想越不能安静下来；打算不生杂念，然而杂念却越来越多。如何才能让原先就有的杂念剔除，还没有产生的杂念不生，只留下良知，并且能和大道理合在一起呢？”

“不思善、不思恶中认识本来面目”，这个方便途径是佛教给那些不知道本来面目的人设的。圣学所说的良知就是本来面目。如今既然能认清良知了，就不必说了。“根据事物的具体情况去研究事理”，属于致知的工夫，也就是佛教的“常惺惺”，可说是常存他的本来面目罢了。他们的形式与工夫大体一样，不过佛教存有自私自利的心，和儒家有了不一样。现在想刻意追求不思善恶，但让心中良知保持清静自在，这就属于自私自利的心了，因此才会有不思善、不思恶中用致知的工夫，这早就牵涉到思善的毛病了。孟子说的‘夜气’，不过是为那些失了良心的人指明良心产生的地方，然后希望他们能从这里去培养良知。现在已清楚认识良知，经常用致知的工夫，也就没有必要说‘夜气’了，否则就造成到手的兔子不晓得看住，而是守着树，导致兔子再次跑掉。想找安静，欲念无生，这才是自私自利、刻意追求的弊病，所以欲念生得越严重，心中就会越发地不宁静。良知仅有一个，可

---

① 彻头彻尾，无始无终：从头到脚，没有始终。

以自然分辨善恶，哪里还存在什么善恶？良知原本就是宁静的，如今却想着再加一个求宁静；良知原本就是充满生机的，如今却又多想加一个不生杂念，不只是圣学的致知工夫不能这样，就连佛教也不会这样刻意追求。只要想一心在良知上，从头到脚，无头无尾，就属于前念不灭，后念不生。如今你既想前念易灭，又想后念不生，这才属于佛教里讲的断灭种姓，让心灵保持死寂状态，这样人就好比槁木，心好比死灰。

一六三

来书云："佛氏又有'常提念头'之说，其犹孟子所谓'必有事'，夫子所谓'致良知'之说乎？其即常惺惺，常记得，常知得，常存得者乎？于此念头提在之时，而事至物来，应之必有其道[①]。但恐此念头提起时少，放下时多，则工夫间断耳。且念头放失，多因私欲客气之动而始，忽然惊醒而后提。其放而未提之间，心之昏杂多不自觉。今欲日精日明[②]，常提不放，以何道乎？只此常提不放，即全功乎？抑于常提不放之中，更宜加省克之功乎？虽曰常提不放，而不加戒惧克治之功，恐私欲不去；若加戒惧克治之功焉，又为思善之事，而于本来面目又未达一间也。如之何则可？"

"戒惧克治"，即是"常提不放"之功，即是"必有事焉"，岂有两事邪[③]？此节所问，前一段已自说得分晓；末后却是自生迷

---

① 应之必有其道：肯定会有恰当的办法来解决。

② 今欲日精日明：如今要让念头越来越精明。

③ 岂有两事邪：怎么能分开？

惑，说得支离，及有“本来面目，未达一间”之疑，都是自私自利将迎意必之为病。去此病，自无此疑矣。

精彩解说

你在来信中写道：“佛教里‘常提念头’的说法，就和孟子说的‘必有事’一样，至于先生说的‘致良知’，也就如同常惺惺、常记得、常知得、常存得吗？说起这个念头时，相对于不同的事物，肯定会有恰当的办法解决。但是就怕这个想法说起的时候少，放下的时候多，那样功夫就不连续了。有的念头就会丢失，一般是由于私欲还有客气的冲动所影响，得猛然想起后才被提起来。放下后提起前，这段时间人心常常是昏暗杂乱的，连自已都不会觉察，如今要让念头越来越精明，经常提起不放下，有什么办法吗？仅仅一个常提起不放，就是全部的功夫吗？或是在常提不放当中，需要多加反省克治的功夫吗？常提不放虽然被说了，可是没有戒惧克治的功夫，担心私欲就没有办法克除。假如增加了戒惧克治的功夫，好像又和“思善”的事、与“本来面目”又不相同了，到底该如何才好？“思善”的事，与“本来面目”又不一样了，到底该如何才好？”

关于戒惧克治，其实就属于“常提不放”的功夫，就属于“必有事焉”，如何分开呢？有关你这段话提的问题，在前一段话就自然解说面目‘又不一致’的问题，这些弊病都属于自私自利、刻意追求，把这个弊病丢掉，自然而然也就不存在这个疑问了。

一六四

来书云："'质美者明得尽，渣滓便浑化。'[1]如何谓明得尽？如何而能便浑化？"

良知本来自明。气质不美者，渣滓多[2]，障蔽厚，不易开明。质美者渣滓原少，无多障蔽，略加致知之功，此良知便自莹彻。些少渣滓如汤中浮雪[3]，如何能作障蔽？此本不甚难晓[4]。原静所以致疑于此，想是因一"明"字不明白，亦是稍有欲速之心[5]。向曾面论"明善"之义，明则诚矣，非若后儒所谓明善之浅也。

精彩解说

你在来信中写道："程明道说过'本质好的人，表现出来的都是善德，就是有一点缺点，也看不出来'。怎样做才能只显现善德？如何让缺点都去除呢？"

良知其实本来就属于光明美好的。人的本质不美好，身上就会有很多缺点，良知就会被缺点遮盖严实，不好看出它的光明来。人的本质美好，身上的缺点也不会太多，没有太多遮蔽，再略微地下点致知的功夫，良知就显得很澄明了。就算有点缺点，也犹如雪花漂浮在热水上，能遮蔽住什么呢？这么简单的道理，原静你能提出疑问，其原因是对一个"明"字还未搞清楚，

① 质美者明得尽，渣滓便浑化：本质好的人，表现出来的都是善德，就是有一点缺点，也看不出来。

② 渣滓多：毛病、缺点多。

③ 些少渣滓如汤中浮雪：那一点点缺点就好像热汤里飘着一点雪。

④ 此本不甚难晓：这本来就不怎么难理解。

⑤ 亦是稍有欲速之心：也是稍微心急了点。

实属有点心急。过去常和你面对面说过明善的意思，明属于诚，可不像后世儒者那样，把明善理解得这样肤浅。

一六五

来书云："聪明睿知果[1]质乎？仁义礼智果性[2]乎？喜怒哀乐果情乎？私欲客气果一物[3]乎？二物乎？古之英才若[4]子房、仲舒、叔度、孔明、文仲、韩、范诸公，德业表著，皆[5]良知中所发也，而不得[6]谓之闻道者，果[7]何在乎？苟曰[8]此特生质之美耳，则生知安行者，不愈于学知困勉者乎？愚意窃云谓诸公见道偏则可，谓全无闻，则恐后儒崇尚记诵训诂之过也。然乎？否乎[9]？"

性一而已。仁义礼知，性之性也；聪明睿知，性之质也；喜怒哀乐，性之情也；私欲客气，性之蔽也。质有清浊，故情有过不及，而蔽[10]有浅深也。私欲客气，一病[11]两痛，非[12]二物也。张、

① 果：当真。

② 性：指天性。

③ 物：指东西。

④ 若：比如，像。

⑤ 皆：都。

⑥ 不得：不能。

⑦ 果：原因。

⑧ 苟曰：如果说。

⑨ 否乎：对吗？

⑩ 蔽：蔽障。

⑪ 病：指毛病。

⑫ 非：不是。

黄、诸葛及韩、范诸公，皆[①]天质之美[②]，自多暗合道妙；虽未可尽谓之知学，尽谓之闻道，然亦[③]自其有学，违道不远者也。使其闻学知道[④]，即伊、傅、周、召矣。若文中子则又不可谓之不知学者，其书虽多出于其徒[⑤]，亦多有未是处，然其大略则亦居然可见，但今相去辽远[⑥]，无有的然凭证，不可悬断其所至矣。夫良知即是道，良知之在人心，不但圣贤，虽常人[⑦]亦无不如此。若无有物欲[⑧]牵蔽，但循着良知发用流行将去，即无不是道[⑨]。但在常人多为物欲牵蔽，不能循得良知。如数公者，天质既自清明[⑩]，自少[⑪]物欲为之牵蔽，则其良知之发用流行处自然是多，自然违道不远。学者学循此良知[⑫]而已，谓之知学，只是知得专在学循良知[⑬]。数公[⑭]虽未知专在良知上用功，而或泛滥于多歧，疑迷于影响，是以或离

---

① 皆：都是。

② 美：优越。

③ 亦：也。

④ 使其闻学知道：要让他们懂得圣学、得闻大道。

⑤ 其徒：他的弟子。

⑥ 但今相去辽远：只不过现在相隔的时间太久了。

⑦ 常人：指平常人。

⑧ 物欲：指物质的欲望。

⑨ 即无不是道：就没有往而非道。

⑩ 天质既自清明：他们天生的资质清纯。

⑪ 少：没有。

⑫ 学循此良知：学习怎样依循良知。

⑬ 知得专在学循良知：懂得一心一意学习依循良知。

⑭ 数公：指上面提到的人。

或合而未纯。若[1]知得时，便是圣人矣。后儒[2]尝以数子者尚皆是气质用事，未免于行不著，习不察，此亦未为过论。但后儒之所谓著察者，亦是狃于闻见之狭[3]，蔽于沿习之非，而依拟仿象于影响形迹之间，尚非圣门之所谓著察者也；则亦安得以己之昏昏[4]而求人之昭昭也乎？所谓"生知安行"，"知行"二字亦是就用功上说；若是知行本体，即是良知良能，虽在困勉之人，亦皆可谓之"生知安行"矣。"知行"二字更宜精察。

精彩解说

来信说："聪明睿智，当真是人天生的品质吗？仁义礼智，当真是人的天性吗？喜怒哀乐，真的是人的真情吗？私欲和客气，是指一件东西，还是指两件东西呢？古时候的英才，如张良、董仲舒、黄宪、诸葛亮、王通、韩琦、范仲淹等人，品德和功业都很卓著，并且是发自个人的良知，他们却不能被称为闻道者，这到底是为什么呢？如果说只不过是因为他们的天性本质美好，那么那些生知安行的人不是比那些学知困行的人要强吗？我认为，要说他们对王道的认识不全面的话还行，但是说他们对王道一点也没有体认，大概就是后来儒生们太过于崇尚记诵训诂之学形成的偏见吧。你们说对吗？"

性就有一个。仁义礼智，属于性的本质；聪明睿智，属于性的素质；喜怒哀乐，属于性的情感；私欲和客气，属于性的表面。本质的区别有清浊，情感的差异有过与不及，蔽障的不同有浅有深。私欲和客气，属于一种毛病加两种痛苦，并不是两种事物。张良、黄宪、诸葛亮，以及韩琦、范仲淹等

① 若：假如，要是。

② 后儒：后世的儒生。

③ 狭：指狭隘。

④ 昏昏：没有弄明白。

人，都拥有天纵的才智，自然与道多有相同的地方，他们虽说不完全明白圣学、大道，但他们的学问离大道很近。要让他们懂得圣学、得闻大道，就成了伊尹、傅说、周公、召公了。像王通，也不能说他不清楚圣学，他的书多出自弟子之手，也多有不合适的地方，但是他的学问大体上是看得懂的。不过由于时间久远，没有准确的凭证，无法凭空断定他的学问到底离圣道有多远。

良知就是道。良知自在人心，不管是圣贤，还是平常人都是如此。要是没有物质欲望的蒙蔽，只是遵循良知去做事，就没有往而非道。不过一般的人都会被物欲所蒙蔽，没有办法遵循良知。就拿上面说的那几位，他们天生资质清纯，物欲牵累比较少，良知流行的地方就自然较多，也就离道不远了。“学”就是学习怎样依循良知。“知学”就是懂得一心一意学习依循良知。那几位没有一心在良知上用功，有的兴趣很广，也受到其他东西影响，要是他们明白这一点，也就是圣人了。后来的儒者曾说他们几个全凭天生的才智才建功立业，这种说法是无根据的，这样说他们也有点过分。只是后来的儒者说的“著”和“察”，也是拘泥于一点见闻，再加上受到旧有的习惯蒙蔽，学圣人的影响和事迹，根本不是圣学说的“著”和“察”。他们还弄不清楚，怎样让别人明白呢？所谓生知安行，“知行”是说工夫。假如是知行的本来面貌，那么良知良能，就是困知勉行的人，也可说成生知安行。“知行”二字更应该仔细体察。

一六六

来书云："昔[①]周茂叔每[②]令伯淳寻仲尼、颜子乐处。敢[③]问是乐也，与七情之乐，同乎[④]？否乎？若同，则常人之一遂所欲[⑤]，皆能乐矣，何必圣贤？若别有真乐，则圣贤之遇[⑥]大忧大怒大惊大惧之事，此乐亦在否乎？且君子之心常存戒惧，是盖终身之忧也，恶得乐？澄平生多闷，未尝见真乐之趣，今切[⑦]愿寻之。"

"乐"是心之本体，虽不同于七情之乐，而亦不外于七情之乐。虽则圣贤别有真乐[⑧]，而亦常人之所同有。但常人有之而不自知[⑨]，反自求许多忧苦，自加迷弃。虽在忧苦迷弃之中，而此乐又未尝不存。但一念开明，反身而诚[⑩]，则即此而在矣。每与原静论，无非此意。而原静尚有[⑪]何道可得之问，是犹未免于"骑驴觅驴"之蔽也。

---

① 昔：过去。

② 每：常常。

③ 敢：请。

④ 同乎：一样吗？

⑤ 一遂所欲：一偿所愿。

⑥ 遇：遇到，碰到。

⑦ 切：急切。

⑧ 虽则圣贤别有真乐：虽然圣贤有别的真乐。

⑨ 但常人有之而不自知：但是平常人有真乐可是不知道。

⑩ 反身而诚：转过身来求得自身的虔诚。

⑪ 尚有：依然，还有。

精彩解说

来信说："过去周茂叔先生常让伯淳寻找孔子和颜回的乐处。请问此处的乐和七情中的乐一样吗？假如一样，那么平常人只要一偿所愿都能乐，何必非得当圣贤呢？如果还有另外什么真乐，这些圣贤遇到大忧、大怒、大惊、大惧的事情，这些乐还会存在吗？何况君子心中常常存有戒惧，此为终生的忧患意识，如何能乐呢？我平时有很多烦恼，没有体会到真正的乐趣，现在很希望能找到真乐。"

"乐"本来是心里的本体，虽然和七情之乐不同，然而也不外乎于七情之乐。虽然圣贤有别的真乐，但是也和平常人一样。只不过平常人自己不知道，反而常自寻烦恼，并在迷茫中丢了真乐。虽然在忧愁苦恼迷茫中丢失了，但真正的快乐还是存在的，只要想开了，转过身求得自身的虔诚，就可感受到这种快乐。每次和原静所讨论的就是这个意思，可是你还问如何找到快乐，那不就成了骑着驴找驴了吗？

一六七

来书云："《大学》以心有好乐、忿懥、忧患、恐惧为不得其正，而程子亦谓'圣人情顺万事而无情'[①]。所谓'有'者，《传习录》中以病疟譬之，极精切矣。若程子之言，则是圣人之情不生于心而生于物也，何谓耶？且事感而情应，则是是非非可以就格。事或未感时，谓之有，则未形也；谓之无，则病根在。有无之间，何以致吾知乎？学务无情，累虽轻，而出儒入佛矣，可乎？"

圣人致知之功至诚无息，其良知之体皦如明镜，略无纤翳[②]。

① 圣人情顺万事而无情：意为圣人的情感随诸事物而生发，当喜则喜，当怒则怒。
② 纤翳：微小的障蔽。

妍媸[1]之来，随物见形，而明镜曾无留染。所谓“情顺万事而无情”也。“无所住而生其心”[2]，佛氏曾有是言，未为非也。明镜之应物，妍者妍，媸者媸，一照而皆真，即是生其心处。妍者妍，媸者媸，一过而不留，即是无所住处。病疟之喻，既已见其精切，则此节所问可以释然。病疟之人[3]，疟虽未发，而病根自在，则亦安可以其疟之未发而遂忘其服药调理之功乎？若必待疟发而后服药调理，则既晚矣。致知之功无间于有事无事，而岂论于病之已发未发邪？大抵原静所疑，前后虽若不一，然皆起于自私自利、将迎意必之为祟。此根一去[4]，则前后所疑自将冰消雾释，有不待于问辨者矣。

精彩解说

来信问：“《大学》凭心有好乐、愤怒、忧患、恐惧等情感，心就不会平静，可是程先生说：‘圣人情顺万事而无情。’这里说的有情，《传习录》中用病疟比喻它，非常精确。倘若按着程先生说的，就是圣人的情不生于心而生于万物，这是为什么呢？况且事有所感而情有所应，那么其中的是是非非就可格去。不过，在事情没有的时候，说有情吧，又没有露出来；说无情吧，情又像病根一样藏着。说有却无，说无却有，这如何能致知呢？学要尽力求得无情，累虽然少了，却又从儒家滑落入佛教的泥潭，人若没有情，行吗？”

圣人的致知能力，至诚不息，其良知的本体，像明镜样无一点的纤尘

① 妍媸：妍，指美丽；媸，指相貌丑陋。

② 无所住而生其心：出自《金刚经》，是全经的主旨。

③ 病疟之人：得了疟疾的人。

④ 去：除去。

沾染，无论美还是丑，只要照就能看见原形，过后，镜子上什么也没有留下，这就是所谓的“情顺万事而无情”。“无所住处而生其心”，佛家这样说并非不正确。用镜子照，美就是美，丑就是丑，只要照就是真形象，这也是“生其心”之处；美照出就是美，丑照出就是丑，照完不留下一点痕迹，这就是“无所住”。像病疟的比喻，你要认为精辟，你这节问的问题就容易了。有疟疾的病人，就是没有发病，病根也在，不能因为没有发病，就不吃药调理。要是等到疟疾复发后再服药调理，就晚了。致知的功夫不在于有事还是没事，哪还管病有没有发作。大抵你的疑惑，前后虽然说得不一样，但都是因自私自利、刻意追求这一弊端。如果去掉这一弊端，你前后的疑惑一定也会烟消云散，就不用再去问了。

【钱德洪跋】

《答原静书[①]》出，读者皆喜澄善问，师善答，皆得闻所未闻[②]。师曰："原静所问，只是知解上转[③]，不得已与之逐节[④]分疏。若信得良知，只在良知上用功，虽千经万典，无不吻合，异端曲学[⑤]，一勘尽破矣，何必如此节节分解？佛家有扑人逐块之喻，见块扑人，则得人矣，见块逐块，于块奚得哉？"在坐诸友闻知畅然，惕然皆有惺悟。此学贵反求[⑥]，非知解可入也。

精彩解说

答陆原静的信在世上公开后，所有的读者都说好，认为陆澄问得好，先生答得也好，都是人们没有听说过的内容。先生说："陆澄的问题只是在知解问题上转，没有办法，只得给他一段一段地讲解，如果真的相信良知，光在良知上下功夫，哪怕是千经万典也会与之相符合，异端邪说就会不攻自

① 答原静书：回陆原静的信。

② 闻所未闻：听也没有听过。

③ 转：转悠。

④ 逐节：逐段。

⑤ 异端曲学：异端邪说。

⑥ 此学贵反求：先生这一学问可贵的地方是返身自求。

破，何必这样一段一段地解释呢？佛教有狗不咬人而追石块的比喻。狗，看见石块就扑向人，这样才能咬住人，若看到石块就追赶石块，追到石块有什么用呢？”在座的各位朋友听了这些话，心里感到警觉，而且各有所感悟。致良知，先生这一学问可贵的地方是返身自求，并不是从知解上就那么轻易获得的。

答欧阳崇一

一六八

崇一来书云："师云：'德性之良知，非由于闻见[1]。若曰"多闻，择其善者而从之，多见而识之"，则是专求之见闻之末，而已落在第二义。'窃意良知虽不由见闻而有，然学者之知未尝不由见闻而发；滞于见闻固非，而见闻亦良知之用也。今日落在第二义，恐为专以见闻为学者而言。若致其良知而求之见闻，似亦知行合一之功矣。如何？"

良知不由见闻而有，而见闻莫非良知之用，故良知不滞于见闻，而亦不离于见闻。孔子云："吾有知乎哉？无知也。"[2]良知之外，别无知矣。故"致良知"是学问大头脑，是圣人教人第一义。今云专求之见闻之末，则是失却头脑，而已落在第二义矣。近

---

① 德性之良知，非由于闻见：德性的良知，不是因为看、听得多得来的。

② 吾有知乎哉？无知也：我有知识吗？没有知识。

时同志中盖已莫不知有致良知之说，然其工夫尚多鹘突者[①]，正是欠此一问。大抵学问工夫，只要主意头脑是当，若主意头脑专以致良知为事，则凡多闻多见，莫非致良知之功。盖日[②]用之间，见闻酬酢，虽千头万绪，莫非良知之发用流行，除却见闻酬酢，亦无良知可致矣，故只是一事。若曰致其良知而求之见闻，则语意之间未免为二，此与专求之见闻之末者虽稍不同，其为未得精一之旨则一而已。“多闻，择其善者而从之，多见而识之”，既云“择”，又云“识”，其良知亦未尝不行于其间；但其用意乃专在多闻多见上去择识，则已失却头脑矣。崇一于此等处见得当已分晓，今日之问，正为发明此学，于同志中极有益。但语意未莹，则毫厘千里，亦不容不精察[③]之也。

精彩解说

欧阳德来信问：“老师您教我们说，德性的良知，不是因为看、听得多得来的，假如说听得多，选择好的听从；见得多，也就认识了，那属于专求见闻之末，已经落在次一等的层次了。我觉得良知不是从见闻中来，然而学者的见闻，未尝不是从见闻中得来的，这会儿说见闻落在次一等的层次，恐怕是针对专门将见闻当学问的人说的吧？如果他以致良知为目的在见闻中探索，好像也是知行合一的工夫吧。您认为呢？”

良知不是由于见闻而有的，但是见闻无非都是良知运用。所以，良知不滞留在见闻上，但是也不离开见闻。孔子说：“我懂得多吗？不多！”除了良知，就没有什么别的知了。因此这致良知，属于学问的大头脑，是圣人

① 然其工夫尚多鹘突者：只是功夫还有很多不清楚的地方。

② 日：平日。

③ 亦不容不精察：因此不能不审慎体察。

教人的第一义。现在只求见闻的末节，就失去了头脑，已经落在次一等了。近日你们都知道了有致良知之说，只是工夫还有很多不清楚的地方，就差你这么一问。大致上，学问工夫，主要把握主意头脑。如果把致良知作为为学的宗旨，那么多见闻也不过是致良知的工夫。平日生活中，见闻应酬很多，千头万绪，也不过是良知的发用流行。除了见闻、应酬，也没有别的什么用到致良知的地方，所以只是这一件事。假如说良知要在见闻上求个说法，这语意之间就不免会分成二段了。虽然和那些不懂得致良知，一心求见多闻广的末流人士稍有不同，但在没有得到精致的宗旨上，是一样的。“多闻，择其善者而从之，多见而识之。”既然说“择”，又说“识”，就是用良知来“选择”，来“认识”，良知的运用也不是不在其中了。只是其用意要求在多闻多见上去择、识，就已经没有头脑了。你在这些问题上已经明白，如日一问，正好阐明致良知的学问，对你们非常有好处，但因为语意还没有通透，于是就会差之毫厘，失之千里，因此，不能不审慎体察。

一六九

来书云：“师云：‘《系》言何思何虑，是言所思所虑只是天理，更无别[①]思别虑耳，非谓无思无虑也。心之本体即是天理[②]，有何可思虑得[③]？学者用功，虽千思万虑，只是要复他本体，不是以私意去安排思索出来。若安排思索，便是自私用智矣。学者之敝[④]，大率非沉空守寂，则安排思索。’德辛壬[⑤]之岁着前一病，近

① 无别：没有别的。

② 心之本体即是天理：心的本体就是天理。

③ 有何可思虑得：有什么可以思虑的呢。

④ 学者之敝：学者的毛病。

⑤ 辛壬：从辛巳到壬午期间。

又着后一病。但思索亦是良知发用，其与私意安排者何所取别？恐认贼作子，惑[1]而不知也。”

“思曰睿，睿作圣。”[2]“心之官则思，思则得之。”思其可少乎？沉空守寂与安排思索，正是自私用智，其为丧失良知，一也。良知是天理之昭明灵觉处，故良知即是天理。思是良知之发用。若是良知发用之思，则所思莫非天理矣。良知发用之思自然明白简易，良知亦自能知得。若是私意安排之思，自是纷纭劳扰，良知亦自会分别得。盖思之是非邪正[3]，良知无有不自知者。所以认贼作子，正为致知之学不明，不知在良知上体认之耳。

精彩解说

来信说："老师说过：'《系》里说"何思何虑"，是说所想所虑只不过是天理，没有别的的思虑，也不是不思不虑。心的本体就是天理，有什么要思虑的呢？学习的人用功，虽然有千思万虑，不过是恢复他的本体罢了，不是用私意决定思考。要是刻意安排思绪，就是自私用智。学者的缺点，一般不是枯守空寂，就是刻意思索。'我在辛巳到壬午期间就出现过前一种毛病，最近又犯了后一种毛病。我认为思虑也是良知的发挥作用，其与私意安排思虑的有什么不同呢？就怕认贼做子，有点疑惑不知道怎么办。"

"思考才有智慧，有智慧才能做圣人。""心就是用来思考的，思考才会有所得。"思考能少吗？枯守空寂以及刻意思索，都属于自私用智，在丧失良知方面，它们是一样的。良知是天理的昭明灵觉的地方，所以良知也就是天理，思考属于良知的作用。要是良知发挥作用的思考，思考的东西就都

---

① 惑：疑惑。

② 思曰睿，睿作圣：思考可以让人成为有智慧的人，有智慧才能做圣人。

③ 盖思之是非邪正：思考的是非和邪正。

是天理。从良知发出的思考，自然就是明白简单的，很好理解，要是刻意安排出来的思考，自然也是纷纷扰扰，良知也能自己分辨出来。思考的是非与正邪，良知无不自知的。认贼做子，是因为没有明白致良知的学问，不明白在良知上体认。

一七〇

来书又云：“师云：‘为学终身只是一事，不论有事无事，只是这一件。若说宁不了事[①]，不可不加培养，却是分为两事也。’窃意觉精力衰弱，不足以终事者[②]，良知也。宁不了事，且加休养，致知也。如何却为两事？若事变之来，有事势不容不了，而精力虽衰，稍鼓舞亦能支持，则持志以帅气可矣。然言动终无气力，毕事则困惫已甚[③]，不几于暴其气已乎？此其轻重缓急，良知固未尝不知，然或迫于事势，安能顾精力？或困于精力，安能顾事势？如之何则可？”

“宁不了事，不可不加培养”之意，且与初学如此说，亦不为无益。但作两事看了，便有病痛。在孟子言“必有事焉”，则君子之学，终身只是集义一事。义者宜也。心得其宜之谓义。能致良知，则心得其宜矣，故集义亦只是致良知。君子之酬酢万变[④]，当行则行，当止则止，当生则生，当死则死，斟酌调停，无非是致其

① 若说宁不了事：要是说宁可不干事。

② 不足以终事者：不能够做完这件事。

③ 毕事则困惫已甚：做完事更加疲惫不堪。

④ 酬酢万变：应酬很多。

良知，以求自慊而已。故“君子素其位而行”，“思不出其位”，凡“谋其力之所不及，而强其知之所不能[1]”者，皆不得为致良知；而凡“劳其筋骨，饿其体肤，空乏其身，行拂乱其所为，动心忍性，以增益其所不能”者，皆所以致其良知也。若云“宁不了事，不可不加培养”者，亦是先有功利之心，较计成败利钝，而爱憎取舍于其间，是以将了事自作一事，而培养又别作一事，此便有是内非外之意，便是自私[2]用智，便是义外，便有“不得于心，勿求于气”之病，便不是致良知以求自慊之功矣。

所云“鼓舞支持[3]，毕事则困惫已甚”，又云“迫于事势，困于精力”，皆是把作两事做了，所以有此。凡学问之功，一则诚，二则伪，凡此皆是致良知之意欠诚一真切之故。《大学》言诚其意者，“如恶恶臭，如好好色，此之谓自慊”。曾见有“恶恶臭，好好色”，而须“鼓舞支持”者乎？曾见“毕事则困惫已甚”者乎？曾有“迫于事势，困于精力”者乎？此可以知其受病之所从来矣。

精彩解说

来信又说：“老师说：一辈子为学只是一件事，不管有事没有事，只是这一件事。假如说宁可不干事，也不能不加培养，那就是为学分成两件事了。”要是感到精力衰弱，不做事的属于良知；宁可不干事，也要加以休养的属于致知。为什么成了两件事呢？假如有事情了，不能不应对，虽说精神衰弱，但依然提着精神坚持，就是以志鼓舞士气，用意志支持着精气神。要

① 强其知之所不能：强行要去干自己才智所不能胜任的事。

② 自私：私底下。

③ 鼓舞支持：硬鼓起劲头。

是说话都没有力气，完事后疲惫不堪，不是在透支自己的身体吗？事情的轻重缓急，良知未尝不知道，然而迫于形势，哪里顾得上自己的身体？或者精疲力竭，又怎么能做好事情呢？我不知道这两者之间，哪个是为学，哪个是良知？”

“宁可不做事，也不能不存养”的意思，和初学的人这样说说，也无坏处。如果把做事和存养当成两件事，就会有病根。孟子说过：“必有事焉”，不是工作、学习的事才叫事。事属于用功和存养，就是随时良知发现。君子之学，一辈子就是“集义”这一件事。义就是宜，心能够处事得宜就是义。能致良知，则心得其宜。所以说集义就是致良知。君子的应酬很多，当做则做，当止则止，当生则生，当死则死，斟酌思考，不过是致其良知，用了求心安罢了。所以“君子素位而行”，在什么位置就做什么事。“思不出其位”，只思考和自己有关的事。那些谋划力所不能及的，做自己不能胜任的事的人都不是致良知。当上天要交给一个人大任的时候，必定先劳其筋骨，饿其体肤，空乏其身，使其不得安养。见有行事，总不让他如意，用来震动他的心意，坚韧他的性情，增加他的能力。这全是为了帮助他致良知。假如说“宁可不做事，也不可不加培养”也是先有了功利的心，计较成败利害，而以爱恶取舍，因此就把做事和存养心体当成两件事了。完成那件具体的事，是一个成果；存养，又是一个成果，比较这两者的得失损益，这就有了内外之分，这就是“自私用智”了。就是“义外”之说，“不得于心，勿求于气”这句话是说如果做一件事心有不安，那你不要做，把心放下，不要给自己鼓气去做。而你所纠结的是顾工作还是顾身体的“两难”，就已经不是致良知以求心安理得的功夫了。

你说：“硬鼓起劲头去干，干完后更加精疲力竭。”又说：“迫于形势，困于精力。”都是把一件事当成两件看了，所以才这样纠结。凡是学问之功，一，就是诚，二，就是伪，只要是有了三心二意，都是因为致良知的诚心还不够真切的缘故。《大学》里说：“诚其意者，就好像喜好美色一样，就如厌恶恶臭一样，自己心安、满足。”见过好色的人要鼓起劲头去好色吗？见过好色、恶臭后精疲力竭的人吗？有见过迫于形势被迫好色，困于精力不能恶臭的人吗？想想这个道理，你就知道自己的病根了。

一七一

来书又有云："人情机诈百出，御之以不疑，往往为所欺，觉则自入于逆[①]亿[②]。夫逆诈即诈也，亿不信[③]即非信也，为人欺又非觉也。不逆不亿而常先觉，其惟良知莹彻乎？然而出入毫忽之间，背觉合诈者多矣。"

"不逆不亿而先觉[④]"，此孔子因当时人专以逆诈、亿不信为心，而自陷于诈与不信，又有不逆不亿者，然不知致良知之功，而往往又为人所欺诈，故有是言。非教人以是存心[⑤]，而专欲先觉人之诈与不信也。以是存心，即是后世猜忌险薄者之事，而只此一念，已不可与入尧、舜之道矣。不逆不亿而为人所欺者，尚亦不失为善，但不如能致其良知而自然先觉者之尤为贤耳。崇一谓其惟良知莹彻者，盖已得其旨矣。然亦颖悟所及，恐未实际也。

盖良知之在人心，亘万古，塞宇宙，而无不同。不虑而知，恒易以知险，不学而能，恒简以知阻[⑥]，先天而天不违，天且不违，

① 逆：事情尚未来而臆测。

② 亿：事情尚未来而揣度。

③ 不信：人不信任自己。

④ 先觉：心体澄澈，遇事时可以自然觉察到。

⑤ 非教人以是存心：不是教人心存戒心。

⑥ 恒易以知险、恒简以知阻：乾象是天下最刚健的，其德性恒久平易，坤象是天下最柔顺的，其德性恒久简静，君子秉承乾坤的德性，所以能彻知艰难险阻。

而况于人乎？况于鬼神乎？[①]夫谓“背觉合诈”者，是虽不逆人，而或未能无自欺也；虽不亿人，而或未能果自信也。是或常有求先觉之心，而未能常自觉也。常有求先觉之心，即已流于逆亿而足以自蔽其良知矣，此“背觉合诈”之所以未免也。

君子学以为己[②]，未尝虞人之欺己也，恒不自欺其良知而已；未尝虞人之不信己也，恒自信其良知而已；未尝求先觉人之诈与不信也，恒务自觉其良知而已。是故不欺，则良知无所伪而诚，诚则明矣；自信，则良知无所惑而明，明则诚矣。明诚相生，是故良知常觉常照。常觉常照，则如明镜之悬，而物之来者自不能遁其妍媸矣。何者？不欺而诚，则无所容其欺，苟有欺焉，而觉矣；自信而明，则无所容其不信，苟不信焉，而觉矣。是谓易以知险，简以知阻[③]，子思所谓“至诚如神，可以前知”[④]者也。然子思谓“如神”，谓“可以前知”，犹二而言之。是盖推言思诚者之功效，是犹为不能先觉者说也。若就至诚而言，则至诚之妙用即谓之神，不必言“如神”。至诚则无知而无不知，不必言“可以前知”矣。

---

① 先天而天不违，天且不违，而况于人乎？况于鬼神乎？：出自“夫大人者与天地合其德，与日月合其明，与四时合其序，与鬼神合其吉凶。先天而天弗违，后天而奉天时。天且弗违，而况于人乎，而况于鬼神乎？”。

② 君子学以为己：出自“古之学者为己，今之学者为人。”

③ 易以知险，简以知阻：君子秉承天地之德性，可以觉知险阻。

④ 至诚如神，可以前知：出自“至诚之道，可以前知。国家将兴，必有祯祥；国家将亡，必有妖孽。见乎蓍龟，动乎四体。祸福将至，善，必先知之；不善，必先知之。故至诚如神。”。

精彩解说

来信又说："人情机诈百出，要是用一点也不怀疑的诚心待人，往往会被人欺骗，要是光觉察别人的心机，就又陷入臆测别人欺诈自己或者揣度别人不信任自己的境地。臆测别人欺诈，就会在心中存有欺诈的意识；揣度别人不信任，首先会让自己失去了信任别人的心；要是被人欺诈，还没有觉察之心。不逆不亿而能先有觉察，这是良知莹彻吗？然而这样在细微之处，好像仍然有个欺诈之心存在。"

孔子生活的时期，人们喜欢臆测别人欺诈自己，揣度别人不信任自己，而自己却陷入欺诈和不信任人的地步；还有一些人不臆测、不揣度别人，却没有致良知的工夫，因此往往被人欺诈，所以孔子才说。孔子并不是教人心存欺诈和不信任，要是这样用心，便是后世所说的猜忌险薄者做的事情了。人只要有这样的念头，就不会进入像尧舜这样的圣贤之道。不臆测、不揣度别人，而被别人欺骗，也算是为善，但是不如能致良知，做到心如明镜而能时时觉照的人那样贤明。崇一说的"其惟良知莹彻"，显然是知晓宗旨了，但是恐怕还不够透彻。

人心中的良知，与天地同生，在什么时候、什么地方都是虚灵不昧的。不虑而知是说良知，不学而能是说良能。良知赞美宇宙的变化，秉承天道的德性，没有违背天，没有违背地，何况人鬼神？你说觉得好像仍有欺诈之心存在，是因为虽然不臆测别人欺诈自己，但是也许没能做到不自欺；虽然没有揣度别人不信任自己，但是也许没能完全地相信自己的良知。

这也许是因常有求先觉的心，却不能经常自觉自照。经常有求先觉的心，心中也就有了臆测揣度乃至猜忌的念头，这样便遮蔽了自己的良知，你会觉得仍有欺诈之心在。

君子学以为己，不曾预料别人欺诈自己，也一定不欺骗自己的良知而已；不曾预料别人不信任自己，一直信任自己的良知而已；不曾祈求先觉察别人的欺诈和不信任，一直力求觉察自己的良知而已。不曾有欺诈之心，良知便没有诈伪，而后能至诚，这便是"诚则明"；完全信任自己的良知，良知就没有丝毫疑惑，所以明觉，这就是“明则诚”。明、诚相生，所以良知常觉常照，如同明镜一般，物体的美丑，全都能真实反映。为何呢？不欺而诚，就没有欺诈之心的容身之处，因此一旦有欺诈的念头，立刻就能察觉；自信而明，就没有不信之心的容身之处。因此，一旦有不信之心，立刻就能察觉。这便是所说的“易以知险，简以知阻”，子思所说的“至诚如神，可以前知”。然而子思说“如神”，说“可以前知”，倘若是把良知和天道分立为二，好像至诚之心依然不能先觉一样。如果就至诚之妙用，即可称之为“神”，不必说“如神”；至诚无知而无不知，不必说“可以前知”。

答罗整庵少宰书

一七二

某[①]顿首启：昨承教及《大学》，发舟[②]匆匆，未能奉答[③]。晓[④]来江行稍暇，复取手教而读之。恐至赣后人事复纷沓，先具其略以请。

来教云："见道固难[⑤]，而体道尤难。道诚未易明，而学诚不可不讲。恐未可安于所见而遂以为极则也。"幸甚幸甚！何以得闻斯言乎？其敢自以为极[⑥]则而安之乎？正思就天下之有道以讲明之耳。而数年以来，闻其说而非笑之者有矣，诟訾之者有矣，置之不足较量辨议之者有矣，其肯遂以教我乎？其肯遂以教我，而反覆晓

① 某：指阳明。

② 发舟：乘船出发。

③ 未能奉答：没有来得及答复。

④ 晓：指早上。

⑤ 见道固难：认识道非常困难。

⑥ 极：最高的。

谕，恻然惟恐不及救正之乎？然则天下之爱我者[1]，固莫有如执事之心深且至矣！感激当何如哉！

夫“德之不修，学之不讲”，孔子以为忧。而世之学者稍能传习训诂，即皆自以为知学，不复有所谓讲学之求，可悲矣！夫道必体而后见，非已见道而后加体道之功也；道必学而后明，非外讲学而复有所谓明道之事也。然世之讲学者有二[2]：有讲之以身心者，有讲之以口耳者。讲之以口耳，揣摸测度，求之影响者也；讲之以身心，行著习察，实有诸已者也。知此则知孔门之学矣。

精彩解说

阳明顿首谨启：昨日承蒙教诲《大学》，由于坐船匆匆，没来得及作答。今天早上，在船上稍微有空闲，把您的信又拿出来读了一遍。恐怕到江西后事多，先在这里做个简单的回复，并请您指教。

来信说：“明白道固然有难度，而体会道更是有难度。道是不容易明白，可是，学问也不能不讲。担心不能安于自己的见闻，就把自己的观点看成学问的最高境界了。”非常荣幸！自己从哪里听闻到这样的教诲呢？我怎敢自以为达到了最高境界就心安理得呢？正想着借天下的大道加以讲明，而多年来，听到我的学说，非议的人、嘲笑的人都有，甚至辱骂的人、不屑一顾不加辩论的人也有。他们怎么肯教导我呢？他们怎么肯一再开导我使我明白，心里的恻隐之心怎么能够补充我的为学之偏呢？然而天下关爱我的人，没有人像您一样，对我教导得这样深切周到，我该如何感激是好啊。

所谓“德之不修，学之不讲”，孔子也感到担忧。但当今的学子稍微能够读经，略懂点训诂，就自以为懂学问了，不再探索学问，真是可悲！大道只有体察后才有所见，不是见大道后才下工夫体察大道。只有学习才能理解

① 然则天下之爱我者：然而天下关心爱护我的人。

② 然世之讲学者有二：然而世上有两种讲学的人。

大道，并不是在讲求学问之外还有其他明道的办法，世上讲学的人有两种：有用身心讲学，有用口耳讲学。用口耳讲学的，揣摩和猜测，讲的尽是捕风捉影的内容。用身心讲学的，所言所行，自己真正具备的东西。能够明白这些，也就懂孔子的学说了。

一七三

来教谓某“《大学》古本之复[①]，以人之为学但当求之于内，而程、朱格物之说不免求之于外，遂去朱子之分章而削其所补之传”。非敢然也。学岂有内外乎？《大学》古本乃孔门相传旧本耳。朱子疑其有所脱误[②]，而改正补缉之。在某则谓其本无脱误，悉从其旧而已矣。失在于过信孔子则有之，非故去朱子之分章而削[③]其传也。夫学贵得之心。求之于心而非也，虽其言之出于孔子，不敢以为是也，而况其未及孔子者[④]乎！求之于心而是也，虽其言之出于庸常，不敢以为非也，而况其出于孔子乎！且旧本之传数千载矣，今读及文词，既明白而可通，论其工夫，又易简而可入，亦何所按据，而断其此段之必在于彼，彼段之必在于此，与此之如何而缺，彼之如何而补，而遂改正补缉之？无乃重[⑤]于背朱而轻于叛孔已乎？

---

① 古本之复：恢复旧版本。

② 脱误：遗漏、错误。

③ 削：删减。

④ 其未及孔子者：不如孔子的人。

⑤ 重：看重。

精彩解说

您来信说我"恢复《大学》的旧本，是由于我认为人的学问只在内心探求，可是程、朱格物的说法不免要到心外去探求。所以我就否定了朱熹所分的章节，删去了他所增加的传"。我不敢这样做。学问怎么能有内外之分？《大学》的旧本也是孔子相传的旧本，朱熹怀疑有漏误的地方，就重新改正补充，在我看来旧本并未有遗误的地方，就全部根据旧本来了。我可能有太信任孔子的过失，并不是有意否决朱熹重分章节的做法，还删削他增补的传。学问最可贵的是在心中有所获得，假如求之于心而认为是不对的，就算是孔子的言论，我也不敢说它是对的，况且是那些不如孔子的人。我心里认为是对的，就算是平常人的言论，我也不敢说不对，况且是孔子说的呢！再说《大学》旧本已流传了数千年了，现在读这本书的文字，既明白又通畅；论其功夫，又简单容易可行。根据什么肯定这段必须在这儿，而那段必须在那儿？这里缺少了什么，那里又得补充什么呢？还得随即加以改正并适当补充，您是不是把背离朱熹看得太重，而把违逆孔子看得太轻呢？

一七四

来教谓："如必以学不资于外求[①]，但当反观内省以为务，则'正心诚意'四字亦何不尽之有？何必于入门之际，便困以格物一段工夫也？"

诚然诚然。若语其要，则"修身"二字亦足矣，何必又言正心？"正心"二字亦足矣，何必又言诚意？"诚意"二字亦足矣，何必又言致知，又言格物？惟其工夫之详密[②]，而要之只是一事，

① 如必以学不资于外求：若认为学问根本不必到心外寻求。

② 惟其工夫之详密：只是因为学问的工夫详尽周密。

此所以为精一之学，此正不可不思者也。夫理无内外，性无内外，故学无内外。讲习讨论，未尝非内也；反观内省，未尝遗外[①]也。夫谓学必资于外求，是以己性为有外也，是义外也，用智者也；谓反观内省为求之于内，是以己性为有内也，是有我也，自私者[②]也，是皆不知性之无内外也。故曰："精义入神，以致用也；利用安身，以崇德也"，"性之德也，合内外之道也"。此可以知格物之学矣。格物者，《大学》之实下手处，彻首彻尾，自始学至圣人[③]，只此工夫而已，非但入门之际有此一段也。

夫正心诚意、致知格物，皆所以修身而格物者，其所用力，日可见之地。故格物者，格其心之物也，格其意之物也，格其知之物[④]也；正心者，正其物之心也；诚意者，诚其物之意也；致知者，致其物之知也：此岂有内外彼此之分哉！理一而已。以其理之凝聚而言[⑤]，则谓之性；以其凝聚之主宰而言，则谓之心；以其主宰之发动而言，则谓之意；以其发动之明觉而言，则谓之知；以其明觉之感应而言，则谓之物。故就物而言谓之格，就知而言谓之致，就意而言谓之诚，就心而言谓之正。正者[⑥]，正此也；诚者，诚此也；致者，致此也；格者，格此也，皆所谓穷理以尽性也[⑦]。

---

① 未尝遗外：没有不摒弃外在的。

② 自私者：自私的人。

③ 自始学至圣人：从开始学习到成为圣人。

④ 格其知之物：格其知中的物。

⑤ 以其理之凝聚而言：性是从理的凝聚上来说的。

⑥ 正者：正直的人。

⑦ 皆所谓穷理以尽性也：全部是所说的穷尽天理而尽性。

天下无性外之理，无性外之物。学之不明，皆由世之儒者认理为外，认物为外，而不知义外之说，孟子盖尝辟之，乃至袭陷其内而不觉，岂非亦有似是而难明者欤？不可以不察也。

精彩解说

来信说：“如果认为学问没有必要到心外寻求，仅仅需要专心返身自省，那么‘正心诚意’四个字就什么都有了吗？有什么必要在学问的着手处用格物这一工夫让人感到迷惑不解呢？”就是就是！倘若要讲学问的主宰，“修身”二字已经够用了，又为何一定要讲“正心”呢？“正心”二字已够用，又为何一定要讲“诚意”呢？“诚意”二字已够用，又为何一定要讲“致知、格物”呢？只是由于学问的工夫非常详尽周密。但是，简单地说也就是一件事，这样的学问才是“精一”的，这也正是不得不深思的。理无内外之分，性也无内外之分，所以学也无内外之分。讲习讨论，无不是内；转过身来自己反省一下，没有不摒弃外在的。要是认为学问一定得到心外寻求，那么一定是以为自身的性还有外在的部分，这正属于“义外”，正属于“用智”。倘若认为转身自省是在心内寻求，那就属于以为自己的性还有内在的部分，这便属于“有我”，属于“自私”。这两种见解都不清楚性没有内外之分。因此说：“精义入神，以致用也；利用安身，以崇德也”；“性之德也，合内外之道也”。从这里可明白格物的主张了。“格物”属于《大学》切实的入手处，从头到尾，从刚开始学习到成为圣人，只有这一个工夫罢了，并不是只在入门的时候有这一工夫。正心诚意、致知格物，都属于修身。格物，让人所下的工夫能天天看见之处。所以，格物属于格其心中的物，格其意中的物，格其知中的物。正心，就属于正其物的心。诚意，就属于诚其物的意。致知，就属于致其物的知。这里不会有内外彼此的区别，理只有一个。性是从理的凝聚上来说的，心是从凝聚的主宰处说，意是从主宰的发动上说，知是从发动的明觉上说，物是从明觉的感应上说。因此，格是从物上说，致是从知上说，诚是从意上说，正是从心上说。正，就属于正的这个东西；诚，就属于诚的这个东西；致，就属于致的这个东西；格，就属于格的这个东西，全部是所说的穷尽天理而尽性。天下，根本没有性外之理，也根本没有性外之物。圣人的学说不光明，原因是世上的儒生主张外在的是理，主张外在的是物，但不知道靠义为外的观点，孟子反驳过，以致重蹈覆辙而没有自觉。这里不是也有好像又不容易说明的地方吗？这得需要明察。

您对我的格物观点心存疑虑，原因是您认定它是内而不是外；认定它单单确定返身自省而丢弃了讲学探讨的工夫；它从内心注重简约的纲领本源，而把详细的细节条目忽视了；认定了它已经深深地陷于枯槁虚寂之中了，而没有穷尽物理人事的变化。如果真的这样，哪儿单单是圣学的罪人、朱子的罪人呢？这是用异端邪说欺骗人们，这是背道离经，谁都能讨伐诛灭他，更何况像您如此正直的人？如果真的这样，世上稍微懂一点训诂，知道一点先哲言论的人，就都能知道它是错误的，更何况像您如此贤明的人？我所说的格物，把朱熹所说的九条全都包括进来了。可是，我的格物有中心，它的作用和朱熹的不一样。这就是人们所说的毫厘之差。但是在这里，差之毫厘就能产生失之千里的错误，因此不得不弄明白。

一七五

凡执事所以致疑[①]于格物之说者，必谓[②]其是内而非外也；必谓其专事于反观内省之为，而遗弃其讲习讨论之功[③]也；必谓其一意于纲领本原之约，而脱略于支条节目之详也；必谓其沉溺于枯槁虚寂之偏，而不尽于物理人事之变也。审如是，岂但获罪

① 致疑：有疑虑。

② 必谓：一定认为。

③ 遗弃其讲习讨论之功：丢弃讲学探讨的功夫。

于圣门，获罪于朱子？是邪说诬民，叛道乱正，人得而诛之也，而况于执事之正直哉！审如是[①]，世之稍明训诂、闻先哲之绪论者，皆知其非也，而况执事之高明哉？凡某之所谓格物，其于朱子“九条”之说，皆包罗统括于其中，但为之有要，作用不同，正所谓毫厘之差耳。然毫厘之差，而千里之缪实起于此，不可不辨[②]。

精彩解说

您心里对我的格物观点存有疑虑，您一定是认定它是内而非外；一定是认定它只肯反身自省，而没有讲学探讨的功夫；一定是认定它只一意注重纲领、本源，而忽视了详细的细节条目；一定是认定它深陷于枯槁虚寂之中，而不会穷尽物理人事的变化。如果真的这样，哪里只是圣学的罪人、朱子的罪人呢？就好比用异端邪说哄骗百姓，这是背离道经的，谁都能讨伐诛灭他，不用说像您这样正直的人。要是真的是这样，略懂一点训诂知晓点先哲言论的人，也会知道它是错误的，就别说像您这样贤明的人。我说的格物就是把朱熹认为的九条全包括进去，而我的格物有中心，它的作用与朱熹的不同。这就是人们说的有毫厘之差。在这里有差之毫厘就可产生失之千里的错误，因此不得不辨明。

---

① 审如是：既然如此。

② 不可不辨：不得不辨明。

一七六

孟子辟[1]杨、墨至于“无父，无君”。二子亦当时之贤者，使与孟子并世而生，未必不以之为贤。墨子“兼爱”，行仁而过耳；杨子“为我”，行义而过耳。此其为说，亦岂灭理乱常之甚，而足以眩天下哉？而其流之弊，孟子至比于禽兽夷狄，所谓“以学术杀天下后世”也。

今世学术之弊[2]，其谓之学仁而过者乎？谓之学义而过者乎？抑谓之学不仁不义而过者乎？吾不知其于洪水猛兽何如也！孟子云：“予岂好辨哉？予不得已也！”杨、墨之道塞天下，孟子之时，天下之尊[3]信杨、墨，当不下于今日之崇尚朱说，而孟子独以一人呶呶于其间，噫，可哀矣！韩氏云：“佛、老之害甚于杨、墨。”韩愈之贤不及孟子，孟子不能救之于未坏之先，而韩愈乃欲全之于已坏之后，其亦不量其力，且见其身之危，莫之救以死也！呜呼！若某者其尤不量其力，果见其身之危，莫之救以死也矣。夫众方嘻嘻之中，而独出涕[4]嗟若，举世恬然以趋，而独疾首蹙额以为忧，此其非病狂丧心，殆必诚有大苦者隐于其中，而非天下之至仁，其孰能察之？

---

① 辟：指责。

② 今世学术之弊：当今学术的毛病。

③ 天下之尊：天下人推崇。

④ 涕：流泪。

其为《朱子晚年定论》，盖亦不得已而然。中间年岁早晚诚有所未考，虽不必尽出于晚年，固多出于晚年者矣。然大意在委曲调停，以明此学为重，平生于朱子之说如神明蓍龟，一旦与之背驰[①]，心诚有所未忍，故不得已而为此。“知我者谓我心忧，不知我者谓我何求”，盖不忍抵牾朱子者，其本心也；不得已而与之抵牾者，道固如是，“不直则道不见”[②]也。执事所谓决与朱子异者，仆敢自欺其心哉？夫道，天下之公道也；学，天下之公学也，非朱子可得而私也，非孔子可得而私也。天下之公也，公言之而已矣。故言之而是，虽异于己，乃益于己也；言之而非，虽同于己，适损于己也。益于己者，己必喜之；损于己者，己必恶之。然则某今日之论，虽或于朱子异，未必非其所喜也。君子之过，如日月之食，其更也，人皆仰之，而小人之过也必文。某虽不肖，固不敢以小人之心事朱子也。

精彩解说

孟子指责杨朱、墨子属于“无父无君”。他们二人也是当时的贤士。要是他们与孟子同一个时代，也可能被称为贤者。墨子主张“兼爱”，属于行仁过了头；杨朱主张“为我”，属于行义过了头。他们的学说，并不是要灭天理乱纲常眩惑天下，但产生了弊端，孟子比为禽兽夷狄，就好比用学术灭杀天下后世。

现在的学术毛病，是学仁太过分了吗？是学义太过分了吗？还是学不仁、不义太过分了呢？如果与洪水猛兽相比，我不知道他们会如何？孟子

---

① 一旦与之背驰：一旦和它背道而驰。

② 不直则道不见：不直说，道就不能显现出来。

说："予岂好辨哉？不得已也。"杨墨学说充满天下，孟子的时代，人们推崇杨墨学说，不次于现在的人推崇朱熹的观点，只有孟子与他们争辩。唉，真可悲！韩愈说："佛、老之害，甚于杨、墨。"韩愈之贤，不及孟子。孟子不能救之于未坏之先，而韩愈乃欲全之于已坏之后。其亦不量其力，且见其身之危，莫之救以死也。哎！比如我更是不自量力，果然认识到了自身面临的危险，到死也挽救不了这种局面。大家都在欢喜的时候，我却流泪叹息；世人怡然自得地同流合污时，我却独自忧心忡忡疾首蹙额。这种情况，若不是我神经错乱丧失理智，就必定会有极大的痛苦潜藏心中。此种情形，要不是达到天下至仁的人，谁又会明察呢？

我写《朱子晚年定论》，也是不得已写的。像书上年代的早晚，确实有些未经考证，不确定都是出自晚年，但是大部分是写于晚年的。我的意思是想委婉地调停朱陆的争论，目的是讲明圣学。我生平把朱熹的学说看似神明，倘若和它背道而驰，心里确实也很难受，所以才不得已作了《朱子晚年定论》。"知我者谓我心忧，不知我者谓我何求。"不忍与朱熹的学说相抵，这是我的本意！没有办法的情况下与它抵触，因为道原本就这样。不直说，道就不能显现出来！您认为我是刻意要与朱熹不同，我怎么敢自我欺骗？道就是天下公有的道，学就是天下公有的学，并不是朱熹个人的，也不是孔子个人的。属于天下公有的东西，只能秉公而论。因此，对于正确的说法，就是与自己的不同，也是有益于自己的；对于不正确的言论，就与自己的相同，也是损害自己的。对自己有益就会喜欢它，对自己有害就会厌恶它。虽然我今天所说的，也许与朱熹不同，但不一定不是他所喜欢的。"君子之过，如日月之食。其更也，人皆仰之"，然而，"小人之过也必文"。我虽然没有作为，是个不肖之人，可是对待朱熹怎么敢用小人之心啊！

一七七

执事所以教[①]，反覆数百言，皆以未悉鄙人格物之说。若鄙说一明，则此数百言皆可以不待辨说而释然无滞。故今不敢缕缕以滋琐屑之渎。然鄙说非面陈口析，断亦未能了了于纸笔间也。嗟乎[②]！执事所以开导启迪于我者，可谓恳到详切矣！人之爱我，宁有如执事者乎？仆虽甚愚下，宁不知所感刻佩服，然而不敢遽舍其中心之诚然而姑以听受云者，正不敢有负于深爱，亦思有以报之耳。秋尽东还，必求一面，以卒所请，千万终教[③]！

精彩解说

您的谆谆教诲，反复说数百言，皆没有理解我的格物主张。如果明白了我的主张，您所说的都不用辩论，也能没有疑问。因此，我不敢再详细地述说，免得显得累赘。可是，我的主张要是不当面说，用纸笔也说不明白。唉！您对我的开导与启迪，可真是诚恳而又周详了。关爱我的人，哪还有像您这样呢？我虽愚蠢，但怎能不知道感激佩服您呢？可是我不敢舍弃心中真切的想法，听从您的教诲，正如不敢辜负您的厚爱，也想以此来报答您。秋后回家时，一定去拜访您，满足当面请教的心愿，还希望不吝赐教。

---

① 教：指教诲。

② 嗟乎：语气词“唉”。

③ 千万终教：一定要不吝赐教。

答聂文蔚

一七八

春间远劳迂途枉顾[①]，问证惓惓，此情何可当也！已期二三同志，更处静地，扳留旬日，少效其鄙见，以求切劘之益[②]，而公期俗绊，势有不能，别去极怏怏，如有所失。忽承笺惠，反覆千余言，读之无甚浣慰。

中间推许太过，盖亦奖掖之盛心[③]，而规砺真切，思欲纳之于贤圣之域；又托诸崇一以致其勤勤恳恳之怀，此非深交笃爱，何以及是！知感知愧，且惧其无以堪之也[④]。虽然，仆亦何敢不自鞭勉，而徒以感愧辞让为乎哉？

其谓"思、孟、周、程无意相遭于千载之下，与其尽信于天

---

① 春间远劳迂途枉顾：春季里劳驾您自远方绕道光临寒舍。

② 以求切劘之益：以方便在切磋中我们都能有所裨益。

③ 中间推许太过，盖亦奖掖之盛心：你在信中对我有很多夸奖的地方，我知道这不过是您对我的鼓励提携之情。

④ 且惧其无以堪之也：害怕辜负您对我的一片心意。

下，不若真信于一人[1]。道固自在，学亦自在，天下信之不为多，一人信之不为少”者，斯固君子“不见是而无闷”之心，岂世之谫谫屑屑者知足以及之乎[2]？乃仆之情，则有大不得已者存乎其间，而非以计人之信与不信也。

精彩解说

春季劳烦您从远方绕道到我的寒舍，不顾疲劳地问辩求证，这样的真情，我怎么敢担当得起？本来，我打算和几位朋友约好找一个安静的地方，住上个十天半月的，针对我的观点探讨一番，以方便在切磋中我们都能有所裨益。可是，您却因为有公务在身，不可以多待。我们分别以后，我感到非常不开心，感觉失去了很多。突然收到您的来信，信有数千言，我读后感到非常欣慰。你在信中对我有很多夸奖的地方，我知道这不过是您对我的鼓励提携之情。信中的规劝砥砺真实感人，有助于我靠近圣贤之列。还有就是又拜托崇一转告您的殷切关怀，如果不是有亲密的交往、深厚的爱心，又怎么会这样呢？我真是又感激又愧疚啊，害怕辜负您对我的一片心意。即便是这样，我又怎么敢不勉励自己，而只是在那里感愧谦让？在您看来“子思、孟子、周敦颐和二程，他们不亚于在千年之后遇到知音，想让天下人都明白，还不如让一个人真明白。道依旧存在，学问也依旧存在，所有的人都信奉它也不嫌多，一个人真正信服它也不嫌少。”这就属于君子“不见是而无闷”之心，可是世上浅薄鄙陋的人又怎么能清楚这一点呢？可是在我看来，里面有不少不得已而为之的现象，并非太过于计较别人是否信奉它。

① 不若真信于一人：不如让一个人真正相信。

② 岂世之谫谫屑屑者知足以及之乎：可是世上浅薄鄙陋的人又怎么能清楚这一点呢？

一七九

夫人者，天地之心。天地万物[①]，本吾一体者也，生民之困苦荼毒，孰非疾痛之切于吾身者乎[②]？不知吾身之疾痛，无是非之心者也。是非之心，不虑而知，不学而能，所谓良知也。良知之在人心，无间于圣愚，天下古今之所同也[③]。世之君子惟务致其良知，则自能公是非，同好恶，视人犹已，视国犹家，而以天地万物为一体，求天下无治，不可得矣。古之人所以能见善不啻若已出[④]，见恶不啻若已入，视民之饥溺犹己之饥溺，而一夫不获，若己推而纳诸沟中者，非故为是而以蕲天下之信己也，务致其良知，求自慊而已矣[⑤]。尧、舜、三王之圣，言而民莫不信者，致其良知而言之也；行而民莫不说者，致其良知而行之也。是以其民熙熙皞皞[⑥]，杀之不怨，利之不庸，施及蛮貊[⑦]，而凡有血气者莫不尊亲，为其良知之同也。呜呼！圣人之治天下，何其简且易哉！

精彩解说

人属于天地的心。天地之间的一切与我本来就是一体。老百姓们遭罪

① 天地万物：天和地之间的一切。

② 孰非疾痛之切于吾身者乎：没有哪一件自己不感到切肤之痛。

③ 天下古今之所同也：从古到今天下都是一样的。

④ 古之人所以能见善不啻若已出：古人看见善就好像是自己做了好事。

⑤ 求自慊而已矣：求自己心安罢了。

⑥ 是以其民熙熙皞皞：所以他们的百姓和乐而满意。

⑦ 施及蛮貊：推广到蛮夷地区。

受苦，哪一件不像在切割自己的肉体？连身上的疼痛都不知道的人，是没有是非之心的人。人的是非之心，根本就不必考虑就知道，根本不需要学习就具备，这就是所说的良知。良知就在人心内存有，不体现圣贤和愚笨的区别，过去和现在天下都是相同的。世上的君子唯有一心致其良知，就能辨别是非，具有相同的好善厌恶的心。对待别人就像对待自己，热爱国家就像热爱自己的家，从而和世间万物融为一体。如果能这样，就是想让国家治理不好也不可能。古人看到做善事的就好像自己做了好事；看到做恶事的，就好像自己做了坏事；把平民百姓的饥饿困苦当成是自己的饥饿困苦；哪怕有一个人没有安顿好，也觉得是因为自己的过错把他置于阴沟。能这样做，并没有想要用这个让天下人信任，出自一心致其良知让自己心安罢了。尧、舜、禹、汤等圣人，他们说的话百姓们没有质疑的，这是由于他们所说的，也只不过是推致了自己的良知；他们做的事百姓们没有不高兴的，这是由于他们所做的，也只不过是推致了自己的良知。所以，他们的百姓能和乐而满意，就是被处死也没有任何怨恨，百姓们能获得利益，圣人并没有引以为功。把这些推广到蛮夷地区，只要是有血气的人，就没有不孝敬自己的父母，因为他们的良知是一致的。唉！圣人管理天下，是如此的简单易行！

一八〇

后世良知之学不明[1]，天下之人用其私智以相比轧，是以人各有心[2]，而偏琐僻陋之见，狡伪阴邪之术[3]，至于不可胜说；外假仁义之名，而内以行其自私自利之实，诡辞以阿俗，矫行以干誉，

① 不明：不光明。

② 是以人各有心：人们各有自己的打算。

③ 狡伪阴邪之术：阴险狡诈的手法。

掩人之善而袭以为己长[1]，讦人之私而窃以为己直。忿以相胜而犹谓之徇义[2]，险以相倾而犹谓之疾恶。妒贤忌能，而犹自以为公是非；恣情纵欲[3]，而犹自以为同好恶。相陵相贼，自其一家骨肉之亲，已不能无尔我胜负之意、彼此藩篱之形[4]，而况于天下之大、民物之众，又何能一体而视之？则无怪于纷纷籍籍，而祸乱相寻于无穷矣！

精彩解说

随着时光的流逝，良知的学问也不再像开始那样光明，天下的人各自用自己的私心巧智互相倾轧。因此，人们各自带着自己的算盘，就这样像那些偏僻浅陋的见解、阴险狡诈的手段层出不穷。有的人用仁义作为招牌，在暗处做着自私自利的事。他们采用狡辩的手段迎合世俗，采用虚伪的手段沽名钓誉，掠夺他人的美来当作自己的长处，攻击他人的隐私彰显自己的正派。由于怨恨而打压别人，还说成是在追求正义；使用阴谋陷害，还说成是在嫉恶如仇；心里妒忌贤能，表面上还装作是主持公道；恣纵情欲，表面上还装作是爱憎分明。人与人之间互相蹂躏，彼此迫害，就是骨肉之亲，彼此之间也存在争强好胜的心思，隔膜丛生。就别说对于广大的天下，所有的百姓，众多的事物，又如何能把它们看作和我一体呢？天下不安定，频频战乱而又无止境，所以，也就见惯而不怪了。

---

① 掩人之善而袭以为己长：抄袭他们的美好来当作自己的长处。

② 忿以相胜而犹谓之徇义：因为愤恨而打压别人，还说成是为了正义。

③ 恣情纵欲：放纵情欲。

④ 彼此藩篱之形：彼此之间丛生隔膜。

一八一

仆诚赖天之灵，偶[①]有见于良知之学，以为必由此而后天下可得而治。是以每念斯民之陷溺，则为之戚然痛心，忘其身之不肖[②]，而思以此救之，亦不自知其量者[③]。天下之人见其若是，遂相与非笑而诋斥之，以为是病狂丧心之人耳。

呜呼！是奚足恤哉？吾方疾痛之切体，而暇计人之非笑乎[④]！人固有见其父子兄弟之坠溺于深渊者，呼号匍匐，裸跣颠顿[⑤]，扳悬崖壁而下拯之。士之见者，方相与揖让谈笑于其傍，以为是弃其礼貌衣冠，而呼号颠顿若此，是病狂丧心者也[⑥]。故夫揖让谈笑于溺人之傍而不知救，此惟行路之人、无亲戚骨肉之情者能之[⑦]，然已谓之无恻隐之心，非人矣。若夫在父子兄弟之爱者，则固未有不痛心疾首，狂奔尽气，匍匐而拯之。彼将陷溺之祸有不顾[⑧]，而况于病狂丧心之讥乎？而又况于蕲人之信与不信乎？

---

① 偶：偶然。

② 忘其身之不肖：忘了自己是个不肖无才的人。

③ 不自知其量者：不知道自己的能力。

④ 而暇计人之非笑乎：对别人的讥讽又怎么会有空斤斤计较。

⑤ 裸跣颠顿：急得不穿鞋戴帽。

⑥ 是病狂丧心者也：是一个有精神病的人。

⑦ 无亲戚骨肉之情者能之：这只有没有骨肉亲情的人才这样做。

⑧ 彼将陷溺之祸有不顾：他将自己的生命置之度外。

呜呼！今之人虽谓仆为病狂丧心之人，亦无不可矣。天下之人心皆吾之心也，天下之人犹有病狂者矣，吾安得而非病狂乎？犹有丧心者矣[1]，吾安得而非丧心乎？

精彩解说

感谢上苍让我在偶然的机会中发现了良知学说，以为只有致良知后天下才会得到治理，然后清明太平。因此，一想到老百姓的困苦，我就感到十分沉痛，所以我顾不上自己是个不肖无才能的人，只希望用良知拯救百姓，拯治天下，我知道自己属于不自量力。天下人看到我这样，大概都会讥讽、诽谤我，认为我是一个丧心病狂的人。

唉，这没有什么可顾虑的，我现在就有着像切肤一样的疼痛，哪里还有时间计较别人对自己的讥讽？假如有人看到自己的父子兄弟掉到深渊，肯定也会大喊大叫，顾不上穿鞋戴帽，不顾安危下去解救。士人们看到这种情况，则在一旁行礼问候，说说笑笑，以为这个丢了衣帽、大喊大叫的人，肯定是个精神失常的人。那些看到有人落水，还能在那里礼让谈笑而不赶快去救人的人，只有那些不是自己骨肉亲戚的山野之人才会这样。不过，孟子曾说过："没有恻隐之心的人，不是人。"假如是有父子兄弟亲情的人看见了，肯定会痛心疾首，疾跑大叫，用尽全力，手脚并用趴着也要去救他们。这个时候，他把自己的生命都置之度外，怎么还会有精力在乎有没有被当成精神病呢？又怎么会期望别人信呢？

唉！现在虽然有人把我当成精神失常的人，也不要紧。天下人的心，全是我的心。天下人也有精神不正常的，我又怎样不会精神失常呢？天下人也有心理变态的人，我又怎样不会心理变态呢？

① 犹有丧心者矣：也有心理变态的人。

一八二

昔者孔子之在当时，有议其为谄者[1]，有讥其为佞者，有毁其未贤，诋其为不知礼，而侮之以为东家丘者。有嫉而沮之者，有恶而欲杀之者。晨门、荷蒉之徒，皆当时之贤士[2]，且曰“是知其不可而为之者欤”！“鄙哉，硁硁乎，莫己知也，斯己而已矣”。虽子路在升堂之列，尚不能无疑于其所见[3]，不悦于其所欲往，而且以之为迂，则当时之不信夫子者，岂特十之二三而已乎？然而夫子汲汲遑遑，若求亡子于道路，而不暇于暖席者[4]，宁以蕲人之知我信我而已哉？盖其天地万物一体之仁，疾痛迫切[5]，虽欲已之，而自有所不容已，故其言曰：“吾非斯人之徒与而谁与！欲洁其身而乱大伦，果哉，末之难矣！”

呜呼！此非诚以天地万物为一体者，孰能以知夫子之心乎[6]？若其遁世无闷，乐天知命者，则固“无入而不自得”，“道并行而不相悖”也。

---

① 有议其为谄者：有不少人说他阿谀奉承。

② 皆当时之贤士：都是那个时候的贤明之士。

③ 尚不能无疑于其所见：尚且不能完全相信他的见解。

④ 而不暇于暖席者：根本没有空闲暖和席子的人。

⑤ 疾痛迫切：疾病和痛楚非常迫切。

⑥ 孰能以知夫子之心乎：又还有谁可以理解孔子的心情呢。

精彩解说

春秋末年的时候，孔子主动推行自己的政治主张，那个时候也有不少人说他阿谀奉承，有的人讥讽他在花言巧语，有的人诽谤他不是圣贤，有的人诋毁他不懂礼节，有的人侮辱他是东家的孔丘，有的人由于妒忌从而败坏他的名声，有的人因为憎恨他而想要他的命，就是当时像晨门、荷蒉那样的贤明之士，也认为他是“知其不可而为之者与？”“鄙哉，硁硁乎！莫己知也，斯已而已矣。”子路是他的弟子，虽然学有所成，依旧还不能完全相信孔子，孔子去见南子，他还表现出极大的不满。子路把孔子的“先正名”说成是迂腐。由此可见，那时候不相信孔子的人可不止十分之二三，但是，孔子依旧汲汲遑遑，就像在路上寻找丢失的儿子，整天到处奔波，不停歇片刻，这样做的目的难道只是为了让别人了解、相信他吗？追根到底是由于他拥有聚天地万物为一体的仁爱之心，深深体会到病痛的紧迫，就是不想管也身不由己。所以他说：“吾非斯人之徒与而谁与？”“欲洁其身而乱大伦”“果哉！末之难矣！”

唉！假如不是真诚地与天地万物为一体的人，又还有谁能理解孔子的心情呢？世上如有“遁世无闷”“乐天知命”的人，自然而然地就能“无入而不自得”，“道并行而不相悖”了！

一八三

仆之不肖[①]，何敢以夫子之道为己任？顾其心亦已稍知疾痛之在身，是以傍徨四顾，将求其有助于我者，相与讲去其病耳。今诚得豪杰同志之士扶持匡翼[②]，共明良知之学于天下，使天下之人皆知自致其良知，以相安相养，去其自私自利之蔽，一洗谗妒胜忿之

---

① 不肖：没有才能，不值一提。

② 今诚得豪杰同志之士扶持匡翼：能有志同道合的杰出人才来扶持匡正我。

习，以济于大同[①]，则仆之狂病，固将脱然以愈，而终免于丧心之患矣，岂不快哉！

嗟乎！今诚欲求豪杰同志之士于天下，非如吾文蔚者而谁望之乎？如吾文蔚之才与志，诚足以援天下之溺者[②]；今又既知其具之在我而无假于外求矣，循是而充，若决河注海，孰得而御哉[③]？文蔚所谓“一人信之不为少”，其又能逊以委之何人乎？

精彩解说

我没有才能，怎么敢用孔圣人的道当作己任。只是我的心里仅仅知道一点身上的病疾，所以才在原地四处张望，渴望能找到一个能帮助我的人，和我一起想办法治愈自己的病疾。假如现在能有志同道合的杰出人才扶持匡正我，一起让良知之学普照大地，让所有的人都知道致其良知，给予互相帮助、启发，把自私自利的毛病剔除，把谗言、嫉妒、好胜、忿恨等不好的习惯荡涤干净，实现天下大同。这样一来，我精神失常的症状就会马上痊愈。心理变态的反常现象再也不会有了。难道不快乐吗？唉！如今能找到志同道合的杰出人才，除了您我还能对谁寄予希望？您的才能和志向，足够拯救天下受难的老百姓。现在既然清楚一切都在我心，没有必要向外索求，依据这个再加以发展，就好比江河决口流入大海，还有什么能抵御呢？正像您所说，当真一个人真的信奉也不嫌少，为倡明良知学，您还能推让给天下的哪一位呢？

---

① 以济于大同：来实现天下大同。

② 诚足以援天下之溺者：足够拯救天下受难的老百姓。

③ 孰得而御哉：还有什么可以抵御呢。

一八四

会稽[1]素号山水之区，深林长谷，信步皆是，寒暑晦明[2]，无时不宜，安居饱食，尘嚣无扰[3]，良朋四集，道义日新，优哉游哉，天地之间宁复有乐于是者！孔子云："不怨天，不尤人，下学而上达。"仆与二三同志，方将请事斯语，奚暇外慕[4]？独其切肤之痛，乃有未能忿然者，辄复云云尔。

咳疾暑毒，书札绝懒。盛使远来[5]，迟留经月，临岐执笔，又不觉累纸。盖于相知之深，虽已缕缕至此，殊觉有所未能尽也。

精彩解说

素来有山清水秀美称的会稽，那里到处是深林长谷，举目都是。一年四季，气候非常适宜。人们生活安定衣食无忧，远离尘嚣的干扰，好朋友们聚集在一起，讲明道义，逍遥自在！天地之间还有比这样的生活让人更高兴的吗？孔子说："不怨天，不尤人，下学而上达。"我和诸位志同道合的人，正在按照孔子的话去做，哪还有多余的时间去向外寻求呢？只有这切肤的痛，再不能无动于衷了，因此写了上面的一番话。

因为咳嗽又加上夏天炎热，对于写信我有点心灰意懒。您大老远派人来，逗留了一个多月，临走的时候执笔，不知不觉间写了这些。毕竟我们相知很深，虽然谈了这么多，还有点言不尽兴的感觉。

---

① 会稽：地名。

② 寒暑晦明：春夏秋冬。

③ 尘嚣无扰：远离尘嚣的干扰。

④ 奚暇外慕：哪还有多余的时间去向外寻求呢？

⑤ 盛使远来：派人远道而来。

二

一八五

得书[①]，见近来所学之骤进，喜慰不可言。谛视数过[②]，其间虽亦有一二未莹彻处，却是致良知之功尚未纯熟。到纯熟时，自无此矣[③]。譬之驱车，既已由于康庄大道之中，或时横斜迂曲者[④]，乃马性未调、衔勒不齐之故，然已只在康庄大道中，决不赚入傍蹊曲径矣。近时海内同志到此地位者曾未多见，喜慰不可言，斯道之幸也[⑤]！

贱躯旧有咳嗽畏热之病，近入炎方，辄复大作。主上圣明洞察，责付甚重，不敢遽辞。地方军务冗沓，皆舆疾从事[⑥]。今却幸

---

① 得书：收到您的信。

② 谛视数过：把信看了数遍。

③ 到纯熟时，自无此矣：当功夫纯熟的时候，这种现象自然而然地就会消失。

④ 或时横斜迂曲者：有的时候会出现迂回曲折的情况。

⑤ 斯道之幸也：这真是圣道的一大好事。

⑥ 地方军务冗沓，皆舆疾从事：地方上的很多军务，都是带着病处理的。

已平定，已具本乞回养病。得在林下稍就清凉，或可瘳耳[1]。人还，伏枕草草，不尽倾企。外惟浚一简，幸达致之！

精彩解说

您写的信我已经收到了，从信中得知您最近在学问上有很大的进步，心中的欣喜难以用语言表达出来。把信仔细地看了好几遍，信中有一两处不太明白，这也只是因为致良知的功夫还没有纯熟，当功夫纯熟的时候，这种现象自然而然地就会消失。比如赶马车，早已在康庄大道上行驰，有的时候会出现迂回曲折的情况，这是因为马性还没有调养好，或者是缰绳马勒用劲不齐，但是已经走在康庄大道之上，等到了小道上一定不会有这种情况的。近来，海内很多朋友中能做到您这一步的还不多见，我很是感到欣慰。这真是圣道的一大好事。

以前我就有咳嗽怕热的毛病，最近在炎热的地方，我的病情又复发愈重。皇上非常英明，对一切了如指掌，托付的责任非常重大，我又没有胆量推辞。地方上的很多军务，我都是带着病处理的。多亏现在天下没有动乱，所以恳请皇上批准我回家养病。如果能在家乡避暑，或许我的病还能痊愈。我返回家乡，趴着枕头写了这封信，说不尽的倾慕和企盼。还有，写给陈九川的书信请您代为转达。

一八六

来书所询[2]，草草奉复一二：

近岁来山中讲学者，往往多说"勿忘勿助"工夫甚难[3]，问

---

① 或可瘳耳：或许我的病还能痊愈。

② 询：问。

③ 难：不简单。

之，则云："才着意便是助，才不着意便是忘，所以甚难。"

区区因问之云："忘是忘个甚么[1]？助是助个甚么？"其人默然无对，始请问。

区区[2]因与说，我此间讲学，却只说个"必有事焉"，不说"勿忘勿助"。必有事焉者，只是时时去集义。若时时去用必有事的工夫[3]，而或有时间断，此便是忘了，即须勿忘。时时去用必有事的工夫，而或有时欲速求效，此便是助了，即须勿助[4]。其工夫全在必有事焉上用，勿忘勿助，只就其间提撕警觉而已。若是工夫原不间断，即不须更说勿忘；原不欲速求效[5]，即不须更说勿助。此其工夫何等明白简易，何等洒脱自在！今却不去必有事上用工，而乃悬空守着一个勿忘勿助，此正如烧锅煮饭[6]，锅内不曾渍水下米，而乃专去添柴放火，不知毕竟煮出个甚么物来。吾恐火候未及调停，而锅已先破裂矣。近日一种专在勿忘勿助上用工者，其病正是如此[7]。终日悬空去做个勿忘，又悬空去做个勿助，渀渀荡荡，全无实落下手处；究竟工夫只做得个沉空守寂，学成一个痴呆汉，才遇些子事来，即便牵滞纷扰[8]，不复能经纶宰制。此皆有志

① 忘是忘个甚么：忘是忘个什么。

② 区区：单单。

③ 若时时去用必有事的工夫：如果每时每刻都用"必有事"的工夫。

④ 即须勿助：就不要说"勿助"。

⑤ 原不欲速求效：本来没有想着求速效。

⑥ 此正如烧锅煮饭：这种情况就好比生火做饭。

⑦ 其病正是如此：他们的毛病正是这样。

⑧ 即便牵滞纷扰：才遇到一点困难，就心烦意乱。

之士，而乃使之劳苦缠缚，担阁一生[1]，皆由学术误人之故，甚可悯矣！

精彩解说

你在信中所问的问题，我简简单单地做了答复。近几年来在山上讲学的人，经常说不要忘不要助的工夫不简单。向他们问问了其中的原因，他们认为才用了一点心意就是助，微微不用心就是忘，所以不容易掌握。

接着我问他们："忘是忘个什么？助是助个什么？"他们作不出回答，反过来询问我。

我对他们说，我在这里讲学仅仅说一个"必有事焉"，不说勿忘勿助"必有事焉"，就是时时刻刻去"集义"。假如时刻都用"必有事"的工夫，有的时候又会出现间断，这就属于忘，就一定"勿忘"。如果每时每刻都用"必有事"的工夫，有的时候又想着追求速效，这就属于助，就一定"勿助"。这样工夫都用在"必有事焉"上。"勿忘勿助"只是在它们当中起着提醒警告的作用。假如工夫根本无间断，就不要说"勿忘"；本来没有想着求速效，就不要说"勿助"。这工夫是如此的清楚简易、如此的自在洒脱！这时候不在"必有事"上下功夫，只是空守着一个"勿忘勿助"，这就好比生火做饭，锅里还没有烧水下米，只是一味知道添柴加火，最后不知道能烧出个什么名堂？就怕还没有调好火候，灶上的锅早已烧坏了。现在，有些人专门在"勿忘勿助"上用功，他们就犯了这样的毛病。整天吆喝去做一个勿忘的工夫，又吆喝去做一个勿助的工夫，无头无脑，完全没有找到切实的下手的地方，到最后工夫也只不过是做了个死守空寂，从而变成痴呆的人。才遇到一点困难，就心烦意乱，不会好好应付，立即处理。这些人都属于志士仁人，可是忧劳困苦一辈子，这个下场都是被学术耽误了，真是太可怜了！

---

① 担阁一生：耽误了一辈子。

一八七

夫必有事焉，只是集义。集义只是致良知。说集义则一时未见头脑[1]，说致良知即当下便有实地步可用工。故区区专说致良知[2]。随时就事上致其良知，便是格物；着实[3]去致良知，便是诚意；着实致其良知而无一毫意、必、固、我，便是正心；着实致良知则自"无忘"之病；无一毫意、必、固、我，则自"无助"之病。故说[4]格、致、诚、正，则不必更说个"忘""助"。孟子说"忘""助"，亦就告子得病处立方。告子强制其心，是助的病痛[5]，故孟子专说助长之害。告子助长，亦是他以义为外，不知就自心上集义，在必有事焉上用功，是以如此。若时时刻刻就自心上集义，则良知之体洞然明白，自然是是非非纤毫莫遁，又焉有"不得于言，勿求于心；不得于心，勿求于气"之弊乎？孟子集义养气之说，固大有功于后学[6]，然亦是因病立方，说得大段，不若《大学》格、致、

① 说集义则一时未见头脑：谈到集义的时候，也许一时半刻还不能把握关键的所在。

② 故区区专说致良知：因此我只说致良知。

③ 着实：实实在在。

④ 故说：所以说。

⑤ 是助的病痛：加剧他的病痛。

⑥ 孟子集义养气之说，固大有功于后学：对后来的学问，孟子的"集义""养气"主张学说有很大贡献。

诚、正之功尤极精一简易，为彻上彻下、万世无弊者也。

精彩解说

您“必有事焉”单单是为了“集义”，“集义”单单是为了“致良知”。谈到集义的时候，也许一时半刻还不能把握关键的所在。谈到致良知，这一时间就得实地用功了。因此，我光说致良知，每时每刻在事上致良知，就属于格物。真真切切地去致良知，就是诚意。真真切切地致良知但是没有一点意、必、固、我，就是正心。真真正正地致良知，自然没有忘的毛病；没有一点的意、必、固、我，也自然而然不可能有助的毛病。所以，谈到格物、致知、诚意、正心的时候，也就没有必要再说勿忘勿助了。孟子的主张是勿忘勿助，也是针对告子的毛病而说的。告子的主张是强制人心，这是犯了助的毛病。因此，孟子只说助长的危害。告子的助长，也是因为他认为义是外在的，不知道在自己的心上“集义”，在“必有事焉”上用功，因此才助长了毛病。假如时刻从自己心上去“集义”，那样，良知本体就会洞察清楚，自己就明辨是非，一点也不能逃脱。又如何会有“不得于言，勿求于心。不得于心，勿求于气”的毛病呢？对后来的学问，孟子的“集义”“养气”主张虽说有很大贡献，但是他也只不过是根据病情拿药，说个大概，不比《大学》中的格物、致知、诚意、正心的工夫，十分精一简炼，彻头彻尾，没有弊端毛病。

一八八

圣贤论学，多是随时就事[1]，虽言若人殊，而要其工夫头脑若合符节，缘天地之间，原只有此性，只有此理，只有此良知，

① 随时就事：遇到事说事，就事论事的意思。

只有此一件事耳。故凡就古人论学处说工夫[①]，更不必搀和兼搭而说，自然无不吻合贯通者。才须搀和兼搭而说，即是自己工夫未明彻也。

近时有谓集义之功必须兼搭个致良知而后备者，则是集义之功尚未了彻也[②]。集义之功尚未了彻，适足以为致良知之累而已矣。谓致良知之功必须兼搭一个勿忘勿助而后明者，则是致良知之功尚未了彻也。致良知之功尚未了彻[③]，适足以为勿忘勿助之累而已矣。若此者，皆是就文义上解释牵附，以求混融凑泊，而不曾就自己实工夫上体验，是以论之愈精，而去之愈远[④]。

文蔚之论，其于大本达道既已沛然无疑，至于致知穷理及忘助等说，时亦有搀和兼搭处，却是区区所谓康庄大道之中，或时横斜迂曲者[⑤]。到得工夫熟后，自将释然矣。

精彩解说

圣贤们讲学，通常是就事而发。他们所讲的看着不同，但是里面的工夫基本是一致的。天和地之间，本来只有这个性，只有这个理，只有这良知，只有这件事。所以，只要是从古人论学上谈工夫，就没有必要掺杂搭配，它们可自然而然地连贯在一起。假如以为想着掺杂搭配地讲解，那是自己的工夫不够纯熟的原因。

最近，有的人以为集义的工夫一定得搭配良知后才完备，这是他们对

① 故凡就古人论学处说工夫：所以凡是从古人论学上谈工夫。

② 则是集义之功尚未了彻也：这是他们对集义工夫的理解还没有彻底。

③ 致良知之功尚未了彻：致良知的功夫没有纯熟。

④ 是以论之愈精，而去之愈远：因此讲得越细致，就可能相差得更远。

⑤ 或时横斜迂曲者：这也正好是我上面讲到的，在康庄大道上有迂回曲折的情况。

集义工夫的理解还没有彻底。集义的工夫还没有彻底，正好造成致良知的负担。说致良知这一工夫一定得和勿忘勿助在一起才能清楚，其原因是致良知的工夫还没有纯熟。致良知的工夫没有纯熟，也就造成了勿忘勿助的负担。这些都是从文义上牵强地解释，想着融汇贯通，但还没有从自己真实的工夫上体会，因此讲得越细致，就可能相差得越远。您的观点，从“大本达道”上没有问题。但是致知、穷理、勿忘勿助等这些观点，有时候也会掺杂搭配点别的，这也正好是我上面讲到的，在康庄大道上有迂回曲折的情况。等工夫纯熟以后，这种情况自然而然就会消失得没有踪迹。

一八九

文蔚谓“致知之说，求之事亲从兄之间，便觉有所持循”者，此段最见近来真切笃实之功[①]。但以此自为，不妨自有得力处；以此遂为定说教人，却未免又有因药发病之患，亦不可不一讲也。

盖良知只是一个天理自然明觉发见处，只是一个真诚恻怛，便是他本体[②]。故致此良知之真诚恻怛以事亲，便是孝；致此良知之真诚恻怛以从兄，便是弟；致此良知之真诚恻怛以事君，便是忠[③]：只是一个良知，一个真诚恻怛。若是从兄的良知不能致其真诚恻怛，即是事亲的良知不能致其真诚恻怛矣；事君的良知不能致

① 此段最见近来真切笃实之功：这段话最可以体现出您现在的真切笃实的工夫。

② 便是他本体：这就是良知本体。

③ 便是忠：就是忠诚。

其真诚恻怛，即是从兄的良知不能致其真诚恻怛矣[①]。故致得事君的良知，便是致却从兄的良知；致得从兄的良知，便是致却事亲的良知；不是事君的良知不能致，却须又从事亲的良知上去扩充将来，如此又是脱却本原，着在支节上求了[②]。良知只是一个，随他发见流行处，当下具足，更无去求，不须假借。然其发见流行处却自有轻重厚薄毫发不容增减[③]者，所谓天然自有之中也。虽则轻重厚薄毫发不容增减，而原又只是一个；虽则只是一个，而其间轻重厚薄又毫发不容增减，若可得增减，若须假借[④]，即已非其真诚恻怛之本体矣。此良知之妙用，所以无方体，无穷尽，“语大天下莫能载，语小天下莫能破”者也。

精彩解说

你觉得致知的说法，从孝亲敬兄中寻找就会认为有所依循，从而体现出您现在的真切笃实的工夫。只是您从这里下工夫当然也没有什么妨碍，只不过也得有着力的地方。如果觉得这是能用来说教别人的定论，不可避免又有吃药而生病的问题，在此不能不对这辩说一下。良知只有一个天理，自然明觉的显眼地方，只有一个真诚恳切，这就是良知本体。因此，孝就是真诚恳意地推致良知去侍奉父母，悌就是真诚恳切地去推致良知尊敬兄长，忠就是真诚恳切地推致良知去辅佐君主。这仅一个良知，仅一个真诚恳切。假如尊敬兄长的良知不可推致他的真诚恳切，也就是侍奉父母的良知不可推致他

---

① 即是从兄的良知不能致其真诚恻怛矣：假如尊敬兄长的良知不可以推致他的真诚恳切。

② 着在支节上求了：而注重在细枝末节上了。

③ 不容增减：不许增加减少。

④ 若须假借：假如可以求借。

的真诚恳切。假如辅佐君主的良知，不可推致他真诚恳切，也就是尊敬兄长的良知不可推致他的真诚恳切。所以，能够致辅佐君主的良知，也就是能致尊敬兄长的良知。能够致尊敬兄长的良知，也就是能致侍奉父母的良知。但是不能说没有能致辅佐君主的良知，就一定得把辅佐君主的良知，从侍奉父母的良知上延伸出来。倘若这样，就又改变了根本，而注重在细枝末节上了。良知只有一个，跟着良知的显现和良知的作用，它本身就是完善的，没有必要再去寻求，也没有必要去别处转借。但是，良知的显现与作用，必然会有重轻厚薄之分，不许一丝一毫的增减。这就是程颐所说的“天然自有之中”。这里面的重轻厚薄虽然不许增减丝毫，但是良知本体只有一个。虽然本体只有一个，但里面的重轻厚薄又不许增减丝毫。假如可增减，可求借，也就无真诚恳切的本体了。良知的妙用无方位，无形体，无穷尽，“语大天下莫能载，语小天下莫能破”，这正是其中的缘由。

一九〇

孟氏“尧、舜之道，孝弟而已”者，是就人之良知发见得最真切笃厚、不容蔽昧处提省人[①]，使人于事君处友、仁民爱物，与凡动静语默间，皆只是致他那一念事亲从兄真诚恻怛的良知，即自然无不是道[②]。盖天下之事虽千变万化，至于不可穷诘，而但惟致此事亲从兄、一念真诚恻怛之良知以应之，则更无有遗缺渗漏者，正谓其只有此一个良知故也[③]。事亲从兄一念良知之外，更无有良知可致得者，故曰：“尧、舜之道，孝弟而已矣。”此所以为惟精惟

① 不容蔽昧处提省人：不易隐藏的地方给人提醒。

② 即自然无不是道：这样就自然而然地可以处处大道。

③ 正谓其只有此一个良知故也：这也是只有一个良知的原因。

一之学，放之四海而皆准，施诸后世而无朝夕者也。

文蔚云："欲于事亲从兄之间，而求所谓良知之学。"就自己用工得力处如此说，亦无不可；若曰"致其良知之真诚恻怛，以求尽夫事亲从兄之道焉"，亦无不可也。明道云："行仁自孝弟始，孝弟是仁之一事，谓之行仁之本则可，谓是仁之本则不可。"其说是矣。

精彩解说

孟子说"尧舜之道，孝悌而已"，这句话是从人的良知最真切笃实、不易隐藏的地方给人提醒，告诉人在辅佐皇帝，结交友人，仁爱百姓，喜爱事物和动静语默中，是对他那孝亲敬兄的真诚恳切的良知，全是一心一意地推致，就自然而然地处处大道。天下的事虽说千变万化，以至于无穷尽，但是这千变万化只要推致这孝亲敬兄的真诚恳切的良知是完全能应付的，这样就不会存在疏漏的情况，这也是只有一个良知的原因。把一心孝亲敬兄的良知除外，再没有别的良知可致。所以，孟子才说"尧舜之道，孝悌而已"。这正属于"惟精唯一"的学问，放在哪里都准确，在后世施行也无例外。您说："想在孝亲敬兄里，寻找良知的学问"，从自己用功的入手点来说，也没有不可。假如说尽到孝亲敬兄之道，要从致其良知的真诚恳切中体现出来，也不是不可。程颢说："行仁自孝弟始，孝弟是仁之一事，谓之行仁之本则少，谓是仁之本则不可。"这句话说得十分对。

一九一

亿逆先觉之说，文蔚谓“诚则旁行曲防，皆良知之用”，甚善甚善！间有搀搭处，则前已言之矣。惟浚[1]之言亦未为不是，在文蔚须有取于惟浚之言而后尽，在惟浚又须有取于文蔚之言而后明，不然，则亦未免各有倚着之病也[2]。“舜察迩言，而询刍荛”，非是以迩言当察，刍荛当询而后如此，乃良知之发见流行，光明圆莹，更无挂碍遮隔处[3]，此所以谓之大知。才有执着意必，其知便小矣。讲学中自有去取分辨，然就心地上着实用工夫，却须如此方是。

精彩解说

比如“不臆不信”“不逆诈”“先觉”等这些主张，您以为只要可以诚，就是羊肠小道、迂曲防御，也都可为致良知的作用。这种观点非常对，这里有一些掺杂搭配的问题，我已经在前面解释过了。陈九川说的，也不可说不对。就像您说的，汲取了陈九川的主张才算完备，但是对陈九川，汲取了您的主张才会更加清楚明白，否则就难免会出现各执一词的偏执问题。虞舜喜欢思考浅近的话，并且还向樵夫请教。这并不是浅近的话应该思考，只是舜以为应该向樵夫请教，因此他才去请教。这就显现了舜的良知，他的良知光明圆净，无一丝障碍和遮蔽，因此他被人说成“大知”。要是舜沾了一丝执着和意、必，他的“知”就会小了。在讲学的过程中，自然而然就有取舍和分辨，只要在心地上真正用功，只有这样做才对。

---

① 惟浚：指陈九川。

② 则亦未免各有倚着之病也：就难免会出现各执一词的偏执问题。

③ 更无挂碍遮隔处：无一丝障碍和遮蔽。

一九二

《尽心》三节，区区曾有“生知、学知、困知”之说，颇已明白，无可疑者[①]。盖尽心、知性、知天者，不必说存心、养性、事天，不必说夭寿不贰、修身以俟，而存心、养性与修身以俟之功已在其中矣。存心、养性、事天者，虽未到得尽心、知天的地位，然已是在那里做个求到尽心、知天的工夫，更不必说[②]夭寿不贰、修身以俟，而夭寿不贰、修身以俟之功已在其中矣。

譬之行路，尽心、知天者，如年力壮健之人[③]，既能奔走往来于数千百里之间者也；存心、事天者，如童稚之年，使之学习步趋于庭除之间者也；夭寿不贰、修身以俟者，如襁抱之孩[④]，方使之扶墙傍壁而渐学起立移步者也。既已能奔走往来于数千里之间者，则不必更使之于庭除之间而学步趋，而步趋于庭除之间自无弗能矣；既已能步趋于庭除之间，则不必更使之扶墙傍壁而学起立移步，而起立移步自无弗能矣。然学起立移步，便是学步趋庭除之始；学步趋庭除，便是学奔走往来于数千里之基，固非有二事。但其工夫之难易[⑤]，则相去悬绝矣。

---

① 颇已明白，无可疑者：已经说得非常清楚了，没有可再怀疑的了。

② 更不必说：更不用说。

③ 如年力壮健之人：好像身体强壮的年轻人。

④ 如襁抱之孩：比如襁褓中的小孩儿。

⑤ 难易：困难简单。

心也，性也，天也，一也，故及其知之成功则一，然而三者人品力量自有阶级，不可躐等而能也。

细观文蔚之论，其意似恐[1]尽心、知天者废却存心、修身之功，而反为尽心、知天之病。是盖为圣人忧工夫之或间断，而不知为自己忧工夫之未真切也。吾侪用工，却须专心致志在夭寿不贰、修身以俟上做[2]，只此便是做尽心、知天功夫之始。正如学起立移步，便是学奔走千里之始。吾方自虑其不能起立移步，而岂遽虑其不能奔走千里[3]，又况为奔走千里者而虑其或遗忘于起立移步之习哉？

文蔚识见，本自超绝迈往，而所论云然者，亦是未能脱去旧时解说文义之习。是为此三段书分疏比合，以求融会贯通，而自添许多意见缠绕[4]，反使用工不专一也。近时悬空去做勿忘勿助者，其意见正有此病，最能担误人，不可不涤除耳。

精彩解说

“尽心”等三个方面，我用过生而知之、学而知之，以及因而知之的观点证明，并且已经说得非常清楚了，没有可再怀疑的了，能懂得尽心、知性、知天的人，根本不需要再讲存心、养性、事天，也没有必要再讲“夭寿不二，修身以俟”，原因是存心、养性以及修生养一的工夫早已经在尽心、知性、知天之中了，可以存心、养性、事天的人，虽说没有达到尽心、知天

---

① 其意似恐：他的意思好像是怕。

② 却须专心致志在夭寿不贰、修身以俟上做：自己的工夫，一定得在“夭寿不二，修身以俟”上一心一意地去做。

③ 而岂遽虑其不能奔走千里：又何必去担心可不可以在数千里路程上奔跑呢。

④ 而自添许多意见缠绕：而是因为自己加了很多模棱两可的意见。

的境界，但早已是在运用尽心、知天的工夫了，更不用说“夭寿不二，修身以俟”了，原因是“夭寿不二，修身以俟”的工夫已经在里面了。

就拿走路这事，尽心、知天的人，好像身体强壮的年轻人，可奔跑上千里的路程，存心、事天的人，就好比年龄小的孩子，只会在院子里练习走路。“夭寿不二，修身以俟”的人，就好比是襁褓里的小孩儿，他只能扶着墙慢慢地学站立学挪步。既然都能在上千里的路上奔跑了，就没有必要再让他在院子里练习走路，原因就是在院子里练习已经没有必要了。既然都能在院子里走路了，也就没有必要再要求他扶着墙学站立学挪步，原因就是没有必要再学站立和挪步了。可是，学习站立和挪步是在院子里走路的基础；学习在院子里走路，是奔跑数千里路程的基础，它们本来就是一回事，可是工夫是有难易差别的，而且相差很远。

就拿心、性、天来说吧，它们的本质是一样的，因此效果也一样。但是，尽心、知性、知天这三种人的人品和才力是有高低差别的，行动时不可超越等级。

仔细研究您的观点以后，我感觉您是在担心那些尽心、知天的人，会不会因为丢弃了存心、修身的工夫，损害到尽心、知天，这就是担忧圣人的工夫间断，而不知道担心自己的工夫是不是真切。自己的工夫，一定得在“夭寿不二，修身以俟”上一心一意地去做，这只是尽心、知天工夫的开始，就好比学习站立挪步是能在数千里路程上奔跑的开始一样。现在我担心的是还不能站立、挪步，又何必去担心在数千里路程上奔跑呢？又何必为那些早已奔跑的人担心他们有没有忘记站立、挪步的本领呢？

您的主张本来早就已经很出众了，可是您所说的话，还没有脱离以前的讲解文义的习惯，所以您才把知天、事天、夭寿不二分成了三部分，还对它们比较、分析、总结，为的是能够连贯起来，但因为加入了很多自己都不太清楚的意见，反而让工夫显得不太专一。如今，有些人凭空去做勿忘勿助的工夫，也是犯了这样的错误，这些错误害人不浅。因此，不可不剔除干净。

一九三

所谓“尊德性而道问学”一节，至当归一[①]，更无可疑。此便是文蔚曾着实用工，然后能为此言[②]。此本不是险僻难见的道理，人或意见不同者，还是良知尚有纤翳潜伏。若除去此纤翳[③]，即自无不洞然矣。

精彩解说

您所说的尊德性和道问学这一节的内容，我认为是很正确一致的，再没有可怀疑的地方。这也体现了你真正用功后才会有如此的见解。这原本不属于生僻不懂的道理。有的人抱有不一样的意见，由于他的良知中还藏着细小的尘埃。如果把这些尘埃洗涤干净，良知自然就会洞然光明了。

一九四

已作书后，移卧檐间[④]，偶遇无事，遂复答此。文蔚之学既已得其大者，此等处久当释然自解，本不必屑屑如此分疏[⑤]。但承相爱之厚，千里差人远及，谆谆下问[⑥]，而竟虚来意，又自不能已于

---

① 至当归一：我认为是很正确一致的。

② 然后能为此言：而后才会有这样的见解。

③ 若除去此纤翳：如果把这些尘埃洗涤干净。

④ 移卧檐间：来到屋檐下躺着。

⑤ 本不必屑屑如此分疏：原本无须做如此琐细的讲解。

⑥ 谆谆下问：虚心请教。

言也。然直戆烦缕已甚[1]，恃在信爱，当不为罪，惟浚及谦之、崇一处，各得转录一通，寄视之，尤承一体之好也。

右南大吉录。

精彩解说

写完信后，我到屋檐下躺着，偶尔没有别的事，就又加了几句。您的学问已经把关键问题抓住了，这些问题等到以后您就会慢慢理解，原本不需要做这样详细的讲解。可是承蒙您的抬爱，不远千里派人来虚心请教，不敢辜负您的一片心意，所以不能不说。但是，我说话又太过于直率、琐碎。凭着您对我的厚爱，我想不可能得罪于您。我这封信请抄写几份，分别寄给惟浚、谦之、崇一等人阅览，尤承一体之好。

以上为南元善摘录。

---

① 然直戆烦缕已甚：但是，我又说得过于直率、琐碎。

训蒙大意示教读刘伯颂等

一九五

古之教者，教以人伦。后世记诵词章之习起，而先王之教亡。今教童子[①]，惟当以孝弟忠信礼义廉耻为专务。其栽培涵养之方[②]，则宜诱之歌诗以发其志意，导之习礼以肃其威仪，讽之读书以开其知觉。今人往往以歌诗习礼为不切时务，此皆末俗庸鄙之见，乌足以知古人立教之意哉！

大抵童子之情，乐嬉游而惮拘检[③]，如草木之始萌芽，舒畅之则条达，摧挠之则衰痿。今教童子，必使其趋向鼓舞，中心喜悦，则其进自不能已[④]。譬之时雨春风，沾被卉木，莫不萌动发越，自然日长月化；若冰霜剥落，则生意萧索，日就枯槁矣[⑤]。故凡诱之

① 今教童子：现在教育学生。

② 其栽培涵养之方：有关教育的方法。

③ 乐嬉游而惮拘检：少年儿童的性情是爱嬉戏玩耍而讨厌约束。

④ 则其进自不能已：他们的进步自不会停止。

⑤ 日就枯槁矣：只会逐渐枯萎。

歌诗者，非但发其志意而已，亦所以泄其跳号呼啸于咏歌，宣其幽抑结滞于音节也；导之习礼者[①]，非但肃其威仪而已，亦所以周旋揖让而动荡其血脉，拜起屈伸而固束其筋骸也；讽之读书者，非但开其知觉而已，亦所以沉潜反复而存其心，抑扬讽诵以宣其志也[②]。凡此皆所以顺导其志意，调理其性情，潜消其鄙吝[③]，默化其粗顽，日使之渐于礼义而不苦其难，入于中和而不知其故。是盖先王立教之微意也。

若近世之训蒙稚者，日惟督以句读课仿，责其检束[④]，而不知导之以礼；求其聪明，而不知养之以善；鞭挞绳缚，若待拘囚[⑤]。彼视学舍如囹狱而不肯入，视师长如寇仇而不欲见，窥避掩覆以遂其嬉游，设诈饰诡以肆其顽鄙，偷薄庸劣，日趋下流[⑥]。是盖驱之于恶而求其为善也，何可得乎？

凡吾所以教，其意实在于此。恐时俗不察[⑦]，视以为迂，且吾亦将去，故特叮咛以告。尔诸教读[⑧]，其务体吾意，永以为训；毋辄因时俗之言，改废其绳墨，庶成蒙以养正之功矣。念之念之！

---

① 导之习礼者：引导他们学习礼仪。

② 抑扬讽诵以宣其志也：在抑扬的诵读中明确志向。

③ 潜消其鄙吝：消除他们的鄙吝和愚顽。

④ 责其检束：要求他们约束自己。

⑤ 若待拘囚：把犯错的学生当囚犯看待。

⑥ 日趋下流：逐渐趋向轻薄下流。

⑦ 恐时俗不察：我忧虑世人不理解。

⑧ 尔诸教读：我特地再三叮嘱。

精彩解说

过去的教育，讲授的内容是以人伦道德为主，后来兴起背诵词章的风气，所以先王的教育意义也就改变了。如今教育学生的主要内容应该是：孝、悌、忠、信、礼、义、廉、耻。至于教育的方法，可利用咏诗唱歌激发他们的兴趣，引导他们学习礼仪，约束他们的仪容；指导他们读书，用来开发他们的智力。现在，人们一贯认为咏诗习礼不适合潮流。这种观点是非常庸俗鄙陋的，他们又怎么会明白古人推行教育的本意。

大多少年儿童的性情，都是爱嬉戏玩耍而不喜欢约束，就好比草木刚发芽，舒畅地生长就能使它迅速发育，促使枝繁叶茂；假如摧残压抑它，就会导致衰弱枯竭。如今，给少年儿童实施教育，最重要的让他们欢欣鼓舞，内心感到愉悦，他们就会不断地进步。就好比春天的和风细雨，花草树木得到滋润，就会抽枝发芽，茁壮生长。要是经过冰霜的侵袭冷冻，它们的生长就会受到挫伤，只会日渐枯萎。因此，借助咏诗唱歌，他们的志趣不但被激发，蹦跳呼喊的情绪也会通过咏诗唱歌发泄出来，忧郁呆板的感情会在抑扬顿挫的音节中抒发出来。引导他们学习礼仪，不仅可严肃他们的仪容，也可让他们通过揖让叩拜活动气血，以及强筋健骨。教导他们读书，不但开发他们的智力，也让他们通过反复的钻研修身养性，通过抑扬的诵读明确志向。这都是为了因势利导他们的志向，在性情中调理保养，借助潜移默化，让他们的鄙吝和愚顽得以消除。这样会慢慢地让他们的行为符合礼仪标准，还不会感到难受，让性情在不知不觉中做到合宜适中。先王推行教育的深刻内涵就是这样。

现在那些教育孩子的人，每天只会督促学生句读和课业练习，严格要求他们约束自己，而不晓得采用礼仪诱导他们；只会希望他们聪明灵巧，却不知道用善培养他们；只会用鞭打绳捆，把犯了错的学生当成囚犯看待。这样，少年儿童就会把学校想象成监狱而不愿意去上学，也会把老师当成仇人而不愿意看到。因此，他们就找机会逃学，以达到嬉戏玩耍，用撒谎捣蛋，用来更加肆意顽皮，慢慢地走向轻薄下流。这样下去，就是在没有意识的情况下驱使他们作恶，但是又想着让他们为善，这二者只会抵触，怎么可能行得通？

这正是我教学观点的用意。我担忧世人不明白，还会把我当成迂腐。再说，我马上要离开这里，因此我特意再三地叮嘱，希望你们这些做老师的人，一定要明白我的用意，并一直遵守，不要由于世俗的言论，去更改我制订的规矩，这一切可能会起到“蒙以养正”的作用。一定要谨记在心！

教约

一九六

每日清晨，诸生参揖毕[1]，教读以次，遍询诸生：在家所以爱亲敬长之心，得无懈忽，未能真切否[2]？温清定省之仪，得无亏缺，未能实践否？往来街衢，步趋礼节，得无放荡，未能谨饬否？一应言行心术，得无欺妄非僻，未能忠信笃敬否[3]？诸童子务要各以实对，有则改之，无则加勉。教读复随时就事，曲加诲谕开发[4]，然后各退就席肄业。

精彩解说

每天清早的时候，学生行完拜见礼后，老师都要挨着个地向每一位学生提问：在家的时候爱护亲人尊敬长辈方面的情况，是不是真情实意地实施着？温清定省的礼节方面，是空缺着还是在做着？在路上行走的时候，是不

---

① 诸生参揖毕：学生拜见行拱手礼后。

② 得无懈忽，未能真切否：是松懈疏忽还是情真意切。

③ 得无欺妄非僻，未能忠信笃敬否：是欺妄怪僻还是忠信笃实。

④ 曲加诲谕开发：委婉地教导和启发。

是能谨慎注意而没有任何放荡的地方？一切言行心术，属于欺妄怪僻还是属于忠信笃实？每位学生都要如实回答，有就改掉，没有加勉。老师要每时每刻对学生给予委婉的教导和启发，而后让学生回到自己的座位上学习。

一九七

凡歌诗，须要整容定气，清朗其声音①，均审其节调，毋躁而急②，毋荡而嚣，毋馁而慑，久则精神宣畅③，心气和平矣。每学量童生多寡，分为四班，每日轮一班歌诗，其余皆就席④，敛容肃听。每五日则总四班递歌于本学。每朔望⑤，集各学会歌于书院。

精彩解说

唱歌咏诗的时候仪表要整洁，心气要安定。声音要明朗，节奏要匀称，不能着急不能烦躁，不能狂不能闹，不要因为难就气馁。慢慢地学生一到学校自然而然精神就饱满了，心也平、气也和了。每所学校根据学生的多少分成四个班，每日安排一个班来唱歌咏诗，别的班都在座位上认真地静听。第五天的时候，让四个班都在学校里唱咏一遍。农历的每月初一、十五，就把各学校召聚在一起在书院里比赛唱歌。

---

① 清朗其声音：声音明朗。

② 毋躁而急：不急不躁。

③ 久则精神宣畅：久而久之，学生一到学校自然精神饱满。

④ 其余皆就席：其余的都在座位。

⑤ 每朔望：农历的每月初一、十五。

一九八

凡习礼，须要澄心肃虑，审其仪节[①]，度其容止，毋忽而惰，毋沮而怍，毋径而野，从容而不失之迂缓，修谨而不失之拘局[②]，久则体貌习熟，德性坚定矣。童生班次[③]，皆如歌诗。每间一日，则轮一班习礼。其余皆就席，敛容肃观[④]。习礼之日，免其课仿。每十日则总四班递习于本学。每朔望[⑤]，则集各学会习于书院。

精彩解说

学习礼仪，一定要做到静心、严肃。老师要仔细观察学生的礼仪细节，审视学生的容貌举止，不可疏忽，不可懒惰，不可自满，不可羞怯，不可随意，不可粗野。要做到从容不迫，但不要像老太太一样迟缓；修行小心，但不要拘束紧张。时间久了，礼貌自然能纯熟，德性自然能坚定。学生的班次好像歌咏。相隔一天，就换到一个班学习礼仪，让别的班坐在座位上认真地静静观看。学习礼仪的那一天，不用去做课外练习。每十天就让这四个班在学校换着练习礼仪，农历的每月初一、十五，各学校召集在书院一同练习礼仪。

① 审其仪节：观察学生的礼仪细节。

② 修谨而不失之拘局：修行谨慎，但不拘束紧张。

③ 童生班次：学生的班次。

④ 敛容肃观：神情严肃地静静观瞧。

⑤ 每朔望：相隔半月。

一九九

凡授书不在徒多[1]，但贵精熟。量其资禀[2]，能二百字者，止可授以一百字。常使精神力量有余[3]，则无厌苦之患，而有自得之美。讽诵之际，务令专心一志，口诵心惟[4]，字字句句细绎反覆，抑扬其音节，宽虚其心意。久则义礼浃洽[5]，聪明日开矣。

精彩解说

作为老师，每次讲授功课的时候，不要讲太多。贵在精、熟。根据学生的资质，认识两百字的，就只教认一百字。这样学生的精力常常有富足，就不会因为辛苦而反感学习，相反还会因为有收获而乐意学习。诵读的时候，必须要让学生全神贯注，口读心想，一字一句，反复琢磨。音节需要抑扬顿挫，思想需要宽广虚静。时间久了，学生自然而然地就会礼貌待人，智慧也会随着时间增长。

---

① 不在徒多：不要讲太多。

② 量其资禀：依据学生的资质。

③ 常使精神力量有余：让学生的精神力量常有富足。

④ 口诵心惟：口读心想。

⑤ 久则义礼浃洽：久而久之，学生自会礼貌待人。

二〇〇

每日工夫，先考德[①]，次背书诵书，次习礼，或作课仿，次复诵书讲书，次歌诗。凡习礼歌诗之类[②]，皆所以常存童子之心，使其乐习不倦，而无暇及于邪僻。教者知此，则知所施矣。虽然，此其大略也，神而明之，则存乎其人。

精彩解说

当老师教育学生，每天必须先考察他的德性，然后依次是背书、读书，练习礼仪或做课后练习，读、讲书、唱歌咏诗。凡是练习礼仪，唱歌咏诗等，都是为了维护学生的童心，让他们喜欢学习而不是厌倦，这样就无多余的时间去干无用的事了。老师们如果知道了这一点，也就明白该如何教育学生了。即便这样，这里也只是做了一个大概的述说。毕竟，“神而明之，则存乎其人”。

---

① 先考德：先考察他的德性。

② 凡习礼歌诗之类：大凡练习礼仪唱歌咏诗等。

◎传习录　下◎

二〇一

正德乙亥[①]，九川[②]初见先生于龙江，先生与甘泉[③]先生论格物之说，甘泉持旧说。先生曰："是求之于外了。"甘泉曰："若以格物理为外[④]，是自小其心也。"九川甚喜旧说之是。先生又论《尽心》一章，九川一闻，却遂无疑[⑤]。后家居，复以格物遗质。先生答云："但能实地用功，久当自释[⑥]。"山间乃自录《大学》旧本读之，觉朱子格物之说非是；然亦疑先生以意之所在为物，"物"字未明。

己卯，归自京师，再见先生于洪都。先生兵务倥偬，乘隙讲授[⑦]，首问："近年用功何如？"

九川曰："近年体验得'明明德'功夫只是'诚意'。自'明明德于天下'，步步推入根源[⑧]，到'诚意'上，再去不得，如何以前又有格致工夫？后又体验，觉得意之诚伪，必先知觉乃可，以颜子'有不善未尝知之，知之未尝复行'为证，豁然若无疑；却又

---

① 正德乙亥：明正德十年。

② 九川：指惟浚。

③ 甘泉：指湛若水。

④ 若以格物理为外：若认为寻求物理是外。

⑤ 却遂无疑：对先生关于格物的阐释再也没有疑问。

⑥ 久当自释：久而久之，自会清楚明白。

⑦ 先生兵务倥偬，乘隙讲授：先生军务缠身，只得抽空给九川讲授。

⑧ 步步推入根源：逐步追溯本源。

多了格物功夫。又思来吾心之灵，何有不知意之善恶？[1]只是物欲蔽了，须格去物欲，始能如颜子未尝不知耳。又自疑功夫颠倒，与诚意不成片段。后问希颜。希颜曰：‘先生谓格物致知是诚意功夫，极好。’九川曰：‘如何是诚意功夫？’希颜令再思体看，九川终不悟，请问。”

先生曰：“惜哉！此可一言而悟[2]！惟浚所举颜子事便是了，只要知身、心、意、知、物是一件。”

九川疑曰：“物在外，如何与身、心、意、知是一件？”

先生曰：“耳目口鼻四肢，身也，非心安能视听言动[3]？心欲视听言动，无耳目口鼻四肢亦不能，故无心则无身，无身则无心。但指其充塞处言之谓之身，指其主宰处言之谓之心，指心之发动处谓之意，指意之灵明处谓之知，指意之涉着处谓之物：只是一件。意未有悬空的，必着事物，故欲诚意，则随意所在某事而格之，去其人欲而归于天理，则良知之在此事者无蔽而得致矣。此便是诚意的功夫。”

九川乃释然，破数年之疑[4]。

又问：“甘泉近亦信用[5]《大学》古本，谓格物犹言造道[6]。又

---

① 又思来吾心之灵，何有不知意之善恶：我又考虑到，我心的灵敏岂能不知意地善恶？

② 此可一言而悟：只要理解身、心、意、知、物均是一回事就行了。

③ 非心安能视听言动：耳目口鼻及四肢，是人的身体，若没有心岂能视、听、言、动？

④ 破数年之疑：积存在心中的疑虑终于消除。

⑤ 信用：指深信。

⑥ 犹言造道：犹如求道。

谓穷理如穷其巢穴之穷，以身至之也。故格物亦只是‘随处体认天理’，似与先生之说渐同。”

先生曰：“甘泉用功，所以转得来[①]。当时与说‘亲民’字不须改，他亦不信，今论格物亦近[②]，但不须换‘物’字作‘理’字，只还他一‘物’字便是。”

后有人问九川曰：“今何不疑‘物’字？”

曰：“《中庸》曰‘不诚无物’，程子曰‘物来顺应’，又如‘物各付物’、‘胸中无物’之类，皆古人常用字也。”

他日，先生亦云然[③]。

精彩解说

正德乙亥年（1515年），九川在龙江第一次与先生见面。那个时候，先生正与甘泉探讨格物学说。甘泉十分坚持朱熹的见解。先生说道：“这样做就是在心外寻求了。”甘泉说：“假如认为寻求物理是外，那就把自己的心看小了。”我赞同朱熹的见解。先生接着说到了《孟子·尽心上》，我听了以后，对先生关于格物的阐释无一点疑问了。后来，我在家中闲着，就有一次请教关于格物问题。先生回答说：“只要能真正地用功，随着时间的推移，自然就会明白。”我在山中小住，读自己抄录的《大学》旧本，然后感觉朱熹的格物学说不太对。可是，先生主张物是意的所在处，我感觉这个“物”字还不够明确。

乙卯年（1519年），九川从京都归来，在洪都又一次见到先生。当时先生军务缠身，只好抽时间给九川讲解。第一先询问了九川近几年来用功的

---

① 甘泉用功，所以转得来：甘泉肯用功，所以脑筋转弯也快。

② 今论格物亦近：如今，他说的“格物”也基本上正确了。

③ 先生亦云然：先生也这样说。

情况。

九川说："近几年来我领悟到'明明德'的工夫只是'诚意'。从'明明德于天下'，一步一步追溯本源，只到了'诚意'上，诚意之前为什么又有格物致知的工夫？经过后来的体会，我认为意的真诚与不真诚，一定先有知觉才行。从颜回'有不善未尝知之，知之未尝复行'的话语中可以得到说明，因此我深信不疑。但是其中又如何多了一个格物致知的工夫。我又想到，我心的敏锐怎么能不知道意的善恶，只不过是被物欲蒙蔽了。只有格除物欲，才学颜回一有不善马上会知道。因此，我质疑我的工夫是不是做反了，导致与诚意无法直接联系。后来我请教希颜，希颜说：'先生主张格物致知是诚意的工夫，很对。'我说：'诚意的到底是说什么呢？'希颜让我去做深入思考。可是我依然没能领悟，特意向先生请教。"

先生说："太可惜啊！这个问题一句话就能说明，你所说的颜回的事正是。只要理解身、心、意、知、物都是一回事就行了。"

九川仍然不明白地问："物在外，与身、心、意、知如何是一回事？"

先生说："耳目口鼻以及四肢，是人的身体，假如无心怎么可视、听、言、动？心想着视、听、言、动，假如无耳目口鼻以及四肢也不行。所以讲，无心就无身，无身也就无心。身是从充盈空间上说的，心是从主宰上说的，意是从心的发动上说的，知是从心的灵明上说的，物是从意的涉及外说的，都是一回事。意是不能凭空而生的，一定得牵涉到事物。因此要想诚意，就和随意所在的某件事去'格'，把私欲剔除到天理，那么良知在这件事上，就不可能被蒙蔽而能够'致'了。这就是诚意的工夫。"

先生这番话终于消除了囤积在九川心中的疑虑。

九川接着又问："甘泉先生最近很相信《大学》的旧版本，他认为格物就好像求道，又认为穷理的穷就像穷巢穴的穷，将身延伸到巢穴中去。所以，格物也只不过是随处体认天理。这就和先生的主张慢慢靠近了。"

先生说："甘泉肯用功，因此脑筋转弯也就快。过去我对他说'亲民'没有必要改为'新'民，他不信。现在，他说的'格物'也大体上正确了。但没有必要把'物'改成'理'，'物'字没有必要改变。"

后来有人问陈九川："现在怎么不疑虑'物'了？"

九川回答说："《中庸》上说'不诚无物。'程颐也说'物来顺应''物各付物'，'胸中无物'等。由此可见'物'字是古人常用字。"

有一天，先生也如此说。

二〇二

九川问："近年因厌泛滥之学[①]，每要静坐，求屏息念虑。非惟不能，愈觉扰扰，如何？"

先生曰："念如何可息[②]？只是要正。"

曰："当自有无念时否？"

先生曰："实无无念时。"

曰："如此却如何言静？"

曰："静未尝不动[③]，动未尝不静。戒谨恐惧即是念，何分动静？"

曰："周子何以言'定之以中正仁义而主静'？"

曰："无欲故静[④]，是'静亦定，动亦定'的'定'字，主其本体也。戒惧之念是活泼地。此是天机不息处，所谓'维天之命，於穆不已'，一息便是死[⑤]。非本体之念，即是私念。"

---

① 厌泛滥之学：厌恶泛览博观。

② 念如何可息：思虑念头，怎么能打消。

③ 静未尝不动：静并非不动。

④ 无欲故静：没有欲念自然会静。

⑤ 一息便是死：一旦有停息就是死亡。

精彩解说

九川问："近几年来因为厌恶泛览博观，经常想一个人静坐，以求摒弃思虑念头。可是，不但没有达到目的，相反更觉得心神不宁，这是为什么呢？"

先生说："思虑念头怎么可能打消？只可让它归于正统。"

九川问："念头是不是有无的时候？"

先生说："还真的没有无念的时候。"

九川又问："既然这样，那么为什么说静呢？"

先生说："静并不是不动，动也并不是不静。念头就是戒慎恐惧，为什么要区分动和静？"

九川说："周敦颐为什么要说'定之以中正仁义而主静'呢？"

先生说："没有欲念自然而然就会静，周敦颐所说的'定'指'静也定，动也静'中的'定'，'主'就是主体。戒慎恐惧的念头是活泼的，正显现天机的流动不息，这也就是所说的'维天之命，于穆不已'。一停息也就死亡了，不是本体所发出的念，属于私心杂念。

二〇三

又问："用功收心时，有声色在前，如常闻见[①]，恐不是专一。"

曰："如何欲不闻见[②]？除是槁木死灰、耳聋目盲则可。只是虽闻见而不流去，便是。"

---

① 如常闻见：还如同平常那样去听去看。

② 如何欲不闻见：怎么能不想听，怎么能不想看。

曰："昔有人静坐[1]，其子隔壁读书，不知其勤惰[2]，程子称其甚敬。何如？"

曰："伊川恐亦是讥他[3]。"

精彩解说

九川再次问："用功收敛身心的时候，倘若有声色出现在眼前，还和平常那样去听去看，只恐就不能专一了。"

先生说："怎么会听不到、看不到？除非是那些死灰槁木、耳聋眼瞎的人。就是听见看见了，只要心不跟随它就行。"

九川说："过去有个人静坐的时候，他儿子就在隔壁读书，他却不知道儿子有没有在读书。他很能持静受到程颐的赞扬。这是怎么回事？"

先生说："程颐也许是在讽刺他。"

二〇四

又问："静坐用功，颇觉此心收敛，遇事又断[4]了。旋起个念头[5]，去事上省察。事过又寻旧功，还觉有内外，打不作一片。"

先生曰："此格物之说未透[6]。心何尝有内外？即如惟浚，今在此讲论，又岂有一心在内照管？这听讲说时专敬，即是那静坐时心，功夫一贯，何须更起念头？人须在事上磨炼，做功夫乃

① 昔有人静坐：从前有人静坐。

② 不知其勤惰：不知道儿子是否在读书。

③ 讥他：讽刺他。

④ 断：间断。

⑤ 旋起个念头：马上起个念头。

⑥ 未透：没有理解透。

有益[1]。若只好静，遇事便乱，终无长进。那静时功夫亦差，似收敛，而实放溺也。”

后在洪都，复[2]与子中、国裳论[3]内外之说。渠皆云：“物自有内外，但要内外并着功夫，不可有间耳！”以质先生[4]。曰：“功夫不离本体，本体原无内外，只为后来做功夫的分了内外，失其本体了。如今正要讲明，功夫不要有内外，乃是本体功夫。”是日俱有省[5]。

精彩解说

九川再次问：“静坐用功的时候，十分感觉到此心在收敛。但如果有事情发生就会又被间断，立刻冒个念头到所遇的事上去省察。等事情过了后再去找原来的功夫，依旧觉得有内外之分，始终打不成一片。”

先生说：“这是由于没有深刻地理解格物。心什么时候有内外？比方说你现在在这里讨论，怎么会还有一个心在里边照管着？现在一心听讲与说话的心就是静坐时候的心。功夫是一贯的，怎么还会需要冒起一个念头？人一定要在事上磨炼，在事上用功才会有帮助。如果只喜欢静，遇事就容易慌乱，始终不能有进步。那静时候的功夫，表面上看属于收敛，实际上却属于放纵沉沦。”

后来在洪都的时候，九川再次和于中、国裳探讨内外的问题。于中、国裳他俩都说身体本身就有内有外，不过内外都得兼顾，功夫不分内外。三人向先生请教这个问题。

先生说：“功夫不能离开本体，本体原本没有内外之分。不过是因为

---

① 人须在事上磨炼，做功夫乃有益：人必须在事上磨炼，在事上用功才会有帮助。

② 复：又。

③ 论：讨论。

④ 以质先生：就这个问题，三人向先生请教。

⑤ 是日俱有省：这天里，大家都有所心得。

后做功夫的人把它分成内外，丢失了本体。现在所讲的就是说功夫不要分内外，这个才属于本体的功夫。”

这一日里，大家都有所心得。

二〇五

又问：“陆子之学何如[①]？”

先生曰：“濂溪、明道之后，还是象山，只是粗些[②]。”

九川曰：“看他论学，篇篇说出骨髓[③]，句句似针膏肓，却不见他粗。”

先生曰：“然他心上用过功夫，与揣摹依仿[④]、求之文义自不同，但细看有粗处。用功久当见之。”

精彩解说

九川又问：“陆九渊的主张应该怎样评价？”

先生说：“自周敦颐、程颢之后，也就只剩下陆九渊了，只不过他稍显粗犷了些。”

九川说：“从他讲学上看，每一篇好象都讲到了骨髓上，句句好像刺入膏肓，怎么看不出他到底在何处粗犷。”

先生说：“是的。这是因为他曾在心上下过功夫。这和只是在文义上揣摸模仿的自然不一样，但只要注意看就会发现有粗犷的地方。这一点，用功久了就认识到。”

---

① 何如：怎么样，如何。

② 只是粗些：只是稍显粗犷了些。

③ 篇篇说出骨髓：每篇好象都说到了骨髓上。

④ 与揣摹依仿：这与仅在文义上揣摸仿效的自然不同。

二〇六

庚辰[1]往虔州，再见先生，问："近来功夫虽若稍知头脑，然难寻个稳当快乐处[2]。"

先生曰："尔却去心上寻个天理，此正所谓理障。此间有个诀窍。"

曰："请问如何？"

曰："只是致知。"

曰："如何致？"

曰："尔那一点良知，是尔自家底准则。尔意念着处[3]，他是便知是，非便知非，更瞒他一些不得。尔只不要欺他，实实落落依着他做去，善便存，恶便去[4]。他这里何等稳当快乐。此便是格物的真诀、致知的实功。若不靠着这些真机，如何去格物？我亦近年体贴出来如此分明，初犹疑只依他恐有不足，精细看无些小欠阙。"

精彩解说

庚辰（1520年），九川在虔州，再一次看见先生。九川问："这些日

① 庚辰：明正德十五年（公元1520年）。

② 近来功夫虽若稍知头脑，然难寻个稳当快乐处：最近，功夫虽略微掌握些要领，但想寻找到一个稳当快乐的地方，倒十分困难。

③ 尔意念着处：你的意念所到之处。

④ 善便存，恶便去：如此就能存善，如此就能除恶。

子，虽说功夫稍微掌握了一些要领，可是想要寻找一个稳当快乐的地方，还是非常困难。”

先生说：“你这正是到心上去寻找一个天理，这就是所说的‘理障’。这里有一个窍门。”

九川问：“请问是什么窍门？”

先生说：“它便是致知。”

九川问：“怎样才能做到致知？”

先生说：“你自己的那点良知，正是你的行为准则。你自己的意念到了，对的就明白对了，错的就明白错了，不可能有一点的隐瞒。只要你不去欺骗良知，真正地依循着良知去做，这样就可存善，这样就可除恶。这时是何等的稳当快乐！这些就是格物的真正秘诀，致知的实在功夫。要是不仰仗这些真机，怎么去格物？对于这点，我也是最近这几年才领悟得这样清楚。刚开始，我还不相信，单凭良知一定会有不足，可是经过仔细体会，自然而然地就会感觉到没有一点缺陷。”

二〇七

在虔[①]，与于中、谦之同侍。

先生曰：“人胸中各有个圣人，只自信不及，都自埋倒了[②]。”

因顾于中曰：“尔胸中原是圣人。”

于中起不敢当。

先生曰：“此是尔自家有的，如何要推？”

于中又曰：“不敢。”

①在虔：在虔州。

②都自埋倒了：自己把圣人给埋没了。

先生曰："众人皆有之，况在于中[1]，却何故谦起来？谦亦不得。"

于中乃笑受。

又论："良知在人，随你如何不能泯灭，虽盗贼亦自知不当为盗，唤他做贼，他还忸怩[2]。"

于中曰："只是物欲遮蔽，良心在内，自不会失，如云自蔽日，日何尝失了！"

先生曰："于中如此聪明，他人见不及此[3]。"

精彩解说

在虔州时，陈九川和于中、邹守益一起陪伴着先生。先生说："每个人的胸中都有一个圣人，只不过因为自信心不足，自己把圣人给埋没了。"

先生对于中接着说："你的胸中原来就是圣人。"

于中忙站起说，"可不敢当。"

先生说："这是你自己所有的，为什么要推辞？"

于中还是说："不敢当，真的不敢当。"

先生说："所有的人都有，就别说你了？你何必要谦让？谦让也是要不得的。"

于是于中笑着接受了。

先生又说："良知在人身体上，不管你如何，也泯灭不了它。比方说盗贼，他也知道不应该去偷窃，当说他是贼的时候，他也会羞愧感到不好意思。"

于中说："这就是被物欲给蒙蔽了。在人的心中存有良知，就不会自己

① 众人皆有之，况在于中：每个人都有，更何况你呢？

② 他还忸怩：他也会羞愧而不好意思。

③ 他人见不及此：别人还未看到这一点。

消失。好像乌云遮住了太阳，而太阳是不可能因为这就不存在的。”

先生说：“于中真聪明，别人还没有看到这一点。”

二〇八

先生曰：“这些子看得透彻，随他千言万语，是非诚伪，到前便明[1]。合得的便是，合不得的便非，如佛家说心印相似，真是[2]个试金石、指南针。”

精彩解说

先生说：“把这些道理都研究透了，随便他说什么万语千言，对错真假，一看就知道。与之相符的就正确，不相符的当然就是错的。这和佛教所讲的‘心印’相近，堪称是个试金石、指南针。”

二〇九

先生曰：“人若知这良知诀窍，随他多少邪思枉念，这里一觉，都自消融，真个是灵丹一粒，点铁成金[3]。”

精彩解说

先生说：“人要是深谙良知的诀窍，任凭他有再多的歪思邪念，一旦被良知发觉，自然而然就会消融。犹如灵丹一粒，会点铁成金。”

---

① 到前便明：一看就会知道。

② 真是：的确。

③ 点铁成金：把铁一点就成为金子。

二一〇

崇一[1]曰："先生致知之旨，发尽精蕴，看来这里再去不得。"

先生曰："何言之易也[2]！再用功半年，看如何；又用功一年，看如何。功夫愈久，愈觉不同，此难口说。"

精彩解说

欧阳德说："先生把致良知这一宗旨阐述得淋漓尽致，看来这里没有办法再讲了。"

先生说："怎么能说得这样简单？再用半年功，看看会怎么样？再用一年功，看看又会怎样？用功时间越长，感觉越不一样，这里面的奥妙难以用语言表达。"

二一一

先生问九川："于'致知'之说体验如何[3]？"

九川曰："自觉不同往时，操持常不得个恰好处，此乃是恰好处[4]。"

先生曰："可知是体来与听讲不同。我初与讲时，知尔只是

---

① 崇一：指欧阳德。

② 何言之易也：怎能说得这样随便？

③ 于'致知'之说体验如何：如何体验致知的观点。

④ 此乃是恰好处：现在，感觉到这致知就是恰到好处。

忽易，未有滋味。只这个要妙，再体到深处，日见不同，是无穷尽的。”

又曰：“此‘致知’二字，真是个千古圣传之秘[1]；见到这里，百世以俟圣人而不惑！”

精彩解说

先生问九川：“你是怎样体验致知的观点的？”

九川说：“我感觉和以前不一样。过去在操持的时候，常常找不到一个刚刚正好的。如今，觉得这致知就恰到好处。”

先生说：“从这里看出，体会到的和听讲到的真的不一样。刚开始我给你讲的时候，看得出你是随随便便的，无法体会到其中的滋味。就这个好办法再做更深的体会，每天都会有新的认识，这是无止境的。”

先生又说：“‘致知’二字，真正是千古圣贤相传的秘诀，明白了‘致知’，自然而然就会‘百世的俟圣人而不惑’。”

二一二

九川问曰：“伊川说到‘体用一原，显微无间’处，门人已说是‘泄天机’。先生致知之说，莫亦泄天机太甚否[2]？”

先生曰：“圣人已指以示人，只为后人掩匿，我发明耳，何故说泄[3]？此是人人自有的，觉来甚不打紧一般。然与不用实功人

① 真是个千古圣传之秘：的确是千古圣贤相传的秘诀。

② 莫亦泄天机太甚否：是不是也过多地泄露了天机。

③ 何故说泄：怎能说这是泄露天机？

说，亦甚轻忽，可惜彼此无益[1]。与实用功而不得其要者提撕之，甚沛然得力。”

精彩解说

九川问：“当程颐先生说到‘体用一源，显微无间’的时候，学生都说他泄露了天机。先生的致知学说，会不会同样泄露了很多天机？”

先生说：“圣人早已经把致良知告诉了世人，只不过是后人把它隐藏起来了，我呢，只不过使它重新显露出来，怎么会说这样做是泄露天机？致知是人生来就有的，只不过觉察到了没有引起重视。所以，我告诉那些没有切实用功的人，他们却不屑一顾，我可惜彼此都无好处。我对那些真正用功但不得要领的人揭示致知，让他们感到获益匪浅。”

二一三

又曰：“知来本无知，觉来本无觉，然不知，则遂沦埋[2]。”

精彩解说

接着说：“知道了，才懂得本无知；感受到了，才懂得本无觉。可是，不知道就会沉沦埋没。”

---

① 亦甚轻忽，可惜彼此无益：他们不屑一顾，我可惜互相无益处。

② 则遂沦埋：不知就会沉沦埋没。

二一四

先生曰："大凡朋友[①]，须箴规指摘处少，诱掖奖劝意多[②]，方是。"

后又戒九川云："与朋友论学，须委曲谦下，宽以居[③]之。"

精彩解说

先生又说："只有和朋友相处，就应该彼此间少说点规劝指责，多说点开导鼓励，只有这样才是正确的。"

后来先生又告诉九川说："与朋友一同探讨学问，应当委曲谦让，宽厚待人。"

二一五

九川卧病虔州[④]。先生云："病物亦难格，觉得如何？"

对曰："功夫甚难。"

先生曰："常快活便是功夫。"

精彩解说

陈九川在赣州的时候生病了。

先生说："病这个事物也不容易格啊，你觉得怎样了？"

---

① 大凡朋友：但凡与朋友相处。

② 须箴规指摘处少，诱掖奖劝意多：彼此间应当少一点规劝指责，多一点开导鼓励。

③ 宽以居：宽厚待人。

④ 九川卧病虔州：陈九川在赣州的时候生病了。

陈九川说："这个功夫真的非常难。"

先生说："经常快活就是功夫。"

二一六

九川问："自省念虑或涉邪妄，或预料理天下事[①]，思到极处，井井有味，便缱绻难屏。觉得早则易，觉迟则难；用力克治，愈觉扞格[②]。惟稍迁念他事，则随两忘。如此廓清，亦似无害[③]。"

先生曰："何须如此！只要在良知上着功夫。"

九川曰："正谓那一时不知。"

先生曰："我这里自有功夫，何缘得他来？只为尔功夫断了，便蔽其知[④]。既断了，则继续旧功便是，何必如此。"

九川曰："直是难鏖[⑤]，虽知，丢他不去。"

先生曰："须是勇。用功久，自有勇。故曰'是集义所生者'，胜得容易，便是大贤。"

精彩解说

陈九川问："我自己省察意念思虑，有的时候是邪念妄念，有的时候是

① 自省念虑或涉邪妄，或预料理天下事：自己省察意念思虑，有时是邪念妄念，有时是思考天下之事。

② 用力克治，愈觉扞格：用力克治，更觉得难以平复。

③ 如此廓清，亦似无害：用这样的办法来廓清心体好像也没有害处吧。

④ 便蔽其知：便遮蔽了良知。

⑤ 直是难鏖：这真是一场鏖战。

思考天下的事，思考到深处的时候，感到津津有味，就不容易停息下来。察觉得早还可克治，但是迟了就不容易克治了。要用力克治，更不容易平复。只好去想别的事情，才能忘掉。用这种办法廓清心体无害处吧。”

先生说：“何必这样，只需在良知上下工夫就行了。”

陈九川说：“正因为在那时候良知不会发挥。”

先生说：“我心体上自有工夫，哪里需要依赖其他？只是因为你的工夫断了，便容易遮蔽良知。既然断了，那就接着用功好了。没有必要再想别的方法。”

陈九川说：“这真是一场鏖战。虽然知道，却不容易克除。”

先生说：“需要勇气。用功久了，自然就有勇气了。所以说时时刻刻用功才能积聚浩然之气。要是你能轻易取胜，早已称得上是大贤了。”

二一七

九川问：“此功夫[①]却于心上体验明白，只解书不通[②]。”

先生曰：“只要解心。心明白，书自然融会[③]。若心上不通，只要书上文义通，却自生意见。”

精彩解说

陈九川问：“先生所说的这种功夫在心上体验明白，只是解读起来解释不通书上的文句。”

先生说：“只需要解心就行了，心上清楚，书自然能融会贯通。假如心上不通，光想着通过书上的文句弄通，便会为了逻辑通顺，自己编造出别的意思来。”

---

① 此功夫：指只要在良知上着功夫。

② 只解书不通：只是解读不通书上的文句。

③ 书自然融会：书自然能融会贯通。

二一八

有一属官，因久听讲先生之学，曰："此学甚好。只是簿书讼狱繁难[1]，不得为学。"

先生闻之曰："我何尝[2]教尔离了簿书讼狱悬空去讲学？尔既有官司之事，便从官司的事上为学，才是真格物。如问一词讼，不可因其应对无状，起个怒心；不可因他言语圆转，生个喜心；不可恶其嘱托，加意治之；不可因其请求，屈意从之；不可因自己事务烦冗，随意苟且断之[3]；不可因旁人谮毁罗织，随人意思处之。这许多意思皆私，只尔自知，须精细省察克治[4]，惟恐此心有一毫偏倚，杜人是非，这便是格物致知。簿书讼狱之间，无非实学，若离了事物为学，却是著空。"

精彩解说

有这么一个属官，因为长期听先生讲学，说："这学说挺好，只是处理公文、诉讼断案繁杂，没有办法去学。"这个属官把心性之学和实际工作生活没有联系在一起，认为心性之学不过只是大而没有用的学，跟实际生活扯不上关系。

先生听说了以后就说："我什么时候教你脱离公文和诉讼悬空去讲学？

---

① 只是簿书讼狱繁难：只是处理公文、诉讼断案繁杂困难。

② 何尝：什么时候。

③ 不可因自己事务烦冗，随意苟且断之：不可以因为自己事务繁忙，就随意苟且判决。

④ 须精细省察克治：必须精细省察克治。

你既然有官司要处理，就应该从官司的事上去用功，才是真的格物。比方说审案，不要因为当事人的应对不恰当，就心里发怒；不要因为他言辞动听，就心里喜欢；不要因为讨厌他的嘱托，就想着专门惩治他；不要因为他求情，就屈意答应他；不要因为自己事务繁忙，就随便苟且判决；不要因为别人诬陷，处理时就随了他们的意。这里面有许多意念心思都属于私意，只有你自己知道，一定要精细省察克治，就怕因为自己心中的一丝偏倚而做出错误的判断。这便是格物、致知。文书断案等事情，都属于实学。假如离开了具体的事情而用功，就属于不切实际了。”

二一九

虔州将归[1]，有诗别先生云[2]：“良知何事系多闻，妙合当时已种根。好恶从之为圣学，将迎无处是乾元。”

先生曰：“若未来讲此学[3]，不知说‘好恶从之’从个甚么。”

敷英在座，曰：“诚然。尝读先生《大学古本序》，不知所说何事[4]。及来听讲许时，乃稍知大意。”

精彩解说

陈九川马上从赣州离开，给先生写了一首诗：“良知何事系多闻，妙合当时已种根。好恶从之为圣学，将迎无处是乾元。”

先生说：“假如你不来这里讲习良知之学，就不明白‘好恶从之’中从的是什么。”

① 归：离开。

② 有诗别先生云：写了一首作别诗送给先生。

③ 若未来讲此学：假如没有来这里讲习良知之学。

④ 不知所说何事：不知道讲的是什么意思。

敷英在座，说："真的是这样。我过去也读先生《大学古本序》，但不知道讲的是什么意思。来这里听讲了一段时间之后，才略微知道个大意。"

二二〇

于中、国裳辈同侍食[①]。先生曰："凡饮食只是要养我身，食了要消化；若徒蓄积在肚里，便成痞了[②]，如何长得肌肤？后世学者博闻多识，留滞胸中，皆伤食之病也。"

先生曰："圣人亦是学知，众人亦是生知。"

问曰："何如？"

曰："这良知人人皆有，圣人只是保全，无些障蔽，兢兢业业，亹亹翼翼，自然不息，便也是学；只是生的分数多，所以谓之生知安行。众人自孩提之童，莫不完具此知[③]，只是障蔽多，然本体之知自难泯息，虽问学克治，也只凭他；只是学的分数多，所以谓之学知利行。"

精彩解说

于中、国裳等人和先生一个桌子吃饭。先生说："吃饭是为了补充身体的营养，吃了就得消化消化。假如吃的东西都存积在肚子里，就容易得痞病，如何有助于身体的生长发育？孔孟之后的学者博闻多记，所有的知识都装在胸中，都是得了光吃不消化的痞病。"

先生说："圣人亦是学知，众人亦是生知。"

---

① 同侍食：一个桌子吃饭。

② 若徒蓄积在肚里，便成痞了：假如只是吃而不消化，就容易得痞病。

③ 众人自孩提之童，莫不完具此知：人们小的时候都是具备良知的。

九川问："这样说是为什么？"

先生说："人人都有良知。圣人只是不让它遭受任何蒙蔽而保护它，只要兢兢业业，勤勤恳恳，良知一定常在，这也属于修习。只是生知的分量大，所以叫生知安行。所有的人小的时候都具备良知，只不过是障碍、遮蔽太多。可是，那本体的知不容易泯灭，就是求学克治，也不过依循良知。只是学的分量大，所以叫学知利行。"

二二二

黄以方[①]问："先生格致之说，随时格物以致其知，则知是一节之知，非全体之知也。何以到得溥博如天、渊泉如渊[②]地位？"

先生曰："人心是天渊。心之本体无所不该，原是一个天。只为私欲障碍，则天之本体失了。心之理无穷尽，原是一个渊。只为私欲窒塞，则渊之本体失了。如今念念致良知[③]，将此障碍窒塞一齐去尽，则本体已复，便是天渊了。"

乃指天以示之曰："比如面前见天，是昭昭之天[④]，四外见天，也只是昭昭之天，只为许多房子墙壁遮蔽，便不见天之全体[⑤]，若撤去房子墙壁，总是一个天矣，不可道眼前天是昭昭之天，外面又不是昭昭之天也。于此便见一节之知，即全体之知；全

① 黄以方：黄直，王阳明的学生。

②"溥博"二句：出自《中庸》。

③ 如今念念致良知：如今念念不忘致良知。

④ 比如面前见天，是昭昭之天：比如你看到的面前的天，是光明的天。

⑤ 只为许多房子墙壁遮蔽，便不见天之全体：只是由于许多房子墙壁遮掩，就看不见天的全部。

体之知，即一节之知。总是一个本体。”

先生曰：“圣贤非无功业节气，但其循着这天理，则便是道，不可以事功气节名矣[①]。”（已下门人黄直录）

精彩解说

黄以方问：“先生对格致的学说，明确说明应随时格物致良知，良知是一事一物良知，不是全体的良知，怎样才能做到‘溥博如天，渊泉如渊’的地步呢？”

先生说：“人心好比天，人心好比渊。心的本体就是没有什么不能包含的，本来就是一个天，只不过常被私欲所阻碍，导致天的本体就迷失了。内心的天理当时没有穷尽的，原本是一个深渊，只是由于私欲的阻塞，深渊的本体就迷失了。现在念念不忘致良知，把这些障碍、阻塞全都去除干净，本体才可恢复，就仍然是天和渊了。”

先生再指着天给黄以方启示说：“比方你面前的天，是光明的天；四面有墙挡着的天，也是光明的天。但是由于很多房子墙壁挡着，就不能看见天的全部，要是撤去这些墙壁，总还是一个天。因此，不可以说面前的天是光明的天，四周有遮挡的天就不是光明的天。从而可得，一事一物的良知就是全体的良知，全体的良知也就是一事一物的良知，都说的是一个良知的本体。”

先生说：“圣贤并非没有功业和气节，只不过他们能遵循这些天理，这就是道。圣贤不是由于功业气节而闻名天下的。”

---

① 不可以事功气节名矣：圣贤不是因为功业气节而闻名天下。

二二四

“‘发愤忘食’，是圣人之志如此，真无有已时；‘乐以忘忧’[①]，是圣人之道如此，真无有戚时，恐不必云得不得也。”

精彩解说

“‘发愤忘食’是指圣人履行自己的志向时的一种状态，说圣人没有停下休息的时候；‘乐以忘忧’是指圣人履行天道的时候的一种状态，说圣人没有忧虑的时候。恐怕没有必要说什么得不得了。”

二二五

先生曰：“我辈致知，只是各随分限所及[②]。今日良知见在如此，只随今日所知扩充到底[③]；明日良知又有开悟，便从明日所知扩充到底，如此方是精一功夫[④]。与人论学，亦须随人分限所及。如树有这些萌芽，只把这些水去灌溉。萌芽再长，便又加水。自拱把以至合抱[⑤]，灌溉之功皆是随其分限所及。若些小萌芽，有一桶水在，尽要倾上，便浸坏他了。”

---

① 发愤忘食、乐以忘忧：学习很用功，以至于忘记吃饭，心怀天道，欣然自得其乐，以至于忘记忧愁。

② 只是各随分限所及：只是根据自身所处的阶段尽力而为。

③ 只随今日所知扩充到底：只把今天的良知扩充到底。

④ 如此方是精一功夫：领悟天道、致良知要精益求精、专一其心。

⑤ 自拱把以至合抱：树木从两手合握长到双臂合抱。

精彩解说

先生说："我们致良知，不过是根据自身所处的阶段做出最大的努力。现在良知见识处于这样一个高度，就把现在的良知扩大到底；将来良知又有新的开悟，就把将来的良知扩大到底。这样才是惟精惟一的功夫。和别人探讨学问，也应该根据人所处的阶段对应。就像树木刚刚发芽，只需要用一些水灌溉，发芽再生长，而后再加水。树就会从两手合握那么粗长到双臂合抱的程度，灌溉也需要根据树所处的生长阶段浇灌。假如在刚萌芽的小苗上浇一大桶水，就会把小苗给浸泡坏。"

二二六

问"知行合一"。

先生[①]曰："此须识我立言宗旨[②]。今人学问，只因知行分作两件，故有一念发动，虽是不善，然却未曾行，便不去禁止[③]。我今说个知行合一，正要人晓得一念发动处，便即是行了。发动处有不善[④]，就将这不善的念克倒了。须要彻根彻底，不使那一念不善潜伏在胸中。此是我立言宗旨。"

精彩解说

有人问"知行合一"这一章。

先生说："这就得要明白我的立言宗旨。现在的人，喜欢把知和行分

---

① 先生：这里指王阳明。

② 此须识我立言宗旨：这就必须理解我的立言宗旨。

③ 便不去禁止：就不去禁止它。

④ 发动处有不善：念头发动之处有不善。

成两件，因此当有一念发动时，这个念头虽说不善，不过还不去做这坏事，就不去制止它。我现在说知行合一，就是要想让大家知道，念头发动时，就是行了。念头发动的时候有不善，就要把它克制掉，不让那个念头潜伏在胸中。这就是我立言的主旨。”

二二七

“圣人无所不知，只是知个天理[①]；无所不能，只是能个天理。圣人本体明白，故事事知个天理所在[②]，便去尽个天理。不是本体明后，却于天下事物都便知得，便做得来也。天下事物，如名物度数、草木鸟兽之类，不胜其烦。圣人须是本体明了，亦何缘能尽知得[③]？但不必知的，圣人自不消求知；其所当知的，圣人自能问人，如‘子入太庙，每事问’之类，先儒谓‘虽知亦问，敬谨之至’。此说不可通。圣人于礼乐名物不必尽知[④]，然他知得一个天理，便自有许多节文度数出来。不知能问，亦即是天理节文所在。”

精彩解说

“圣人没有不知道的，只不过是知道天理；圣人没有什么不能，也只不过是能个天理。圣人的心本体清楚。因此，事事都明白有个天理所在，就应该去尽个天理。不是本体清楚之后，就知道天下所有的事了，也都会做了。

---

① 只是知个天理：只是知道天理。

② 故事事知个天理所在：所以事事都知道有个天理所在。

③ 亦何缘能尽知得：又怎么能都知道呢？

④ 圣人于礼乐名物不必尽知：圣人对于礼乐名物不必都知道。

天下事物，比方不同的具体事物，规矩章程，草木鸟兽，不胜其烦，就是圣人心体再清楚，又怎么会全知道呢？不必要知道的，圣人自然没有必要求知；需要知道的，圣人自然会去向别人讨教。比方《论语》里记载的：‘子入太庙，每事问。’朱熹说，孔子虽然知道，有时候还要问，要再确认，这是恭敬谨慎之至。这样说不通。圣人对于礼乐名物没有必要都知道，但他明白一个大理，就自然而然明白许多规矩法则。不明白的就问，也是天理的法则。

二二八

问："先生尝谓'善恶只是一物'。善恶两端，如冰炭相反[1]，如何谓只一物？"

先生曰："至善者，心之本体。本体上才过当些子，便是恶了。不是有一个善，却又有一个恶来相对也。故善恶只是一物[2]。"

直因闻先生之说，则知程子所谓"善固性也，恶亦不可不谓之性"[3]。

又曰："善恶皆天理[4]。谓之恶者本非恶，但于本性上过与不及之间耳。"其说皆无可疑。

---

① 如冰炭相反：就像寒冰和火炭一样相反。

② 故善恶只是一物：所以说善恶只是一物。

③ 善固性也，恶亦不可不谓之性：善固然是性，恶也不能说不是性。

④ 善恶皆天理：善恶都是天理。

精彩解说

黄直问道："老师曾经说，善恶只是一物。可是善恶两端，就好比寒冰和火炭一样，怎么能说只是一物呢？"

先生回答说："至善是人心的本体。本体上稍微有点过分，就是恶了。心体上不是这边有一个善，那边还有一个恶来相对。因此，善恶只是一物。"

黄直听了先生这样说，就明白了程颢先生说的："善固然是性，恶也不可说不是性。"

又说："善恶都是天理。讲它是恶的，原本也不是恶，只不过本性上稍稍有点过分或者不及罢了。"黄直说这些说法全没有疑问了。

二二九

先生尝谓[①]："人但得好善如好好色[②]，恶恶如恶恶臭，便是圣人。"直初时闻之觉甚易，后体验得来，此个功夫着实是难[③]。如一念虽知好善恶恶，然不知不觉，又夹杂去了。才有夹杂[④]，便不是好善如好好色、恶恶如恶恶臭的心。善能实实的好，是无念不善矣；恶能实实的恶，是无念及恶矣[⑤]。如何不是圣人？故圣人之学，只是一诚而已。

精彩解说

先生曾经说过，人只要好善就像喜爱美色一样，憎恶就好像讨厌恶臭一

① 尝谓：曾经这样说过。

② 人但得好善如好好色：人只要好善如同喜爱美色。

③ 此个功夫着实是难：觉得这个功夫原本很难。

④ 才有夹杂：稍有掺杂。

⑤ 恶能实实的恶，是无念及恶矣：对恶能切切实实地憎恨，就不会有邪恶的念头了。

样，能做到这个地步，他就是圣人了。黄直刚开始听到这话的时候，以为非常简单。后来通过亲身体会，感觉这个功夫原来不简单。比如，心里虽然知道应该好善憎恶，但在不知不觉中又会掺杂点别的东西。稍微有点掺杂，就改变了好善如同喜爱美色、憎恶如同讨厌恶臭。对善能实实在在地喜爱，就不可能有不善的念头了。对恶能做到真的憎恨，就不能有邪恶的念头了。这样又怎能不是圣人？因此，圣人的学问也只是体现在一个“诚”字罢了。

二三〇

问《修道说》[①]言“率性之谓道”[②]，属圣人分上事；“修道之谓教”，属贤人分上事。

先生曰：“众人亦率性也，但率性在圣人分上较多，故‘率性之谓道’属圣人事。圣人亦修道也，但修道在贤人分上多，故‘修道之谓教’属贤人事。”

又曰：‘《中庸》一书，大抵皆是说修道的事[③]。故后面凡说君子，说颜渊，说子路，皆是能修道的；说小人，说贤知愚不肖，说庶民，皆是不能修道的；其他言舜、文、周公、仲尼至诚至圣之类，则又圣人之自能修道者也。”

精彩解说

黄直针对先生的《修道说》里所说的“率性之谓道”是归圣人分内的事，“修道之谓教”是归贤人分内的事，向先生请教。

---

①《修道说》：王阳明著，载于《阳明全书》卷七。

② 率性之谓道：与后边的“修道之谓教”都出自《中庸》第一章。

③ 大抵皆是说修道的事：大多都是说修道的事情。

先生说："一般的人也可'率性'，但是圣人身上率性分量多，因此说'率性之谓道'属于圣人分内的事。圣人同样'修道'，但贤人身上的修道分量多，因此，说'修道之谓教'属于贤人分内的事。"

先生又说："在《中庸》这本书中，大部分内容都是说'修道'的事。所以，在以后的章节里只要是说到君子，都是指颜渊、子路，他们都是能'修道'的人；只要是说到小人，说到贤者、智者、愚者、不肖者、庶民，这些都是指不能'修道'的人；别的说到舜、文王、周公、孔子等，这类至诚至圣的人，则又都是自然'修道'的圣人。"

二三一

问："儒者①到三更时分，扫荡胸中思虑，空空静静，与释氏之静只一般，两下皆不用，此时何所分别②？"

先生曰："动静只是一个。那三更时分空空静静的，只是存天理，即是如今应事接物的心。如今应事接物的心，亦是循此天理③，便是那三更时分空空静静的心。故动静只是一个，分别不得④。知得动静合一，释氏毫厘差处亦自莫掩矣。"

精彩解说

有人问道："在半夜三更的时候，儒家学者心中的思虑荡涤很是空寂，这就与佛教的静类似。儒、佛都没有应事接物，这时候它们有什么区别呢？"

先生说："动静只是一个。三更时候的空寂，只要是存天理，也就是如

---

① 儒者：儒家学者。

② 此时何所分别：这个时候有什么区别？

③ 亦是循此天理：也是遵循天理。

④ 分别不得：不能区分。

今应事接物的心。如今应事接物的心，也是遵循天理，也就是三更的时候空寂的心。所以说动静只是一个，不可分开。明白了动静合一，佛教的细微区别自然就明白了。”

二三二

门人在座，有动止甚[①]矜持者。先生曰：“人若矜持太过，终是有弊[②]。”曰：“矜持太过，何如有弊？”曰：“人只有许多精神[③]，若专在容貌上用功，则于中心照管不及者多矣。”

有太直率者。先生曰：“如今讲此学，却外面全不检束，又分心与事为二矣。”

精彩解说

门人在座，有的人言行举止十分矜持。先生说：“人要是矜持太过了，心中一定是有弊病。”门人说：“矜持太过，怎么会有弊病呢？”先生说：“人的精神是有限的，要是专门在容貌举止上用功，那么内心反而照管不过来。”

有太直率的人。先生说：“当下讲学，容貌举止上却没有一点约束，也是把心和事割裂了。”

---

① 甚：太，过于。

② 人若矜持太过，终是有弊：人如果矜持太过，终究是有弊病在心中。

③ 人只有许多精神：人的精神是有限的。

二三三

门人作文送友行，问先生曰："作文字不免费思，作了后又一二日，常记在怀。"

曰："文字思索亦无害[①]。但作了常记在怀，则为文所累，心中有一物矣，此则未可也。"

又作诗送人。先生看诗毕[②]，谓曰："凡作文字要随我分限所及。若说得太过了，亦非修辞立诚矣。"

精彩解说

门人做文章给朋友送行，请问先生说："文章写起来不可避免要费思虑，写了一两天后还会经常回忆思索。"

先生说："写文章思索没有什么害处，不过写了之后还放在心里，就会被文章牵累，心中要是有了文章这一物，这样就不好。"

门人又写了一首诗送朋友。先生看完诗后说："凡是写文章的时候都要根据自己的实际情况来写，假如修饰过度，就会违背'修辞立诚'的原则。"

---

① 文字思索亦无害：写文章的时候思索也没有什么害处。

② 毕：完。

二三四

"文公[1]格物之说，只是少[2]头脑，如所谓'察之于念虑之微'，此一句不该与'求之文字之中''验之于事为之著''索之讲论之际'混作一例看，是无轻重也。"

精彩解说

朱子的'格物'之说，只是缺少点明宗旨，比如他所说的'察之于念虑之微'这一句不该和'求之文字之中''验之于事为之著''索之讲论之际'这些句子混在一起去看，混在一起就是没有轻重了。

二三五

问"有所忿懥"[3]一条。

先生曰："忿懥几件，人心怎能无得？只是不可有耳！凡人忿懥着了一分意思，便怒得过当，非廓然大公之体了。故有所忿懥，便不得其正也。如今于凡忿懥等件，只是个物来顺应，不要着一分意思，便心体廓然大公，得其本体之正了。且如出外见人相斗，其

---

① 文公：朱子。

② 少：缺少。

③ 有所忿懥：出自《大学》："所谓修身在正其心者，身有所忿懥，则不得其正，有所恐惧，则不得其正，有所好乐，则不得其正，有所忧患，则不得其正。心不在焉，视而不见，听而不闻，食而不知其味。此谓修身在正其心。"

不是的，我心亦怒[1]。然虽怒，却此心廓然，不曾动些子气。如今怒人，亦得如此，方才是正。”

精彩解说

有人向先生请教“有所忿懥”这一条。

先生说：“关于恼怒等情绪，人怎么会没有呢？只不过是不让情绪滞留罢了。一般人心里的恼怒，常常过头，容易被愤怒冲昏头脑，心那本然的廓然大公之体就改变了。因此说，‘有所忿懥，便不得其正。’假如对于恼怒等情绪，只能物来顺应，不可滞留在上面，就会心体廓然大公，得到它本体之正。就好像在外面看见人家打斗的时候，对错的那一方，我心自然而然会愤怒。但是就是发怒，这时候的心却廓然，不曾动气。对人发怒，就应该这样，方才属于正。”

二三六

先生尝[2]言：“佛氏不着相，其实着了相。吾儒着相，其实不着相。”请问。

曰：“佛怕[3]父子累，却逃了父子；怕君臣累，却逃了君臣；怕夫妇累，却逃了夫妇，都是为个君臣、父子、夫妇着了相，便须逃避[4]。如吾儒有个父子，还他以仁；有个君臣，还他以义；有个夫妇，还他以别，何曾着父子、君臣、夫妇的相？”

---

① 我心亦怒：我的心中也是愤怒。

② 尝：曾经。

③ 怕：害怕。

④ 便须逃避：才需要逃避。

精彩解说

先生曾经说过："佛家提倡不着相，其实着了相。儒家看着着了相，实际上不着相。"请问这是为什么呢？

先生说："佛家害怕被父子之情所累，所以就逃离父子关系；害怕被君臣之义所累，所以就逃离君臣关系；害怕被夫妻之情所累，所以就逃离夫妻关系，都是因为对君臣、父子、夫妻关系着了相，所以才想着逃避。而儒家就不同了，面对父子关系，采用仁应对；面对君臣关系，采用义应对；面对夫妻关系，采用别来应对。这样做哪里还有什么着相？"

二三七

黄勉叔[1]问："心无恶念时，此心空空荡荡的，不知亦须存个善念否？"

先生曰："既去恶念，便是善念，便复心之本体矣。譬如日光，被云来遮蔽，云去，光已复矣。若恶念既去，又要存个善念，即是日光之中添燃一灯。"（已下门人黄修易录）

精彩解说

黄勉叔问："心无恶念的时候，这心就好像空荡荡的了，不知道是不是还要存养一个善念呢？"

先生说："恶念既然已除掉了，剩下的就是善念了，这个时候心已经恢复了本体。就比如阳光被乌云挡住了，等乌云散后，阳光就又会重现。要是恶念早已去除干净，再刻意存养一个善念，这就好比在阳光下再点一盏灯一样没有必要。"

---

① 黄勉叔：即黄修易，字勉叔。

二三八

问："近来用功，亦颇觉妄念不生[①]。但腔子里黑窣窣的，不知如何打得光明。"

先生曰："初下手用功[②]，如何腔子里便得光明？譬如奔流浊水，才贮在缸里，初然虽定，也只是昏浊的，须俟澄定既久，自然渣滓尽去，复得清来[③]。汝只要在良知上用功。良知存久，黑窣窣自能光明矣。今便要责效[④]，却是助长，不成功夫。"

精彩解说

问："最近用功的时候，心中也很是觉得没有妄念生起了，但是心中却依然昏暗一片，不知道如何让心体光明起来。"

先生说："刚下手用功，心体怎么可能一下子就光明起来，犹如把奔流着的浊水放在水缸中，刚放进去的时候虽然稳定了，但也是不清亮的，必须要沉淀一会儿，把杂物去除干净的时候，水才能变清澈。所以你只要在良知上用功就行了。良知存养久了，心体也就自然而然地由昏暗变为光明了。现在太注重效果，就是揠苗助长，用功的方法就不正确。"

---

① 近来用功，亦颇觉妄念不生：近来用功时，也觉得心中没有妄念再生起了。

② 初下手用功：刚开始下手用功。

③ 须俟澄定既久，自然渣滓尽去，复得清来：必须要沉淀一段时间，等到杂物去除干净，水才能变清澈。

④ 今便要责效：现在苛责效果。

二三九

先生曰[①]："吾教人致良知，在格物上用功，却是有根本的学问。日长进一日[②]，愈久愈觉精明。世儒教人事事物物上去寻讨，却是无根本的学问。方其壮时[③]，虽暂能外面修饰，不见有过，老则精神衰迈，终须放倒。譬如无根之树，移栽水边[④]，虽暂时鲜好，终久要憔悴。"

精彩解说

先生说："我教导人获得良知是在'格物'上用功，是有根基的学问。一日比一日有所长进，时间越久就会越精通和明白。后来的儒生教导别人在世界万物中来寻求探讨，都是一些无根基的学问。壮年的时候，人虽然暂时还能修饰表面，不显什么过失，等到老年时就会精力衰竭，最后就会支撑不住。比如大树没有根，把它移栽到水边，大树虽然短时间内生长得很好，但时间久了自然就会枯萎而死。"

二四〇

问"志于道"一章。

---

① 曰：说。

② 日长进一日：一天比一天有所长进。

③ 方其壮时：当人壮年的时候。

④ 移栽水边：移种到水（河边）边。

先生曰："只'志道'一句[1]，便含下面数句功夫，自住不得。譬如做此屋[2]，志于道是念念要去择地鸠材，经营成个区宅。据德却是经画已成，有可据矣。依仁却是常常住在区宅内，更不离去。游艺却是加些画采，美此区宅。艺者，义也，理之所宜者也[3]，如诵诗、读书、弹琴、习射之类，皆所以调习此心，使之熟于道也。苟不志道而游艺，却如无状小子，不先去置造区宅，只管要去买画挂做门面，不知将挂在何处？"

精彩解说

有人问《论语·述而》里"志于道"这一章。

先生说："仅用'志道'一句就涵盖了下面数句的功夫，不能只局限在'志于道'这三个字来领会它。比如造房子，'志于道'是选择地点、挑选材料，建造房屋；'据于德'是房屋已经建成，能居住了；'依于仁'是长期居住在房屋里，不再离开；'游于艺'是装饰房屋。艺的实质是义，是理之所在。像平时诵诗、读书、弹琴、习射等，全是为了调教练习此心，让其熟稔于天道。要是不志于道而游于艺，就好比一个毛头小子，没有建造房屋，就买来画要做门面，不知道要把画挂在哪里。

二四一

问："读书所以调摄此心，不可缺的。但读之之时，一种科目意思牵引而来，不知何以免此？"

---

① 只"志道"一句：只凭"志道"这一句。

② 譬如做此屋：比如造房子。

③ 艺者，义也，理之所宜者也：艺的实质是义，是理之所在。

先生曰："只要良知真切，虽做举业，不为心累[①]；总有累亦易觉，克之而已。且如读书时，良知知得强记之心不是，即克去之；有欲速之心不是，即克去之；有夸多斗靡之心[②]不是，即克去之。如此，亦只是终日与圣贤印对，是个纯乎天理之心。任他读书，亦只是调摄此心而已，何累之有？"

曰："虽蒙开示[③]，奈资质庸下，实难免累。窃闻穷通有命，上智之人恐不屑此。不肖为声利牵缠，甘心为此[④]，徒自苦耳。欲屏弃之，又制于亲，不能舍去，奈何？"

先生曰："此事归辞于亲者多矣，其实只是无志。志立得时，良知千事万为只是一事。读书作文安能累人[⑤]？人自累于得失耳。"

因叹曰："此学不明，不知此处担阁了几多英雄汉！"

精彩解说

有人问："读书可调摄此心，不能不读。但是读书的时候，就会被一种为科举读书的念头所牵引，不知道能不能避免？"

先生说："只要自己的良知真切，就是做科举的事，心也不会累。就是有所牵累，也容易察觉出来，克制它就是。比如读书的时候，良知明白死记硬背不可取，就克制它；明白欲求速效不好，就克制它；明白夸张炫耀争强好胜不好，就克制它。整天和圣贤印对，有一个纯乎天理的心。不管如何读

① 虽做举业，不为心累：即使是做科举的事，也不会累心。

② 夸多斗靡之心：夸耀争胜的心。

③ 虽蒙开示：虽然说有幸听了你的教诲。

④ 甘心为此：心甘情愿这样。

⑤ 安能累人：怎么会累人呢？

书，也只是调摄此心而已，有什么可累的？”

接着问：“虽然聆听了您的指导，但是我资质一般，却被科举牵累。听说穷困和通达上天已安排好了，聪明的人不屑科举；一般人被声名利益牵制纠缠，心甘情愿为科举读书，也是白白自寻痛苦罢了。我本不想科举，但父母亲施加压力，放弃不了，我有什么办法？”

先生说：“有很多人把读书受科举牵累的事情归咎于父母亲，也只不过是没有志向罢了。志向立好了，对于良知所有的事都是只为一件事。读书写文章，怎么会牵累人？不过是自己牵累自己，患于得失罢了。”

所以感叹道：“由于良知之学不能彰明，不知道科举耽搁了多少英雄好汉！”

二四二

问：“‘生之谓性[①]’，告子亦说得是，孟子如何非之？”

先生曰：“固是性，但告子认得一边去了，不晓得头脑。若知道头脑，如此说亦是。孟子亦曰‘形色，天性也’，这也是指气说。”

又曰：“凡人[②]信口说，任意行，皆说此是依我心性出来，此是所谓生之谓性。然却要有过差。若晓得头脑，依吾良知上说出来，行将去，便自是停当[③]。然良知亦只是这口说，这身行，岂能外得气，别有个去行去说？故曰‘论性不论气，不备；论气不论

① 生之谓性：生是指人的吃喝、知觉、运动等生物本能。告子认为人的生物本能是人的本性。

② 凡人：平常人。

③ 便自是停当：便自然合适。

性，不明’。气亦性也，性亦气也，但须认得头脑是当。”

精彩解说

问：“人活着就有吃喝、知觉、运动等生物本能，这些是人的本性，告子的这种说法没有错，为什么孟子要批驳他？”

先生说：“人的本性固然是人的生物本能，不过告子说得有点过偏，核心没有抓住。要是明白了宗旨，这样说没有错。孟子也有说过：‘形色，天性也。’这一样是指气说。”

先生又说：“一般人张口就说，随着自己的意愿行事，都说‘这是依我心性来做的’，这就是所谓的‘生之谓性’，可是这样做就会有差错。如果能知道宗旨，凭着良知说话、做事，自然合适。不过良知也是用这嘴说，用这身做，怎么会离开气，另外去行去说？所以说：‘论性不论气就不完备，论气不论行也不明了。”气也是性，性也是气。但是要弄清宗旨适当才行。

二四三

又曰：“诸君功夫最不可助长。上智绝少，学者无超人圣人之理。一起一伏，一进一退，自是功夫节次。不可以我前日用得功夫了，今却不济，便要矫强，做出一个没破绽的模样。这便是助长，连前些子功夫都坏了。此非小过，譬如行路的人，遭一蹶跌，起来便走，不要欺人做那不曾跌倒的样子出来。诸君只要常常怀个‘遁世无闷，不见是而无闷’①之心，依此良知，忍耐做去，不管人非笑，不管人毁谤，不管人荣辱，任他功夫有进有退，我只是这致良

① 这句话出自《周易》乾卦《文言》，意思是说从世间隐退，不会感到不乐，不被世人承认也不苦闷。遁：隐藏，隐蔽。

知的主宰不息，久久自然有得力处，一切外事亦自能不动。”

又曰：“人若着实用功，随人毁谤，随人欺慢，处处得益，处处是进德之资。若不用功，只是魔也，终被累倒。”

精彩解说

先生又说：“大家做功夫最不能拔苗助长。聪明的人很少，一般的学者没有超人成为圣人的道理。起伏进退自然是功夫的顺序。不能我前天做了功夫，今天不努力，便要勉强装出一副没有破绽的模样。这就是拔苗助长，以前所做的功夫都被破坏了。这不是小错误。例如走路的人摔了一跤，爬起来继续走，不要装出一副没有跌倒过的样子。各位要经常怀着‘遁世无闷，不见是而无闷’的心理，依照自己的良知耐心地去做，不管别人非议嘲笑，不管别人污蔑诽谤，不管别人荣辱得失，任凭功夫是进是退，我只坚持良知的信念，时间一长自然会有得力的地方，一切身外事物都不能干扰到我。”

先生又说：“人只要踏踏实实努力去做，别人再诋毁诽谤，别人再欺辱轻慢，反而处处受益，处处提升自己的品德；如果不用功夫，别人的诋毁就是魔鬼，最后终将你累倒！”

二四四

先生一日出游禹穴[1]，顾田间禾曰：“能几何时，又如此长了。”

范兆期[2]在傍曰：“此只是有根。学问能自植根，亦不患无长。”

---

① 禹穴：在今浙江绍兴会稽山上，传闻大禹出巡时死在浙江，葬于会稽山，今有大禹陵。

② 范兆期：名引年，字兆期，王阳明的学生。

先生曰："人孰无根？良知即是天植灵根，自生生不息，但着了私累，把此根戕贼蔽塞，不得发生耳。"

精彩解说

有一天，先生去禹穴出游，环顾四周的禾苗说："这没有多长时间，禾苗又长这么高了。"

范兆期在一旁说："这是因为有根。如果学问能种下根，也不愁不长进。"

先生说："人们谁没有根啊？良知就是天生种下的灵根，自然生生不息，但如果被私欲连累，将此根残害堵塞，就不能正常生存了。"

二四五

一友常易动气责人。先生警之曰："学须反己。若徒责人，只见得人不是，不见自己非。若能反己，方见自己有许多未尽处，奚暇责人？舜能化得象的傲①，其机括只是不见象的不是。若舜只要正他的奸恶，就见得象的不是矣。象是傲人，必不肯相下，如何感化得他？"是友感悔。

曰："你今后只不要去论人之是非，凡当责辩人时，就把做一件大己私克去方可。"

精彩解说

一位友人常常容易动怒责怪别人。先生告诫他："学习就必须反省自己。如果你只责怪别人，就看不到自己的过错；如果你能反思自己，哪还有

①舜能化得象的傲：出自《尚书·尧典》。

时间去指责别人？禹能感化象，是因为舜不去看象的不是。如果禹只想改变象的奸恶，那就只能看到象的不是。象是一个傲慢的人，肯定不会服气的。那怎样才能感化他呢？”这位有人感慨悔悟。

先生说：“你今后只要不去谈论别人的是非，如果想要责怪别人的时候，就把这个念头当作一件大的私欲克服才行。”

二四六

先生曰：“凡朋友问难，纵有浅近粗疏，或露才扬己，皆是病发。当因其病而药之可也，不可便怀鄙薄之心，非君子与人为善[①]之心矣。”

精彩解说

先生说：“每当朋友们在一起辩论时，即便有浅显疏漏的地方，或者自我矜夸、自我炫耀等，那也都是毛病发作。可对症下药，但不能鄙薄他人，这不是君子‘与人为善’的心。”

二四七

问：“《易》，朱子主卜筮[②]，程传主理，何如？”

先生曰：“卜筮是理，理亦是卜筮。天下之理，孰有大于卜筮者乎？只为后世将卜筮专主在占卦上看了，所以看得卜筮似小艺。

---

①与人为善：出自《孟子·公孙丑上》：“取诸人以为善，是与人为善者也。故君子莫大乎与人为善。”

②卜筮：古代推算吉凶祸福，用龟甲的称“卜”，用蓍草的称“筮”，合称“卜筮”。

不知今之师友问答，博学、审问、慎思、明辩、笃行之类，皆是卜筮。卜筮者，不过求决狐疑，神明吾心而已。《易》是问诸天，人有疑，自信不及，故以《易》问天。谓人心尚有所涉，惟天不容伪耳。"

精彩解说

有人问："对于《易》，朱子主要从占卜方面解释，程子在他著的《伊川易传》中主要从理的方面解释。先生怎么看呢？"

先生说："占卜是天理，天理也是占卜。天下之理，还有什么能大于占卜的吗？只因为后人将占卜专从占卦的方面看待，所以将占卜看作是小技艺。却不知道今天师友间的问答，博学、审问、慎思、明辩、笃行之类，都是占卜。占卜的本质，不过是求得决断心中的疑惑，让自己的心明了而已。《易》是向天求知的书，人有了疑惑，不自信，所以用《易》向天寻求答案。因为人心尚且有所偏颇，只有天是容不下一点虚假的。"

二四八

黄勉之[①]问："'无适也，无莫也，义之与比[②]'，事事要如此否？"

先生曰："固是事事要如此，须是识得个头脑乃可。义即是良知，晓得良知是个头脑，方无执着。且如受人馈送，也有今日当

① 黄勉之：即黄省曾，字勉之，号五岳山人，苏州吴县人，王阳明的弟子，著有《会稽问道录》。

② 无适也，无莫也，义之与比：出自《论语·里仁》。适：可；莫，不可；比：参照，比照。意思是君子对于天下一切事物，没有一定怎样才可以的，也没有什么一定怎样才不可以的，唯一的行事标准就是义。

受的，他日不当受的；也有今日不当受[1]的，他日当受的。你若执着了今日当受的，便一切受去；执着了今日不当受的，便一切不受去，便是'适''莫'，便不是良知的本体，如何唤得做义？"

（已下门人黄省曾录）

精彩解说

黄勉之问："《论语》里说：'无适也，无莫也，义之与比。'难道事事都必须这样吗？"

先生说："当然是事事都这样，但也要明白这样做的本质才行。义就是良知，知道良知是本质，才没有执着。就好比接受他人馈赠，有今天应当接受，他日不应当接受的；也有今日不应当接受，他日应当接受的。如果执着了今天应当接受的，就全部接受；执着了今天不能接受的便全部拒绝，就是'适''莫'，就不是良知的本体了，这怎么能叫作义呢？"

二四九

问："'思无邪[2]'一言，如何便盖得三百篇之义？"

先生曰："岂特三百篇，六经只此一言便可该贯，以至穷古今天下圣贤的话，'思无邪'一言也可该贯。此外更有何说？此是一了百当的功夫。"

① 不当受：不应该接受。此句出自《孟子·公孙丑下》。

② 思无邪：出自《论语·为政》第二章："子曰：'《诗》三百，一言以蔽之，曰思无邪。'"

精彩解说

有人问：“《诗经》三百篇的意思为什么用‘思无邪’这一句话就能概括清楚呢？”

先生说：“何止《诗经》的三百篇，整个六经用这句话都能概括贯通，甚至古往今来一切圣贤的言论，一句‘思无邪’，也能概括涵盖。另外，还有什么说的？这是一了百当的功夫。”

二五〇

问道心、人心[1]。先生曰：“‘率性之谓道’便是道心。但着些人的意思在，便是人心。道心本是无声无臭，故曰‘微’。依着人心行去，便有许多不安稳处，故曰‘惟危’。”

精彩解说

有人就道心、人心来请教先生。先生说：“‘率性之谓道’，就是道心。在其中若添加了一些人的想法，那就是人心。道心原本是无声无臭的，因此叫作‘微’；按照人心去做，就有许多不安稳之处，所以叫作‘人心险恶难测’。”

---

① 道心、人心：出自《古文尚书·大禹谟》：“人心惟危，道心惟微，惟精惟一，允执厥中。”是古代儒家理想中的圣人尧、舜、禹相传的“十六字心诀”。

二五一

问："'中人以下，不可以语上[①]'，愚的人与之语上尚且不进，况不与之语，可乎？"

先生曰："不是圣人终不与语。圣人的心，忧不得人人都做圣人。只是人的资质不同，施教不可躐等[②]。中人以下的人，便与他说性说命，他也不省得，也须慢慢琢磨他起来。"

精彩解说

黄勉之问："'中人以下，不可以语上。'愚钝之人，和他讲上等精微的道理不能理解，更何况不和他讲解，这样行吗？"

先生说："不是圣人不肯给他讲，圣人恨不得人人都能成为圣人，只是因为人的资质不同，所以教育时就不能乱了次序。中人以下的人，和他讲天性、天命之理，他不明白，必须要慢慢地启发他。"

二五二

一友问："读书不记得如何？"

先生曰："只要晓得，如何要记得？要晓得已是落第二义了，只要明得自家本体。若徒[③]要记得，便不晓得；若徒要晓得，便明不得自家的本体。"

---

① 中人以下，不可以语上：出自《论语·雍也》。

② 不可躐等：不能乱了次序。

③ 徒：只。

精彩解说

有位朋友问道："读书记不住，该怎么办呢？"

先生说："只要理解了，为什么非要记住？要记住理解则落在次要的位置了，重要的是使自己的心本体光明。若只求记住，就不能理解；若只求理解，就不能使自心的本体光明。"

二五三

问："'逝者如斯'[①]，是说自家心性活泼泼地否？"

先生曰："然。须要时时用致良知的功夫，方才活泼泼地，方才与他川水一般。若须臾间断，便与天地不相似。此是学问极至处，圣人也只如此。"

精彩解说

有人问："《论语》中的'逝者如斯'，是指自己心性本体活泼泼的吗？"先生说："是的。必须每时每刻用致良知的功夫，才能活泼，才能和江水一样。若有片刻的间断，就与天地的生机活泼不相似了。这是做学问到了极致的地方。圣人也只是这样。"

二五四

问"志士仁人[②]"章。

先生曰："只为世上人都把生身命子看得来太重，不问当死不

① 逝者如斯：出自《论语·子罕》。
② 志士仁人：出自《论语·卫灵公》。

当死，定要宛转委曲保全，以此把天理却丢去了。忍心害理，何者不为？若违了天理，便与禽兽无异，便偷生在世上百千年，也不过做了千百年的禽兽。学者要于此等处看得明白。比干[①]、龙逄[②]只为他看得分明，所以能成就得他的人。”

精彩解说

有人就《论语》中的“志士仁人”这章，来请教先生。

先生说：“只因为世界上的人将性命看得太重，也不问是否该死，一定要委曲地保全性命，因而丢失了天理。忍心伤害天理，还有什么事干不出来的？若违背了天理，就与禽兽无异了。即便在世上苟且偷生百千年，也不过做了百千年的禽兽。作为学者，必须看清楚。比干、龙逄，只是因为他们看得清楚明白，所以他们能成就他们的仁。”

二五五

问：“叔孙武叔毁仲尼，大圣人如何犹不免于毁谤？”

先生曰：“毁谤自外来的，虽圣人如何免得。人只贵于自修，若自己实实落落是个圣贤，纵然人都毁他，也说他不着。却若浮云掩日，如何损得日的光明？若自己是个象恭色庄、不坚不介的，纵然没一个人说他，他的恶慝终须一日发露。所以孟子说‘有求全之毁，有不虞之誉’。毁誉在外的，安能避得？只要自修何如尔！”

---

① 比干：殷纣的叔父，向纣王进谏，被纣王杀害。

② 龙逄：姓关，夏桀贤臣，向桀进言不听，最终被杀。

精彩解说

有人问："《论语》中有一段'叔孙武叔毁仲尼'的记载，怎么连大圣人孔子也免不了被人毁谤呢？"

先生说："毁谤是从外界来的，就算是圣人也是难免的。人要注重自身修养。如果自己的确是一位圣贤，即使世界上的人都毁谤他，也不能说倒他。这就如同浮云遮日，怎么能损坏太阳的光辉呢？若自己是个外貌恭敬庄重、内心空虚无德的人，哪怕没有人说他的坏话，他的恶总有一天会暴露无遗。因此，孟子说：'有求全之毁，有不虞之誉。'毁誉来自外界，怎能避免得了呢？只要加强自身修养就好了。"

二五六

刘君亮[1]要在山中静坐。先生曰："汝若以厌外物之心去求之静，是反养成一个骄惰[2]之气了。汝若不厌外物，复于静处涵养，却好。"

精彩解说

刘君亮打算在山中静坐修行。先生说："你如果以厌弃外物的心而去寻求安静，反而只会养成骄横怠惰的恶习。你如果不厌弃外物，再到静处去涵养，如此就好。"

---

① 刘君亮：字元道，王阳明的学生。

② 骄惰：骄横怠惰。

二五七

王汝中[①]、省曾[②]侍坐。

先生握扇命曰："你们用扇。"

省曾起对曰："不敢。"

先生曰："圣人之学，不是这等捆缚苦楚的，不是妆做道学的模样。"

汝中曰："观'仲尼与曾点言志[③]'一章略见。"

先生曰："然。以此章观之，圣人何等宽洪包含气象！且为师者问志于群弟子，三子皆整顿以对。至于曾点，飘飘然不看那三子在眼，自去鼓起瑟来，何等狂态。及至言志，又不对师之问目，都是狂言。设在伊川，或斥骂起来了。圣人乃复称许他，何等气象！圣人教人，不是个束缚他通做一般，只如狂者便从狂处成就他，狷者便从狷处成就他。人之才气如何同得？"

精彩解说

王汝中、黄省曾陪先生坐着。

先生拿着扇子，说："你们用扇子吧！"

黄省曾连忙站起来答道："不敢！"

先生说："圣人的学问，不是如此束缚痛苦的，不用假装成一副道学的

---

① 王汝中：字汝中，号龙溪，浙江绍兴人，王阳明的学生。

② 省曾：黄省曾，字勉之。

③ 仲尼与曾点言志：出自《论语》。

样子。

汝中说："从《论语》中'仲尼与曾点言志'这章可以看大概。"

先生说："是的。从这章可看出，圣人胸怀宽广博大，包罗万象。先生询问弟子们的志向，三个人都很严肃地回答。而曾点飘飘然，根本不把三人放在眼里，独自弹瑟，这是多么的狂态！当他说志向时，不针对老师的问题回答，反而口出狂言。如果是伊川先生，肯定早就痛斥他了。孔圣人却一直称赞他，这是何等的景象啊！圣人教育人，不是把人都教成一个模样，对于狂者就从狂处去成就他，对于洁身自爱的人就从洁身自爱处去成就他。人的才能和气质怎么能相同呢？"

二五八

先生语陆元静曰："元静少年亦要解五经[1]，志亦好博。但圣人教人，只怕人不简易，他说的皆是简易之规。以今人好博之心观之，却似圣人教人差了。"

精彩解说

先生对陆元静说："你在青年时也要注解五经，志向也是喜好博学。但圣人教育人时只担心人不能简易，他所说的都是简易的规则。如果以现代人爱好博学的心来看，圣人教育人的方法好象错了。"

---

① 五经：一般指儒家典籍《诗经》《尚书》《礼记》《周易》《春秋》的合称。这五部书是我国保存至今的最古老的文献，也是我国古代儒家的主要经典。

二五九

先生曰："孔子无不知而作[①]，颜子有不善未尝不知[②]，此是圣学真血脉路。"

精彩解说

先生说："孔子不论述自己不知道的道理，颜子稍有过失就能察觉，这是圣学真正的血脉啊。"

二六〇

何廷仁[③]、黄正之[④]、李侯璧[⑤]、汝中、德洪侍坐。

先生顾而言曰："汝辈学问不得长进，只是未立志。"

侯璧起而对曰："珙亦愿立志。"

先生曰："难说不立，未是必为圣人之志耳。"

对曰："愿立必为圣人之志。"

先生曰："你真有圣人之志，良知上更无不尽[⑥]。良知上留得些子别念挂带，便非必为圣人之志矣。"

---

① 不知而作：出自《论语·述而》。

② 有不善未尝不知：出自《周易·系辞下》。

③ 何廷仁：字性之，号善山，江西人，王阳明的学生。

④ 黄正之：黄宏纲。

⑤ 李侯璧：名珙，浙江永康人，王阳明的学生。

⑥ 尽：通假字，同"净"，意思是干净、完全。

洪[1]初闻时，心若未服，听说到此，不觉悚汗。

精彩解说

何廷仁、黄正之、李侯璧、王汝中、钱德洪陪先生坐着。

先生看着他们说："大家的学问没有进步，主要是因为没有立志。"

李侯璧站起身来答道："我也愿意立志。"先生说："很难说你不立志，但你立的不一定是做圣人的志向。"

李侯璧回答说："我愿意立做圣人的志向。"

先生说："你真有做圣人的志向，良知上就会干净完全。良知上如果还有别的牵挂，就一定不是做圣人的志向了。"

李侯璧开始听的时候，内心还有些不服气，听到这里，不知不觉开始流汗。

二六一

先生曰："良知是造化的精灵。这些精灵，生天生地，成鬼成帝，皆从此出，真是与物无对。人若复得他[2]完完全全，无少亏欠，自不觉手舞足蹈，不知天地间更有何乐可代。"

精彩解说

先生说："良知是造化的精灵。这些精灵，产生了天和地，造就了鬼神和帝王，所有一切都由它产生，任何事物都不可与它相比。人若能彻底恢复良知，无一丝缺陷，自然就会手舞足蹈，不知道天地间还有什么乐趣能取代它。"

---

① 洪：联系上下文同"珙"字。

② 他：良知。

二六二

一友静坐有见，驰问先生。答曰："吾昔居滁[1]时，见诸生多务知解，口耳异同，无益于得，姑教之静坐，一时窥见光景，颇收近效。久之，渐有喜静厌动、流入枯槁之病。或务为玄解妙觉，动人听闻。故迩来只说致良知。良知明白，随你去静处体悟也好，随你去事上磨炼也好，良知本体原是无动无静的。此便是学问头脑。我这个话头，自滁州到今，亦较过几番，只是'致良知'三字无病。医经折肱[2]，方能察人病理。"

精彩解说

有位朋友在静坐修行中有所领悟，跑去请教先生。先生说："我从前住在滁州时，学生们十分重知识见闻上辩论，我认为这对学问没有大的帮助，于是就教他们静坐。很快，他们在静中略有所悟，在短时间内效果很好。时间一久，逐渐产生了喜静厌动、陷入枯槁的毛病。有的人专注于玄妙的解释和感觉，借以耸人听闻。因此，我近来只说致良知。理解了良知，任你去静处体悟、去事上磨炼皆可。良知的本体原本无动静之分，这正是学问的关键。针对这个问题，从在滁州时到现在，我经过再三思索，发觉只有'致良知'这三个字没有问题。这如同医生多次治疗过骨折，就能深入了解病理一样。"

---

① 居滁：王阳明 42 岁时，到了滁州，以南京太仆寺少卿督马政。

② 医经折肱：出自《左传·定公十三年》。

二六三

一友问："功夫欲得此知时时接续，一切应感处反觉照管不及。若去事上周旋，又觉不见了。如何则可？"

先生曰："此只认良知未真，尚有内外之间。我这里功夫，不由人急心，认得良知头脑是当，去朴实用功，自会透彻。到此便是内外两忘[①]，又何心事不合一？"

精彩解说

一位友人问："用功在良知上使良知连续不断，却对外物的反应感觉不足了，如果去应付事物，又察觉不到良知了。这该怎么办呢？"

先生说："这只是因为良知尚未透彻，还有内外之分。我这个致良知的功夫不能急躁，要看清良知的关键，然后去朴实用功，自然会透彻。到时自然内外两忘，又怎会心、事不合一呢？"

二六四

又曰："功夫不是透得这个真机[②]，如何得他充实光辉？若能透得时，不由你聪明知解接得来。须胸中渣滓浑化，不使有

---

① 内外两忘：出自《河南程氏文集》卷二之《答横渠张子厚先生书》。如果以本心追从外物，可以说是逐外，如果是有意阻隔外物，可以说是据内。而实质上，人之天性无内外之别，是内外一体的。

② 真机：真谛，真实涵义。

毫发沾带[1]，始得。”

精彩解说

先生又说：“功夫如果不能领悟良知的真谛，怎么才能使心充实而有光辉呢？如果能领悟，不仅依靠你的聪明智慧去理解，还必须要净化胸中的污秽，使它没有丝毫沾染才行。”

二六五

先生曰：“‘天命之谓性’，命即是性。‘率性之谓道’，性即是道。‘修道之谓教’[2]，道即是教。”

问：“如何道即是教？”

曰：“道即是良知。良知原是完完全全，是的还他是，非的还他非，是非只依着他，更无有不是处。这良知还是你的明师。”

精彩解说

先生说：“‘天命之谓性’，命即性；‘率性之谓道’，性即道；‘修道之谓教’，道即教。”

学生问：“道为什么就是教？”

先生说：“道就是良知，良知本来是完完全全的，对的就给他个对的，错的就给他个错的，对错只能依靠良知，这样就不会再有差错，这良知依然还是你的老师。”

---

① 沾带：停留、滞留。

② 天命之谓性，率性之谓道，修道之谓教：这三句话非常重要，是《中庸》的开篇。

二六六

问："'不睹不闻'是说本体，'戒慎恐惧'是说功夫否？"

先生曰："此处须信得本体原是不睹不闻的，亦原是戒慎恐惧的。戒慎恐惧不曾在不睹不闻上加得些子。见得真时，便谓戒慎恐惧是本体，不睹不闻是功夫，亦得。"

精彩解说

有人问："在《中庸》中，'不睹不闻'是否指本体，'戒慎恐惧'是否指功夫呢？"

先生说："此处应相信本体原是'不闻不睹'的，原是'戒慎恐惧'的。'戒慎恐惧'未曾在'不睹不闻'上添加其他的东西。如果真切地明白了这一点，也可说'戒慎恐惧'是本心，'不睹不闻'是能力。"

二六七

问"通乎昼夜之道而知"[1]。

先生曰："良知原是知昼知夜的。"

又问："人睡熟时良知亦不知了。"

曰："不知何以一叫便应？"

曰："良知常知，如何有睡熟时？"

---

① 通乎昼夜之道而知：出自《周易·系辞上》。

曰："向晦宴息[①]，此亦造化常理。夜来天地混沌，形色俱泯，人亦耳目无所睹闻，众窍俱翕，此即良知收敛凝一时。天地既开，庶物露生，人亦耳目有所睹闻，众窍俱辟，此即良知妙用发生时。可见人心与天地一体，故'上下与天地同流'[②]。今人不会宴息，夜来不是昏睡，即是妄思魇寐。"

曰："睡时功夫如何用？"

先生曰："知昼即知夜矣。日间良知是顺应无滞的，夜间良知即是收敛凝一的，有梦即先兆。"

精彩解说

有人就"通乎昼夜之道而知"这句话请教先生。

先生说："良知本来是知道白天和黑夜的。"

又问："当人熟睡时，良知就没有知觉了吧。"

先生说："如果不知，为什么一叫就能应答呢？"

接着问："良知如果是常知的，为什么会有熟睡的时候？"

先生说："夜晚都要休息，这是自然常理。夜晚，天地一片混沌，万物的形状和颜色都消失了，人也是看不见、听不见什么，感官的功能也暂时停止了，此时正是良知收敛凝聚的时刻。天亮了，万物显现，人也能听到声音，看到形状、颜色，感官功能也恢复正常，此时正是良知妙用发生的时刻。由此可见，人心与天体原本是一体的。因此，孟子说'上下与天地同流'。如今的人，夜晚不去休息，不是沉睡不醒，就是连做恶梦。"

然后又问："睡觉时怎么用功夫呢？"先生说："白天知道如何用功夫，夜晚也就知道如何用功夫。白天，良知是顺应无滞的；夜晚，良知是收敛凝聚的，有梦就是先兆。"

---

① 向晦宴息：出自《周易》随卦《象传》。向：方向；晦：日落，阴暗；宴息：休息。

② 上下与天地同流：出自《孟子·尽心上》，意思是其上与天、其下与地同时运转。

二六八

又曰："良知在夜气发的，方是本体，以其无物欲之杂也。学者要使事物纷扰之时，常如夜气一般，就是通乎昼夜之道而知。"

精彩解说

先生又说："在夜气下发的良知才是良知的本体，因为它没有夹杂丝毫物欲。学者要想在事物烦忧的时候，依然像夜气一样，就是'掌握了白天和黑夜的规律就会融会贯通'。"

二六九

先生曰："仙家[1]说到虚，圣人岂能虚上加得一毫实？佛氏说到无，圣人岂能无上加得一毫有？但仙家说虚，从养生上来；佛氏说无，从出离生死苦海[2]上来，却于本体上加却这些子意思在，便不是他虚无的本色了，便于本体有障碍。圣人只是还他良知的本色，更不着些子意在。良知之虚，便是天之太虚[3]；良知之无，便是太虚之无形。日月风雷山川民物，凡有貌象形色，皆在太虚无形中发用流行，未尝作得天的障碍。圣人只是顺其良知之发用，天地万物，俱在我良知的发用流行中，何尝又有一物超于良知之外，能作得障碍？"

---

① 仙家：就是道教。

② 苦海：世俗间人的苦难如大海般毫无边际。

③ 太虚：出自张载的《正蒙·太和》："太虚无形，气之本体。"

精彩解说

先生说："道教讲虚，圣人怎么能在虚上再添加分毫的实呢？佛教讲无，圣人怎么能在无上再添加分毫的有呢？但道教讲虚是讲养生上，佛教讲无是讲脱离生死苦海上。他们在本体上又添加这层意思，就不是虚无的本色了，对本体就有所障碍。圣人只是还他一个良知的本色，更不会添加其他的意思。良知之虚就是天之太虚，良知之无就是太虚之无形。日、月、风、雷、山、川、民、物，只要是有相貌形色的，都在太虚无形中发生、运动，从未成为天的障碍。圣人仅是顺应良知的作用，天地万物皆在我良知的范围内运动。又何尝有一物超出良知之外而成为良知的障碍呢？"

二七〇

或问："释氏[1]亦务养心[2]，然要之不可以治天下，何也？"

先生曰："吾儒养心，未尝离却事物，只顺其天则[3]自然，就是功夫。释氏却要尽绝事物，把心看做幻相，渐入虚寂去了，与世间若无些子交涉，所以不可治天下。"

精彩解说

有人问："佛教也十分重视心的修养，但是它不能用来治理天下，这是怎么回事呢？"

先生说："我们儒家修养心性，从没有离开过事物，只是顺应它的自然规律，这就是功夫。佛教却要杜绝事物，将心当成幻相，逐渐陷入虚寂中，似乎与世间事物毫无关系，所以它不能治理天下。"

---

① 释氏：佛教。

② 养心：出自《孟子·尽心下》第三十五章："养心莫善于寡欲。"

③ 天则：是指自然的法则。出自《周易·乾卦》："乾元用九，乃见天则。"

二七一

或问异端[1]。先生曰："与愚夫愚妇[2]同的，是谓同德。与愚夫愚妇异的，是谓异端。"

精彩解说

有人问："什么是异端？"先生说："与愚男蠢女想的相同的，叫作同心同德；与愚男蠢女想的不同的，就叫作异端。"

二七二

先生曰："孟子不动心，与告子不动心，所异只在毫厘间。告子只在不动心上着功，孟子便直从此心原不动处分晓。心之本体原是不动的，只为所行有不合义，便动了。孟子不论心之动与不动，只是集义，所行无不是义，此心自然无可动处。若告子只要此心不动，便是把捉此心，将他生生不息之根反阻挠了。此非徒无益，而又害之。孟子集义工夫，自是养得充满，并无馁歉；自是纵横自在，活泼泼地，此便是浩然之气。"

精彩解说

先生说："孟子的不动心和告子的不动心，二者的区别很小。告子仅在不动心上用功，孟子则直接从心的本来不动处用功。心的本体是原本不动

---

① 异端：与之不同的一端，是指不正确的言论。出自《论语·为政》。

② 愚夫愚妇：此处指古时的平民百姓。

的，只因为言行有不符合义的，心就动了。孟子无论心的动或不动，只是‘集义’。如果所行都是义，这个心自然就没有可动之处。告子仅要此心不动，也就是按住这个心不放，这样反把心生生不息的根给阻挠了，这不但没有什么好处，反而有害。孟子‘集义’工夫，自然把心修养得充实丰满，没有丝毫缺陷，心自然能纵横自在，生动活泼。这就是‘浩然之气’。”

二七三

又曰：“告子病源，从‘性无善无不善’[1]上见来。性无善无不善，虽如此说，亦无大差，但告子执定看了，便有个无善无不善的性在内。有善有恶又在物感上看，便有个物在外，却做两边看了，便会差。无善无不善，性原是如此，悟得及时，只此一句便尽了，更无有内外之间。告子见一个性在内，见一个物在外，便见他于性有未透彻处。”

精彩解说

先生又说：“告子的病根，是他认为性无善无不善。性无善无不善，这句话说得无大毛病，但告子看得有些教条，这样就有个无善无不善的性在心中。有善有恶又从事物上看，就有个物在心外。这样把人性分两个方面，便会有差错。无善无不善，性原本就是这样。悟得出来，只有这一句话就好，再没有内外的差别。告子认为性在心内，物在心外，这看出他在人性上还没有看透。”

---

① 性无善无不善：出自《孟子·告子上》。

二七四

朱本思[1]问："人有虚灵[2]，方有良知。若草木瓦石之类，亦有良知否？"

先生曰："人的良知，就是草木瓦石的良知。若草木瓦石无人的良知，不可以为草木瓦石矣。岂惟草木瓦石为然？天地无人的良知，亦不可为天地矣。盖天地万物与人原是一体，其发窍之最精处，是人心一点灵明。风、雨、露、雷，日、月、星、辰，禽、兽、草、木，山、川、土、石，与人原只一体。故五谷禽兽之类，皆可以养人；药石之类，皆可以疗疾，只为同此一气，故能相通耳。"

精彩解说

朱本思问："人先有虚明灵觉，后有良知。像草、木、瓦、石之类，也有良知吗？"

先生说："人的良知，也就是草木瓦石的良知。如果草木瓦石没有人的良知，也就不可能成其为草木瓦石了。何止草木瓦石是这样？天地如果没有人的良知，也就不为天地了。天地万物与人原本一体，其最精妙的开窍处是人的一点灵明。风雨雷电、日月星辰、禽兽草木、山川土石与人原本一体。所以，五谷禽兽等都可养人，药石之类都可治病。只因同为一气，所以能够相通。"

---

① 朱本思：名得之，字本思，江苏靖江人，是王阳明的学生。

② 虚灵：在这里指心，也就是人的头脑。古人觉得人的思维器官是心，不是大脑。

二七五

先生游南镇[①]，一友指岩中花树问曰："天下无心外之物，如此花树，在深山中自开自落，于我心亦何相关？"

先生曰："你未看此花时，此花与汝心同归于寂[②]，你来看此花时，则此花颜色一时明白起来，便知此花不在你的心外。"

精彩解说

先生游览南镇，一位朋友指着山岩中的花树问："先生认为天下没有心外之物，比如这株花树，它在深山中自开自落，于我心又有何干？"

先生说："你未观赏这树上的花时，此花与你的心同样寂静。你欣赏这树上的花时，此花颜色就显现出来。由此可知，此花不在你的心外。"

二七六

问："大人与物同体，如何《大学》又说个厚薄[③]？"

先生曰："惟是道理，自有厚薄。比如身是一体，把手足捍头目，岂是偏要薄手足？其道理合如此。禽兽与草木同是爱的，把草木去养禽兽，心又忍得？人与禽兽同是爱的，宰禽兽以养亲，与供祭祀，燕宾客，心又忍得？至亲与路人同是爱的，如箪食豆羹，

---

① 南镇：隋文帝时把浙江绍兴会稽山封为南镇。

② 寂：沉静，不显现。阳明这里指人心中并没有花的存在，心外也无花。

③ 厚薄：在这里是重视忽视的意思。厚，重视；薄，忽视。

得则生，不得则死，不能两全，宁救至亲，不救路人，心又忍得？这是道理合该如此。及至吾身与至亲，更不得分别彼此厚薄。盖以仁民爱物，皆从此出。此处可忍，更无所不忍矣。《大学》所谓厚薄，是良知上自然的条理，不可逾越，此便谓之义；顺这个条理，便谓之礼；知此条理，便谓之智；终始是这条理，便谓之信。”

精彩解说

有人问：“伟大的人与物同为一个整体，而《大学》中为什么又说一个厚薄呢？”

先生说：“只因为道理自然都有厚薄。例如，人的身体是连为一体的，如果用手与脚去捍卫脑袋和眼睛，难道就要忽视手和脚吗？同样的道理。对禽兽和草木一样有着爱，如果用草木去饲养禽兽，又怎么忍心呢？对人和禽兽一样有着爱，如果宰杀禽兽奉养亲人、祭祀祖先、招待客人，又怎么忍心呢？对至亲和路人一样有着爱，如果只有一箪食、一豆羹，得到它就能活，失去它就会死，但又不能同时拯救两个人，此时就宁愿放弃路人而救至亲，又怎么忍心呢？道理本当如此。至于我和骨肉至亲，更不能厚此薄彼，因为对民的仁及物的爱都从这里产生，若此处能忍心，则会无所不忍了。《大学》上说的厚薄，是良知上自然而有秩序的，不可超越，这就称为义；遵循这个秩序，就称为礼；明白这个秩序就称为智；自始至终坚持这个秩序就称为信。”

二七七

又曰：“目无体，以万物之色为体；耳无体，以万物之声为体；鼻无体，以万物之臭为体；口无体，以万物之味为体；心无体，以天地万物感应之是非为体。”

精彩解说

先生又说："眼睛没有本体，以万物的颜色作为它的本体；耳朵没有本体，以万物的声音作为它的本体；鼻子没有本体，以万物的气味作为它的本体；嘴巴没有本体，以万物的味道作为它的本体；心没有本体，以天地万物彼此感应中的是非作为它的本体。"

二七八

问"夭寿不贰"。

先生曰："学问功夫，于一切声利嗜好俱能脱落殆尽，尚有一种生死念头毫发挂带，便于全体有未融释处。人于生死念头，本从生身命根上带来，故不易去。若于此处见得破，透得过，此心全体方是流行无碍，方是尽性至命[1]之学。"

精彩解说

有人问先生"夭寿不二"的说法。

先生说："做学问的功夫，对于一切声色名利和嗜好，都能摆脱殆尽。然而，如果仍有一种贪生怕死的念头，就不能和整个本体融合在一起。人的生死念头，原本是从生身命根上带来的，因此不能轻易去掉。如果在此处能识破、看透，这个心的全体才是畅通无阻的，这才是尽性至命的学问。"

---

① 尽性至命：出自《周易·说卦传》。命，指必然性。

二七九

一友问："欲于静坐时将好名、好色、好货等根逐一搜寻，扫除廓清，恐是剜肉做疮否？"

先生正色曰：'这是我医人的方子，真是去得人病根。更有大本事人，过了十数年，亦还用得着。你如不用，且放起，不要作坏我的方子。"

是友愧谢[①]。

少间，曰："此量非你事，必吾门稍知意思者，为此说以误汝。"

在坐者皆悚然[②]。

精彩解说

有位友人问："想在静坐修养的时候，将好名、好色、好货等病根逐一搜寻出来，彻底清理干净，只怕又是割肉疗伤吧？"

先生严肃地说："这是我为人治病的药方，能清除人的病根。即使这个本领再大，十几年后也能用得上。如果你不用，就放下，不要败坏我的药方。"

这位朋友向先生惭愧地道了歉。

过了一会儿，先生说："大概这也不是你的错，必定是对我的主张略懂一些的学生对你讲的，这倒是耽误了你。"

在座的人都汗颜。

---

① 愧谢：惭愧地道歉。

② 悚然：严肃、汗颜的意思。

二八〇

一友问功夫不切。

先生曰："学问功夫，我已曾一句道尽，如何今日转说转远，都不着根？"

对曰："致良知盖闻教矣，然亦须讲明。"

先生曰："既知致良知，又何可讲明？良知本是明白，实落用功便是。不肯用功，只在语言上转说转糊涂。"

曰："正求讲明致之之功。"

先生曰："此亦须你自家求，我亦无别法可道。昔有禅师，人来问法，只把麈[①]尾提起。一日，其徒将麈尾藏过，试他如何设法。禅师寻麈尾不见，又只空手提起。我这个良知就是设法的麈尾。舍了这个，有何可提得？"

少间，又一友请问功夫切要。

先生旁顾曰："我麈尾安在？"

一时在坐者皆跃然。

精彩解说

一友人问先生，当功夫不真切时怎么办？

先生说："学问的功夫，我曾用一句话说清楚了，现在怎么越说越远，是不能领悟要领吗？"

---

① 麈：一种动物，形状跟鹿相似，个头比鹿大，尾巴可做拂尘。

友人说："致良知是曾经听过，但仍需再说清楚。"

先生说："既然知道致良知，还有什么可讲的？良知本来清楚明白，只要踏实用功就行了。不肯用功，光说，越说越糊涂。"

友人说："我正希望您讲明致良知的功夫。"

先生说："这同样需要你自己去探索寻求，我没有其他的办法可讲。过去有位禅师，别人请教佛法，他只把拂尘提起来。有一天，他的徒弟把拂尘藏了起来，看他还有什么办法。禅师因不能找到拂尘，只好空手做出提拂尘的样子。我这个良知学，就是启发人的拂尘，除此而外，还有什么可提的？"

过了一会儿，又一位朋友请教用功夫的关键。

先生侧过头去，看着旁边说："我的拂尘在哪儿？"

这时，在座的人哄堂大笑。

二八一

或问"至诚""前知"[1]。

先生曰："诚是实理，只是一个良知。实理之妙用流行就是神，其萌动处就是几，诚、神、几曰圣人。圣人不贵前知。祸福之来，虽圣人有所不免。圣人只是知几，遇变而通耳。良知无前后，只知得见在的几，便是一了百了。若有个前知的心，就是私心，就有趋避利害的意。邵子[2]必于前知，终是利害心未尽处。"

精彩解说

有人向先生请教《中庸》上的"至诚""前知"。

---

① 前知：预先知道。

② 邵子：邵雍。

先生说："诚是实理，只是一个良知。实理产生的奇妙作用就是神，它的萌发处就是几，具备诚、神、几的人叫圣人。圣人对预知不怎么重现。祸福降临，即使圣人也不可避免。圣人只知规律，善于随机应变。良知没有前后的区别。只要能明白规律，就能一了百了。如果有一个预知的心，就是私心，即是趋利避害的意思。邵雍一定要预先知道一切，就是因为他的私心没有彻底清理干净。"

二八二

先生曰："无知无不知，本体原是如此。譬如日未尝有心照物，而自无物不照。无照无不照，原是日的本体。良知本无知，今却要有知；本无不知，今却疑有不知，只是信不及耳！"

精彩解说

先生说："本体原本就是这样，无知无不知的。比如太阳，它原本无意去照射宇宙间万物，但万物又都被照射。照与不照原本就是太阳的本体。良知本来是无知的，现在却要它有知；良知本来是无不知的，如今却怀疑它有不知。这些是因为不能坚信良知罢了。"

二八三

先生曰："'惟天下至圣，为能聪明睿知[1]'，旧看何等玄妙，今看来原是人人自有的。耳原是聪，目原是明，心思原是睿知，圣人只是一能之尔。能处正是良知，众人不能，只是个不致

① 惟天下至圣，为能聪明睿知：出自《中庸》第三十一章。

知，何等明白简易！”

精彩解说

先生说：“《中庸》中的‘惟天下至圣，为能聪明睿知’这句话，从前看，它玄妙莫测。现在看，它原是人人本有的。耳原本就聪，目原本就明，心原本就睿智。圣人具有一种才能，这就是‘致良知’。普通人不能做到这点，就因为不能致良知。这是多么明白简易的道理啊！”

二八四

问：“孔子所谓‘远虑①’，周公‘夜以继日②’，与‘将迎’不同，何如？”

先生曰：“远虑不是茫茫荡荡去思虑，只是要存这天理。天理在人心，亘古亘今，无有终始；天理即是良知，千思万虑，只是要致良知。良知愈思愈精明，若不精思，漫然随事应去，良知便粗了。若只着在事上茫茫荡荡去思，教做远虑，便不免有毁誉、得丧、人欲搀入其中，就是将迎了。周公终夜以思，只是戒慎不睹、恐惧不闻的功夫，见得时，其气象与将迎自别。”

精彩解说

有人问：“孔子所谓的‘远虑’，周公所谓的‘夜以继日’，与迎来送

---

① 远虑：出自《论语·卫灵公》：“子曰：‘人无远虑，必有近忧。’”孔子说，一个人没有长远的考虑，一定会有近期的忧患。

② 夜以继日：出自《孟子·离娄下》：“周公兼思三王，以施四事。岂有不合者，仰而思之，夜以继日；幸而得之，坐以待旦。”

往有什么区别？”

先生说：“远虑并不是不着边际地去思考，只是要存这个天理。天理存留于人心中，且亘古亘今，无始无终。天理就是良知，万虑千思也只是要致良知。良知是越思索越精明。若不深思熟虑，只是随随便便地随事情转，良知就变得粗陋了。若以为远虑就是在事情上不着边际地思考，就不免有毁誉、得失、私欲掺杂其间，也就是迎来送往了。周公整夜地思考，仅一个‘戒慎不睹，恐惧不闻’的功夫。认识了这一点，周公的气象与迎来送往自有分别。”

二八五

问：“‘一日克己复礼，天下归仁’[①]，朱子作效验说[②]，如何？”

先生曰：“圣贤只是为己之学，重功夫不重效验。仁者以万物为体，不能一体，只是己私未忘。全得仁体，则天下皆归于吾。仁就是‘八荒皆在我闼’[③]意，天下皆与，其仁亦在其中。如‘在邦无怨，在家无怨[④]’，亦只是自家不怨，如‘不怨天，不尤人’之意。然家邦无怨，于我亦在其中，但所重不在此。”

精彩解说

有人问：“在《论语》中，孔子说了‘一日克己复礼，天下归仁’这句话，朱熹主张是就效验而言的，不知是否正确？”

---

① 一日克己复礼，天下归仁：出自《论语·颜渊》。

② 效验说：朱熹在《论语集注》中注此句：“极言其效之甚远而至大也。”

③ 八荒皆在我闼：出自宋代金石学家吕大临的《克己铭》。闼：指门楼上的小屋。

④ 在邦无怨，在家无怨：出自《论语·颜渊》。

先生说："圣人只是一个克己之学说，只重视功夫而轻视效验。仁者与万物为一体。不能与万物一体，只因没有忘掉私欲。我若能获得全部的仁，那么，天下都将归于我的仁中，也就是'荒皆在我闼'的意思。天下都能做到仁，我的仁也在其中了。比如'在邦无怨，在家无怨'，仅是自己没有怨恨。与'不怨天，不尤人'的意思相近。但家邦皆无怨，我也就在其中了。然而，这并不是该重视的地方。"

二八六

问："孟子'巧力圣智'之说，朱子云'三子力有余而巧不足'，何如？"

先生曰："三子固有力，亦有巧，巧力实非两事。巧亦只在用力处，力而不巧，亦是徒力。三子譬如射，一能步箭，一能马箭，一能远箭；他射得到，俱谓之力，中处俱可谓之巧。但步不能马，马不能远，各有所长，便是才力分限有不同处。孔子则三者皆长。然孔子之和，只到得柳下惠[1]而极；清，只到得伯夷而极；任，只到得伊尹而极。何曾加得些子？若谓三子力有余而巧不足，则其力反过孔子了。巧力只是发明圣知之义，若识得圣知本体是何物，便自了然。"

精彩解说

有人就孟子"巧力圣智"说法和朱熹"三子力有余而巧不足"注解请教先生。

① 柳下惠：展获，字禽。春秋时鲁国的贤大夫，食邑在柳下，谥惠。后世称柳下惠，以擅长贵族礼仪著称。

先生说："伯夷、伊尹、柳下惠三人既有力，又有巧。巧和力实际上并非是两个事，巧也是巧在用力的地方，有力而不巧，也是白用力。譬如射箭，一个能步行射箭，一个能骑马射箭，一个能在远处射箭。他们能射到都说是有力，能中都称为巧。但是步射的不能骑射，骑射的不能远射，各有所长，是才力发挥的领域不同。孔子则是三种都擅长。然而孔子的'和'以柳下惠为极限，'清'以伯夷为极限，"任"以伊尹为极限，何曾在他们三人上面有所增加？如果说他们三人是力有余而巧不足，那就是说他们的力都超过孔子了。巧、力这些词只是为了阐发圣和智的意思，如果能明白圣、智的本体，就自然明了了。"

二八七

先生曰："'先天而天弗违'，天即良知也；'后天而奉天时'[1]，良知即天也。"

精彩解说

先生说："'先天而天弗违'，说明天就是良知；'后天而奉天时'，说明良知就是天。"

二八八

"良知只是个是非之心，是非只是个好恶，只好恶就尽了是非，只是非就尽了万事万变。"

---

① "先天而天弗违""后天而奉天时"：出自《易经》："夫大人者与天地合其德，与日月合其明，与四时合其序，与鬼神合其吉凶。先天而天弗违，后天而奉天时，天且弗违，而况于人乎？况于鬼神乎？"

又曰："是非两字，是个大规矩，巧[1]处则存乎其人。"

精彩解说

"良知，其实就是判断是非的心，是非仅是个好恶。明白好恶就穷尽了是非，穷尽了是非就穷尽了万事的万般变化。"

先生又说："是非两个字是一个大的框架，巧妙运用则在于个人领会。"

二八九

"圣人之知如青天之日，贤人如浮云天日，愚人如阴霾天日，虽有昏明不同，其能辨黑白则一。虽昏黑夜里，亦影影见得黑白，就是日之余光未尽处。困学[2]功夫，亦只从这点明处精察去耳！"

精彩解说

先生说："圣人的良知，就好像晴天的太阳；贤人的良知，好像多云天气里的太阳；愚人的良知，好比阴霾天的太阳；虽然在昏聩和明白之间有区别，但是都能辨别黑白，这一点是一样的，这就是太阳的余光没有完全消失的缘故。困知勉行、学知利行的功夫，就是从这一点去精确体察而已。"

二九〇

问："知譬日，欲譬云，云虽能蔽日，亦是天之一气合有的，欲亦莫非人心合有否？"

---

① "大规矩"和"巧"：前者是原则性；后者是具体细处，也就是灵活性。

② 困学：指遇到困难的时候才学习，出自《论语·季氏》。

先生曰："喜怒哀惧爱恶欲，谓之七情。七者俱是人心合有的，但要认得良知明白。比如日光，亦不可指着方所；一隙通明，皆是日光所在，虽云雾四塞，太虚中色象可辨，亦是日光不灭处，不可以云能蔽日，教天不要生云。七情顺其自然之流行，皆是良知之用，不可分别善恶，但不可有所着；七情有着，俱谓之欲，俱为良知之蔽。然才有着时，良知亦自会觉，觉即蔽去，复其体矣！此处能勘得破，方是简易透彻功夫。"

精彩解说

有人问："良知就好比太阳，私欲就好比乌云。乌云虽然能遮蔽太阳，但是这乌云也是天地之间的气本该有的，那私欲也是人本该有的吗？"

先生说："喜、怒、哀、惧、爱、恶、欲，称为七情。七情都是人心应该有的，但是必须把良知认明白。比如阳光，也不能局限在一个地方。只要有一个缝隙，有一丝光亮，都是阳光所在之处。虽然云能蔽日，但你不能教天不要生云。七情顺其自然流行，都是良知的作用发生，你不能把这七情分别出哪些是善的，哪些是恶的，只是不可有所执着，执着在某一点上，这就是欲了，这都是良知的遮蔽。才有所执着，良知自然会觉察，觉察后便要去掉蒙蔽，恢复本体。对于这个问题看得明白，才是简易透彻的功夫。"

二九一

问："圣人生知安行，是自然的，如何有甚功夫？"

先生曰："知行二字即是功夫，但有浅深难易之殊耳。良知原是精精明明的。如欲孝亲，生知安行的，只是依此良知，实落尽孝而已；学知利行者，只是时时省觉，务要依此良知尽孝而已；至于困知勉行者，蔽锢已深，虽要依此良知去孝，又为私欲所阻，是以不能，必须加人一己百、人十己千[①]之功，方能依此良知以尽其孝。圣人虽是生知安行，然其心不敢自是，肯做困知勉行的功夫。困知勉行的却要思量做生知安行的事，怎生成得！”

精彩解说

有人问：“圣人生知安行是自然的，怎样做到呢？”

阳明先生说：“知行二字就是功夫，但是有深浅难易的差别。良知原是精精明明的，比如想孝敬父母，生知安行的人只是依照良知去尽孝而已；学知利行的人只是时刻反省体察，努力依照良知去尽孝而已；困知勉行的人良知受蒙蔽禁锢已深，虽然想依照良知去尽孝，但为私欲所阻，不能尽孝，必须付出比别人百倍、千倍的努力才能做到。圣人虽然是生知安行，但心里也不敢自以为是，肯做困知勉行的功夫。可是困知勉行的人却想做生知安行的事，这怎么可能呢？”

二九二

问：“乐是心之本体[②]，不知遇大故于哀哭时，此乐还在否？”

先生曰：“须是大哭一番了方乐，不哭便不乐矣。虽哭，此心安处，即是乐也，本体未尝有动。”

---

① 人一己百、人十己千：意思是别人一次就能做到的，我反复做一百次；别人十次能做到的，我反复做一千次。实际指人要勤奋努力。

② 乐是心之本体：阳明说“常快活便是功夫”。

精彩解说

有人问："先生曾主张乐是心的本体，不知遇到大的悲惨变故哀哭之时，这个乐还在不在？"

先生说："唯有痛哭之后才能乐，不哭就不会乐了。虽然是哭，此心却得到了安慰，因而也就是乐。心的本体是没有变化的。"

二九三

问："良知一而已，文王作《彖》①，周公系《爻》②，孔子赞《易》③，何以各自看理不同？"

先生曰："圣人何能拘得死格？大要出于良知同，便各为说，何害？且如一园竹，只要同此枝节，便是大同。若拘定枝枝节节，都要高下大小一样，便非造化妙手矣。汝辈只要去培养良知。良知同，更不妨有异处。汝辈若不肯用功，连笋也不曾抽得，何处去论枝节？"

精彩解说

有人问："良知只有一个。周文王作卦辞，周公旦作爻辞，孔夫子作《周易》，是否各自看到的理不同？"

先生说："圣人怎会呆板地死守旧模式呢？只要根本点是从良知出发，说法有所不同又能妨碍什么呢？这就像一园子青竹，只要枝节相差不多，也就是大同了。但如果要是拘泥于每株竹子的每一枝节高低大小都相等，就不

①《彖》：指《彖辞》，《易传》中说明卦名、卦义和卦辞的文辞。

②《爻》：指《爻辞》，说明《周易》六十四卦中各爻要义的文辞。

③《易》：指《易传》，《周易》的组成部分，儒家学者对《周易》所做的各种解释。

能体现造化的妙手了。要做的只是去认真培养良知，只要良知是同样的，有点差异也无关紧要。你们若不肯用功，就像竹子连笋都没有发出来，又到什么地方去谈论竹子的枝节呢？”

二九四

乡人有父子讼狱，请诉于先生，侍者欲阻之，先生听之，言不终辞，其父子相抱恸哭而去。

柴鸣治[1]入问曰：“先生何言，致伊感悔之速？”

先生曰：“我言舜是世间大不孝的子，瞽瞍是世间大慈的父。”

鸣治愕然，请问。

先生曰：“舜常自以为大不孝，所以能孝。瞽瞍常自以为大慈，所以不能慈。瞽瞍只记得舜是我提孩长的，今何不曾豫悦我，不知自心已为后妻所移了，尚谓自家能慈，所以愈不能慈。舜只思父提孩我时如何爱我，今日不爱，只是我不能尽孝，日思所以不能尽孝处，所以愈能孝。及至瞽瞍底豫[2]时，又不过复得此心原慈的本体。所以后世称舜是个古今大孝的子，瞽瞍亦做成个慈父。”

精彩解说

有乡下父子二人诉讼，请先生判案。随从欲阻挡他们。先生听了他们说

---

① 柴鸣治：王阳明的学生。

② 瞽瞍底豫：出自《孟子·离娄上》第二十八章。底，通假字“厎”；豫：快乐的意思。

的情况，但是先生的话还未讲完，父子二人抱头痛哭，最后和好离去了。

柴鸣治进来问道："先生，您说了什么就使父子二人很快地悔悟了呢？"

先生说："我对他们说，虞舜是世上最不孝顺的儿子，他的父亲瞽叟是世上最慈祥的父亲。"

柴鸣治感到十分惊讶，请问为什么。

先生说："舜常常自以为是最不孝的，因此他能孝；瞽叟常常自以为是最慈祥的，因此他不能慈爱。瞽叟只记着舜是他拉扯养大的，而如今舜为什么不让他快乐？他不清楚他的心已被后妻迷惑而改变了，还自以为能慈爱。因此，他就更不能慈爱。舜总是记着小时候父亲是多么地爱他，而如今之所以不爱了，只因为自己不能尽孝。舜每天想着自己不能尽孝之处，因此，他就更加孝顺。等到瞽叟高兴时，他只不过是恢复了心中原本就有的慈爱的本体。所以，后世之人都称舜是一个古往今来的大孝子，瞽叟也就变成了一个慈祥的父亲。"

二九五

先生曰："孔子有鄙夫来问，未尝先有知识以应之，其心只空空而已，但叩他自知的是非两端[1]，与之一剖决，鄙夫之心便已了然。鄙夫自知的是非，便是他本来天则，虽圣人聪明，如何可与增减得一毫？他只不能自信，夫子与之一剖决，便已竭尽无余了。若夫子与鄙夫言时，留得些子知识在，便是不能竭他的良知，道体即有二了。"

---

①叩他自知的是非两端：出自《论语·子罕》第七章。

精彩解说

先生说："每次普通人向孔子请教有关问题，孔子事先都没有准备，他的心是空空如也的。但是，他从普通人知道的是非两方面加以分析，普通人的心里也就明白了。普通人所自知的是非，是他本来就有的天理准则。即便是圣人的聪明睿智，也不能增加或减少一分一毫。普通人只是不能完全相信自己，孔子一帮他分析判断，他就一下子明白了。如果孔子与他谈话时，心中还有一些知识在，就不能启发出他全然的良知，而道体将一分为二了。"

二九六

先生曰："'烝烝乂，不格奸'①，本注说象已进进于义，不至大为奸恶②。舜征庸后，象犹日以杀舜为事，何大奸恶如之？舜只是自进于义，以乂薰烝，不去正他奸恶。凡文过掩慝，此是恶人常态，若要指摘他是非，反去激他恶性。舜初时致得象要杀己，亦是要象好的心太急，此就是舜之过处。经过来，乃知功夫只在自己，不去责人，所以致得克谐，此是舜动心忍性，增益不能③处。古人言语，俱是自家经历过来，所以说得亲切，遗之后世，曲当人

---

① 烝烝乂，不格奸：语出《尚书·尧典》，原文："瞽子父顽、母嚚、象傲，克谐以孝，烝烝乂，不格奸。"

② "本注"二句：汉代孔安国注："谐，和。烝，进也。言能以至孝和谐顽嚚昏傲，使进进以善自治，不至于奸恶。"

③ 动心忍性，增益不能：语出《孟子·告子下》第十五章："故天将降大任于是人也，必先苦其心志，劳其筋骨，饿其体肤，空乏其身，行拂乱其所为。所以动心忍性，增益其所不能。"

情。若非自家经过，如何得他许多苦心处？”

精彩解说

先生说：“《尚书》上所谓的‘烝烝，不格奸’，本注上说这是指舜的弟弟象逐渐接近义，不至于成为大奸大恶。舜被征用后，象仍每天想去谋杀他，什么样的大奸大恶能像他呀？但是舜只是以义要求自己，用自我克制去感化象，而不是去指责纠正象的奸恶。文过饰非，这是恶人的常态。若要责备他的过失，反倒会激起他的恶性。开始时，舜使得象要害他，只是因为他要象变好的心太急切了。这就是舜的过错。有了这段经历，舜认识功夫只在自己身上，而不是去责人，所以能够达到和谐。这就是舜的动心忍性，增加自己能力的地方。古人的言论，都是自己亲身经历的。因此，记得十分亲切，留存到了后世，歪曲变通，只把这个当作人情。如果不是自己亲身经历过，怎么能那么苦口婆心。”

二九七

先生曰：“古乐不作久矣。今之戏子，尚与古乐意思相近。”

未达，请问。

先生曰：“《韶》之九成[①]，便是舜的一本戏子。《武》之九变[②]，便是武王的一本戏子。圣人一生实事，俱播在乐中。所以有德者闻之，便知他尽善尽美[③]，与尽美未尽善处。若后世作乐，只是做些词调，于民俗风化绝无关涉，何以化民善俗？今要民俗反朴

①《韶》之九成：《韶》传说为舜所作的乐曲名称。成，乐章的意思。

②《武》之九变：《武》传说为武王所作的曲目。一章结束到下一章，称为“变”。

③尽善尽美：出自《论语·八佾》第二十五章。

还淳，取今之戏子，将妖淫词调俱去了，只取忠臣孝子故事，使愚俗百姓人人易晓，无意中感激他良知起来，却于风化有益。然后古乐渐次可复矣。”

曰：“洪要求元声不可得，恐于古乐亦难复。”

先生曰：“你说元声在何处求？”

对曰：“古人制管候气，恐是求元声之法。”

先生曰：“若要去葭灰黍粒中求元声，却如水底捞月，如何可得？元声只在你心上求。”

曰：“心如何求？”

先生曰：“古人为治，先养得人心和平，然后作乐。比如在此歌诗，你的心气和平，听者自然悦怿兴起，只此便是元声[①]之始。《书》云‘诗言志’，志便是乐的本。‘歌永言’，歌便是作乐的本。‘声依永，律和声’[②]，律只要和声，和声便是制律的本。何尝求之于外？”

曰：“古人制候气法，是意何取？”

先生曰：“古人具中和之体以作乐。我的中和，原与天地之气相应；候天地之气，协凤凰之音，不过去验我的气果和否。此是成律已后事，非必待此以成律也。今要候灰管，先须定至日。然至日子时恐又不准，又何处取得准来？”

---

①元声：十二律所依据的基准音，是黄钟管所发出的声音。

②《书》云句：出自《尚书·舜典》。意思是诗要表达的是思想感情，歌曲咏唱的是诗句，声音的高低和咏唱的风格要一致，音律和声音的高低要协调。

精彩解说

先生说："古乐已经很久不流行了。今天的戏曲倒是和古乐的意思相近。"

钱德洪不解，向先生请教。

先生说："《韶》的九章，就是舜的一个乐曲；《武》的九变，就是武王的一个乐曲。圣人一生的事迹，都记录在乐曲中。所以有德之人听闻之后，便能知道《韶》之尽善尽美，《武》之尽美未尽善（孔子对《韶》和《武》的评价）。而后世制作乐曲，只是做些词调，跟民俗风化没有任何关联，如何能改善民俗？如今要民俗返朴还淳，不如拿一些今天的戏曲，把妖淫词调都去掉，只取忠臣孝子故事，使得老百姓人人都能听懂，无意中激发起他们的良知，却是于风化有益，然后古乐逐渐复兴。"

钱德洪说："我想要求元声不可得，恐怕在古乐之中也难恢复。"

先生说："你说说元声在何处求？"

钱德洪说："古人制管候气，恐怕是求元声之法。"

先生说："如果要去草灰谷粒中求元声，就像水中捞月一样，如何能求得？元声只在你心上求。"

钱德洪说："如何在心上求？"

先生说："古人制作音乐的方法，首先是养得自己心平气和，然后才制作乐曲。比如在这里吟诵诗歌，你心气和平，听者自然愉悦，这便是元声的起始。《尚书》说'诗言志'，志便是乐的本；'歌永言'，歌便是作乐的本；'声依永，律和声'，律只要和声，和声便是制律的本。何尝在外面求？"

钱德洪说："古人制作候气之法，是什么意图呢？"

先生说："古人具备中和之体以作乐。我的中和原本与天地之气相应，候天地之气，协凤凰之音，不过是检验我的气是否确实中和。这是制成音律以后的事，并非要根据这个以制作音律。如今要候灰管需要先等到冬至，然而冬至子时恐怕有不准确，又从何处能去取得标准呢？"

二九八

先生曰："学问也要点化[1]，但不如自家解化者，自一了百当，不然，亦点化许多不得。"

精彩解说

先生说："学问也需要点化，但是不如自己领悟，能一通百通。自己不领悟，靠点化也进步不了太多。"

二九九

"孔子气魄极大，凡帝王事业，无不一一理会，也只从那心上来。譬如大树，有多少枝叶，也只是根本上用得培养功夫，故自然能如此，非是从枝叶上用功做得根本也。学者学孔子，不在心上用功，汲汲然去学那气魄，却倒做了[2]。"

精彩解说

孔子的气魄极其宏大，所有帝王的事业，都能一一解析明白，这也只是发自他的内心深处。好像一棵大树，不论有多少片叶子，都是由于有根的作用才长出来，所以长出来的都是相类似的叶子，不是因为枝叶的作用才长成树根。有些学者学习孔子，不从他的内心出发开始研究，急不可待地学孔子表现出来的气魄，这是倒行逆施。"

---

① 点化：师友之间开悟启化，属于佛教用语。

② 却倒做了一句：出自王阳明和杨骥的一段对话。

三〇〇

"人有过，多于过上用功，就是补甑[1]，其流必归于文过。"

精彩解说

先生说："人有过失之处，就把功夫多下在检讨弥补过失上，就好像修补破旧的瓦罐，必定有文过饰非的毛病。"

三〇一

"今人于吃饭时，虽无一事在前，其心常役役不宁，只缘此心忙惯了，所以收摄不住。"

精彩解说

"今天的人在吃饭的时候，即使眼前没有一个事，心中也不安宁。只因为这颗心忙惯了，所以收摄不住。"

三〇二

"琴、瑟、简编，学者不可无。盖有业以居之[2]，心就不放。"

精彩解说

先生说："琴瑟与书籍，学者不可没有。因为有了这些事情安定自己，心就不会放失了。"

---

① 补甑：甑，瓦罐。补甑意即补已破的瓦罐。

② 业以居之：出自《周易》乾卦《文言》。

三〇三

先生叹曰："世间知学的人，只有这些病痛打不破，就不是善与人同[1]。"

崇一曰："这病痛只是个好高不能忘己尔。"

精彩解说

王阳明叹息说："世间懂得学问的人，只要这些毛病改不掉，就不是善与人同。"

欧阳崇一说："这毛病只是要显得自己高明，不能放下自我罢了。"

三〇四

问："良知原是中和的，如何却有过不及？"

先生曰："知得过不及处，就是中和[2]。"

精彩解说

问："良知本来是中正平和的，为什么却有过与不及的情况？"

先生答："知道自己在哪里过了，在哪里不及，就是中正平和。"

---

① 善与人同：出自《孟子·公孙丑上》第八章，意思是要与人为善。

② 中和：出自《中庸》第一章。无过与无不及为中和。

三〇五

"'所恶于上'，是良知；'毋以使下'[1]，即是致知。"

精彩解说

先生说："'所恶于上'是良知，'毋以使下'就是致良知。你的良知知道自己不希望上级怎么对待你，致良知就是不要这么对待你下面的人。

三〇六

先生曰："苏秦、张仪之智，也是圣人之资。后世事业文章，许多豪杰名家，只是学得仪、秦故智。仪、秦学术善揣摸人情，无一些不中人肯綮[2]，故其说不能穷。仪、秦亦是窥见得良知妙用处，但用之于不善尔。"

精彩解说

先生说："苏秦、张仪的智慧，也具备了圣人的资质。后世很多豪杰名家，其事业文章，也只是学的苏秦、张仪的皮毛。苏秦、张仪的学问，擅长揣摩人情，没有一点不切中要害的，所以他们的策略无穷无尽。苏秦、张仪都窥见了良知的妙用，但是他们都没有用在正道上而已。"

---

① '所恶于上''毋以使下'：出自《大学》第十章。

② 肯綮：意为筋骨结合的地方，比喻要害处或关节处。

三〇七

或问“未发已发”。

先生曰：“只缘后儒将未发已发分说了，只得劈头说个无未发已发，使人自思得之。若说有个已发未发，听者依旧落在后儒见解。若真见得无未发已发，说个有未发已发，原不妨，原有个未发已发在。”

问曰：“未发未尝不和，已发未尝不中，譬如钟声，未扣不可谓无，既扣不可谓有，毕竟有个扣与不扣，何如？”

先生曰：“未扣时原是惊天动地，既扣时也只是寂天寞地。”

精彩解说

有人向先生请教未发与已发。

先生说：“只因为后世的儒者将未发、已发分成两个说了，我只能一开头就说没有未发、已发，让人自己思考来明白这一点。如果有已发、未发，听的人将仍落在后世儒者的见解里面。如果真能明白没有未发、已发，即使说有未发、已发也不妨事，原本就有未发、已发存在。”

有人问：“未发的未尝不和，已发的未尝不中。就好像钟声，不敲不能说没有，敲响了也不能说有。但毕竟有个敲与不敲的差别，是这样吗？”

先生说：“不敲时钟声本来是惊天动地的，敲了以后也只是寂静无声。”

三〇八

问："古人论性，各有异同，何者乃为定论？"

先生曰："性无定体，论亦无定体，有自本体上说者，有自发用上说者，有自源头上说者，有自流弊处说者。总而言之，只是这个性，但所见有浅深尔。若执定一边，便不是了。性之本体原是无善无恶的，发用上也原是可以为善可以为不善的，其流弊也原是一定善一定恶的。譬如眼，有喜时的眼，有怒时的眼，直视就是看的眼，微视就是觑的眼。总而言之，只是这个眼，若见得怒时眼，就说未尝有喜的眼，见得看时眼，就说未尝有觑的眼，皆是执定，就知是错。孟子说性[①]，直从源头上说来，亦是说个大概如此。荀子性恶之说[②]，是从流弊上说来，也未可尽说他不是，只是见得未精耳。众人则失了心之本体。"

问："孟子从源头上说性，要人用功在源头上明彻；荀子从流弊说性，功夫只在末流上救正，便费力了。"

先生曰："然。"

精彩解说

问："古人论说性各有不同观点，什么作为定论呢？"

先生说："性没有定体，论也没有定体。有从其本体上说的，有从其发

① 孟子说性：出自《孟子·公孙丑上》和《告子上》。

② 荀子性恶之说：荀子认为人性本恶。

用上说的，有从其源头上说的，有从其流弊处说的。总而言之，一个性，只不过各人的见解有深浅而已。如果执着在一个方面，就不对了。性之本体，原本是无善无恶的，发用上也原本是可为善，可为恶的，其流弊也原本是一定善，一定恶的。譬如眼，有喜时的眼，有怒时的眼，直视就是看的眼，微视就是觑的眼。总而言之，只是这只眼。如果看到怒时的眼就说没有喜的眼，看到看时的眼，就说没有觑的眼，都是执着于定见，就知道是错了。孟子说性，直接从源头上说，也只是说了个大概的样子；荀子性恶之说，是从流弊上说，也不能说他说得都不对，只是见解还不够精细。而众人则是不能体悟到心之本体。”

问：“孟子从源头上说性，要人用功在源头上彻底明白性；荀子从流弊说性，功夫只是在末流上补偏救弊，就要费力了。”

先生说：“是这样的。”

三〇九

先生曰：“用功到精处，愈着不得言语，说理愈难。若着意在精微上，全体功夫反蔽泥了。”

精彩解说

先生说：“用功越精深，越是不能用语言描述，其中的道理也就越难说清。如果着意用语言辨析道理的精微之处，全体的功夫反而被遮蔽了。”

三一〇

“杨慈湖[1]不为无见，又着在无声无臭上见了。”

精彩解说

“杨慈湖不能说没有见地，（只是）又执着在无声无臭上去理解了。”

三一一

“人一日间，古今世界都经过一番，只是人不见耳。夜气清明时，无视无听，无思无作，淡然平怀，就是羲皇世界[2]。平旦时，神清气朗，雍雍穆穆，就是尧、舜世界。日中以前，礼仪交会，气象秩然，就是三代世界。日中以后，神气渐昏，往来杂扰，就是春秋、战国世界。渐渐昏夜，万物寝息，景象寂寥，就是人消物尽世界。学者信得良知过，不为气所乱，便常做个羲皇已上人。”

精彩解说

“人在一日的时间内，（可以）把古今世界都经历一番，只是人没有意识到而已。当夜气清明的时候，人无视无听，无思虑无劳作，平淡清虚的胸怀，就是伏羲时代的世界；清晨的时候，神清气爽，和谐肃穆，就是尧舜时代的世界；中午之前，人们遵循礼仪互相交接，秩序井然有条，就是三代

---

① 杨慈湖：杨简，慈湖（现浙江慈溪）人，陆九渊的学生。屡任知县，官至兵部郎官。学重本心，以天地万物为一体。

② 羲皇世界：皇，通假字“黄”。

时候的世界；中午之后，人的精神逐渐疲弱，应事接物就表现得杂乱纷扰，就是春秋战国时候的世界；渐渐过度到黄昏以至于黑夜，万物休息，景象寂寥，就是人消物尽的世界。学者只要能笃信良知，不被‘气’所扰乱，就能常常做一个伏羲时代的人。”

三一二

薛尚谦、邹谦之、马子莘[①]、王汝止[②]侍坐，因叹先生自征宁藩[③]已来，天下谤议益众，请各言其故。有言先生功业势位日隆，天下忌之者日众；有言先生之学日明，故为宋儒争是非者亦日博；有言先生自南都以后[④]，同志信从者日众，而四方排阻者日益力。

先生曰：“诸君之言，信皆有之，但吾一段自知处，诸君俱未道及耳。”

诸友请问。

先生曰：“我在南都已前，尚有些子乡愿[⑤]的意思在。我今信

① 薛尚谦、邹谦之、马子莘：薛尚谦，即薛侃；邹谦之，即邹守益；马子莘，即马明衡。这三人都是王阳明的弟子。

② 王汝止：即王艮，泰州安丰场（今江苏东台）人，人称王泰州。起初投入王阳明门下只为求生，后经王阳明点化转而治学，并创立传承王阳明心学的泰州学派。初名银，王阳明替他改名为艮，字汝止，号心斋。

③ 征宁藩：正德十四年（1519），宁王朱宸濠反，王阳明用43天即平定叛乱，生擒朱宸濠。

④ 自南都以后：指正德九年（1514）以后，这一年，王阳明在南京（南都）教人存天理、去人欲。从这一年开始，信从王阳明的人越来越多。

⑤ 乡愿：没有原则的老好人，出自《论语·阳货》：“乡愿，德之贼也。”

得这良知真是真非，信手行去，更不着些覆藏。我今才做得个狂者[1]的胸次，使天下之人都说我行不掩言也罢。”

尚谦出，曰：“信得此过，方是圣人的真血脉。”

精彩解说

薛尚谦、邹谦之、马子莘、王汝止四人与老师同坐，大家慨叹先生自征讨宁藩以来，天下对老师的谤议越来越多。先生让各位说说其中的原因。有的讲先生的功业权势日益显赫，因而会招致越来越多人的嫉妒；有人说先生的学说影响力越来越大，导致那些替宋儒争地位的人也就越来越多；有的说自先生拜南京兵部尚书以后，尊崇先生的人越来越多，来自四面八方的排挤阻挠的人也越来越卖力。

先生说：“各位所言，相信很有可能存在，但我个人有一段自知的地方，各位都没提到。”

大家都询问先生。

先生说：“我到南京就职以前，尚还玩点当面一套、背后一套的八面玲珑。现在我相信良知的是非标准，随手拈来，再也不用隐藏着。现在我才有了一个‘狂者’的心情。即使全天下人都说我口无遮拦也没有关系。”

薛尚谦站起来说：“对良知如此之信，才是圣人的真血脉啊！”

三一三

先生锻炼人处，一言之下，感人最深。

一日，王汝止出游归，先生问曰：“游何见？”对曰：“见满

---

① 狂者：语出《论语·阳货》，原文“子曰：‘不得中行而与之，必也狂狷乎！狂者进取，狷者有所不为也。’”“狂”指志意高远，勇往直前，敢作敢为，有进取精神；“狷”指有所守，洁身自好，不求有所作为，亦绝不肯同流合污。

街人都是圣人。”先生曰：“你看满街人是圣人，满街人到看你是圣人在。”

又一日，董萝石[1]出游而归，见先生曰：“今日见一异事。”先生曰：“何异？”对曰：“见满街人都是圣人。”先生曰：“此亦常事耳，何足为异？”

盖汝止圭角[2]未融，萝石恍见有悟，故问同答异，皆反其言而进之。

洪与黄正之、张叔谦[3]、汝中丙戌会试归，为先生道途中讲学，有信有不信。先生曰：“你们拿一个圣人去与人讲学，人见圣人来，都怕走了，如何讲得行？须做得个愚夫愚妇，方可与人讲学。”

洪又言：“今日要见人品高下最易。”先生曰：“何以见之？”对曰：“先生譬如泰山在前，有不知仰者，须是无目人。”先生曰：“泰山不如平地大，平地有何可见？”

先生一言剪裁，剖破终年为外好高之病，在座者莫不悚惧。

精彩解说

先生教育指点人时，一句话就能感人至深。

某日，王汝止外出回来。先生问他：“路上看见了什么？”王汝止答道：“满街满巷都是圣人啊！”先生说：“你看到满街都是圣人，他们看你像个活圣人。”

---

① 董萝石：名沄，浙江海盐人。

② 圭角：锋芒的意思。

③ 黄正之、张叔谦：黄正之，名宏纲；张叔谦，名元冲，浙江绍兴人。

又一天，董萝石外出回来，看见先生就说："今天看见一件稀罕事。"先生问："什么稀罕事？"他答道："我看到满街满巷都是圣人啊！"先生说："这是再寻常不过的事了，有什么稀罕的。"

大概王汝止的锋芒尚未磨平，而董萝石恍然有悟，因此问题相同答案各异，先生都是反着他们的话去启发他们。

钱德洪、黄正之、张叔谦、王汝中于丙戌年参加会试回来，纷纷讲自己途中讲学的事儿，说有的人相信，有的人怀疑。先生说："你们用一个圣人架势去给别人讲学，人家看见圣人来了，都给吓跑了，这怎么能讲得好。你得做出一副凡夫俗子的模样，才能给别人讲学。"

钱德洪又谈到，现在要看出人品的高低来很容易。先生问："怎么见得？"钱德洪答道："先生您就像是泰山一样摆在眼前，那些不知道崇拜信奉的人，就是没有眼珠的人。"先生说："泰山没有平地广阔，在平地上你又能看到什么？"

先生这一句话，剔除了大家多年的好高骛远之病，在座的人无不有所警惧。

三一四

癸未[1]春，邹谦之来越问学，居数日，先生送别于浮峰。

是夕，与希渊诸友移舟宿延寿寺，秉烛夜坐。先生慨怅不已，曰："江涛烟柳，故人倏在百里外矣！"

一友问曰："先生何念谦之之深也？"

先生曰："曾子所谓'以能问于不能，以多问于寡，有若无，

① 癸未：嘉靖二年，王阳明已有52岁。

实若虚，犯而不较’[1]，若谦之者，良近之矣！”

精彩解说

嘉靖二年的春季，邹谦之到绍兴问学，盘桓数日辞去，先生一直送到浮峰。

这天晚上，先生与蔡希渊等下船到延寿寺借宿，大家秉烛夜坐，先生无限感慨。他说道：“江水奔腾，烟柳飘飞，谦之顷刻间就在百里之外了。”有位朋友问：“先生为什么对邹谦之的怀恋这么深切呢？”

先生说：“曾子曾说过‘以能问于不能，以多问于寡，有若无，实若虚，犯而不较’。这样的人，和邹谦之好相像啊！”

三一五

丁亥[2]年九月，先生起复[3]征思、田。将命行时，德洪与汝中论学。

汝中举先生教言曰：“无善无恶是心之体，有善有恶是意之动，知善知恶是良知，为善去恶是格物[4]。”

德洪曰：“此意如何？”

汝中曰：“此恐未是究竟话头。若说心体是无善无恶，意亦是无善无恶的意，知亦是无善无恶的知，物是无善无恶的物矣。若说

---

① 以能问于不能，以多问于寡，有若无，实若虚，犯而不较：出自《论语·泰伯》。其中，较指计较、对抗。

② 丁亥：明嘉靖六年。

③ 起复：指古时官员回家守丧结束后重新任职，守孝期一般为三年。

④ 无善无恶是心之体等四句：这几句被称为王门四句教，是王阳明晚年的思想宗旨。

意有善恶，毕竟心体还有善恶在。”

德洪曰：“心体是天命之性，原是无善无恶的。但人有习心，意念上见有善恶在，格、致、诚、正、修，此正是复那性体功夫。若原无善恶，功夫亦不消说矣。”

是夕侍坐天泉桥[1]，各举请正。

先生曰：“我今将行，正要你们来讲破此意。二君之见正好相资为用，不可各执一边。我这里接人原有此二种。利根之人直从本源上悟入。人心本体原是明莹无滞的，原是个未发之中。利根之人一悟本体，即是功夫，人己内外，一齐俱透了。其次不免有习心在，本体受蔽，故且教在意念上实落为善去恶。功夫熟后，渣滓去得尽时，本体亦明尽了。汝中之见，是我这里接利根人的；德洪之见，是我这里为其次立法的。二君相取为用，则中人上下皆可引入于道。若各执一边，眼前便有失人，便于道体各有未尽。”

既而曰：“已后与朋友讲学，切不可失了我的宗旨：无善无恶是心之体，有善有恶是意之动，知善知恶的是良知，为善去恶是格物，只依我这话头随人指点，自没病痛。此原是彻上彻下功夫。利根之人，世亦难遇，本体功夫，一悟尽透。此颜子、明道所不敢承当，岂可轻易望人！人有习心，不教他在良知上实用为善去恶功夫，只去悬空想个本体，一切事为俱不着实，不过养成一个虚寂。此个病痛不是小小，不可不早说破。”

---

① 天泉桥：王阳明曾在这座小桥上回答钱、王关于“四句教”的问题，历史上称之为“天泉证道”。

是日德洪、汝中俱有省。

精彩解说

明嘉靖六年九月，先生被朝廷起用，第二次讨伐思恩（今广西武鸣县北）和田州（今广西田阳县北）。即将启程时，钱德洪和王汝中探讨学问。

汝中据引先生的话说："无善无恶是心之体，有善有恶是意之动，知善知恶是良知，为善去恶是格物。"

德洪说："你认为这几句话怎样？"

汝中说："这句话大概还没有说完全。若说心体是无善无恶的，那么意也是无善无恶的意，知也是无善无恶的知，物也是无善无恶的物。若认为意有善恶，在心体上终究还有善恶存在。"

德洪说："心体是天命之性，原本是无善无恶的。但是人有受到沾染的心，在意念上就有善恶。格物、致知、诚心、正意、修身，其正是要恢复那性体的功夫。若意本无善恶，那么功夫也就不消再说了。"

这天夜晚，德洪和汝中在天泉桥陪先生坐，各人谈了自己的见解，特向先生请教。

先生说："如今，我将要远征，正想给你们说破这一点。两位的见解，恰好互为补充，不可偏执一方。我开导人的技巧，原本有两种：资质特高的人，让他直接从本源上体悟。人心原本是晶莹无滞的，原本是一个未发之中。资质特高的人，只要稍悟本体，也就是功夫了。他人和自我、内和外一切都透彻了。另外一种人，资质较差，心不免受到沾染，本体遭蒙蔽，因此就教导他从意念上实实在在为善除恶，待功夫纯熟后，污秽彻底荡涤，本体也就明净了。汝中的见解，是我用来开导资质特高的人；德洪的见解，是我用来教导资质较差的人使用的方法。两位若互为补充借用，那么资质居中的人都可被导入坦途。若两位各执一词，在你们面前就会有人不能步入正轨，就不能穷尽道体。"

先生接着说："今后和朋友讲学，千万不可抛弃我的宗旨。无善无恶是心之体，有善有恶是意之动，知善知恶是良知，为善去恶是格物。只要根据我的话因人施教，自然不会出问题。这原本是上下贯通的功夫。资质特高的人，世上很难发现。对本体功夫一悟全透，就是颜回、程颢这样的人也不敢妄自尊大，岂敢随便指望他人？人有受到污染的心，若不教导他在良知上切实用为善除恶的功夫，只去悬空思索一个本体，所有事都不切实加以处理，这只不过是修养成了一个虚空静寂的坏毛病。这个毛病不是小事情，所以我不能不提前向你们讲清楚。”

这一天，钱德洪和王汝中都有所得。

【钱德洪跋】

先生初归越时，朋友踪迹尚寥落。既后四方来游者日进。癸未年已后，环先生而居者比屋，如天妃、光相[1]诸刹，每当一室，常合食者数十人；夜无卧处，更相就席；歌声彻昏旦。南镇、禹穴、阳明洞诸山，远近寺刹，徙足所到，无非同志游寓所在。先生每临讲座，前后左右环坐而听者常不下数百人，送往迎来，月无虚日；至有在侍更岁，不能遍记其姓名者。每临别，先生常叹曰："君等虽别，不出在天地间，苟同此志，吾亦可以忘形似矣！"诸生每听讲，出门未尝不跳跃称快。尝闻之同门先辈曰："南都以前，朋友从游者虽众，未有如在越之盛者。此虽讲学日久，孚信渐博，要亦先生之学日进，感召之机申变无方，亦自有不同也。"

精彩解说

先生刚刚回到绍兴时，朋友前来相见问学的很少，之后各地前来拜访参学先生的人日益增多。嘉靖二年(1523年)以后，环绕先生而住的学生比比皆是，例如天妃、光相等寺庙，每间屋子都挤满人，经常几十个人一起吃饭，晚上没有睡觉的地方，大家就轮流去小帐幕中休息，歌声通宵达旦。南

①天妃、光相：佛寺名，当时位于绍兴城内。

镇、禹穴、王阳明洞等山中的远近庙堂，只要徒步能到达的，无不是志同道合的游学者的住所。先生每次登台讲学，前后左右坐着听的人，常常不下数百人，每天迎来送往，月月如此。甚至有许多人在旁边听讲了一年多，先生都不能记完他们的姓名。每当分别的时候，先生都叹息着说："你们虽然离开了，但是没有走出天地之间，若能志存圣道，即使忘了我的样子也无关紧要。"众学生每次听讲后出门，没有不是欢呼跳跃，口称"痛快"的。我曾经听同门的前辈说："南京讲学前，向先生求教的朋友虽然很多，但是没有像绍兴这样兴盛的。"这虽然是先生讲学日久、信孚渐博所造成的，但也与先生的学问日益增进、感召学生的时机恰到好处、教学方式灵活自如密切相关，其效果自然就不同了。

三一六

黄以方问："'博学于文'，为随事学存此天理，然则谓'行有余力，则以学文'[①]，其说似不相合。"

先生曰：'《诗》《书》六艺[②]皆是天理之发见，文字都包在其中。考之《诗》《书》六艺，皆所以学存此天理也，不特发见于事为者方为文耳。余力学文，亦只博学于文中事。"

或问"学而不思"二句[③]。

曰："此亦有为而言。其实思即学也，学有所疑，便须思之。思而不学者，盖有此等人，只悬空去思，要想出一个道理，却不在身心

① 行有余力，则以学文：出自《论语·学而》第六章。

② 六艺：指《诗》《书》《礼》《乐》《易》《春秋》。

③ "学而不思"二句：出自《论语·为政》第十五章。

上实用其力，以学存此天理。思与学作两事做，故有‘罔’与‘殆’[1]之病。其实思只是思其所学，原非两事也。”（此后黄以方录）

精彩解说

黄以方向先生问：“您主张‘博学于文’是根据事情学存此天理，但是孔子说的‘行有余力，则以学文’，跟先生的主张不大一样。”

先生说：“像《诗》《书》六经都属于天理的显现，文字都概括了。钻研了《诗》《书》六经，也是为了学会存此天理，文也不是单单表现在事上。精力充沛去学文，包含了‘博学于文’。”

有人拿“学而不思则罔，思而不学则殆”这二句向先生请教。

先生说：“这两句话是相对具体事物说的。所思其实就是指学，学习出现疑问，就得去思考。很多人‘学而不思’，只是没有边际地思考，想着思索出一个道理来，而没有以自己的身心切实地下功夫以存此天理。如果将思和学看成两件事来做，就会出现‘罔’‘殆’的毛病。说白了，思也不过是思其所学的，不能看成两回事。”

三一七

先生曰：“先儒解格物为格天下之物，天下之物如何格得？且谓一草一木亦皆有理[2]，今如何去格？纵格得草木来，如何反来诚得自家意？我解‘格’作‘正’字义，‘物’作‘事’字义，《大学》之所谓身，即耳目口鼻四肢是也。欲修身，便是要目非礼勿视，耳非礼勿听，口非礼勿言，四肢非礼勿动[3]。要修这个身，

① 罔：迷惑；殆：危险，不安。

② 一草一木亦皆有理：出自《河南程氏遗书》卷十八。

③ 欲修身一句：出自《论语·颜渊》第一章。

身上如何用得功夫？心者身之主宰，目虽视而所以视者心也，耳虽听而所以听者心也，口与四肢虽言动而所以言动者心也，故欲修身在于体当自家心体，常令廓然大公，无有些子不正处。主宰一正，则发窍于目，自无非礼之视；发窍于耳，自无非礼之听；发窍于口与四肢，自无非礼之言动。此便是修身在正其心。然至善者，心之本体也。心之本体，那有不善？如今要正心，本体上何处用得工？必就心之发动处才可着力也。心之发动不能无不善，故须就此处着力，便是在诚意。如一念发在好善上，便实实落落去好善；一念发在恶恶上，便实实落落去恶恶。意之所发，既无不诚，则其本体如何有不正的？故欲正其心在诚意。工夫到诚意，始有着落处。然诚意之本，又在于致知也。所谓‘人虽不知，而己所独知’[①]者，此正是吾心良知处。然知得善，却不依这个良知便做去；知得不善，却不依这个良知便不去做，则这个良知便遮蔽了，是不能致知也。吾心良知既不能扩充到底，则善虽知好，不能着实好了；恶虽知恶，不能着实恶了，如何得意诚？故致知者，意诚之本也。然亦不是悬空的致知，致知在实事上格。如意在于为善，便就这件事上去为；意在于去恶，便就这件事上去不为。去恶固是格不正以归于正，为善则不善正了[②]，亦是格不正以归于正也。如此，则吾心良知无私欲蔽了，得以致其极，而意之所发，好善去恶，无有不诚矣！诚意工夫，实下手处在格物也。若如此格物，人人便做得，

---

① 人虽不知，而己所独知：出自《大学》第六章。

② 为善则不善正了：这句话是说为善，则是将不善正了。

'人皆可以为尧、舜'[①]，正在此也。"

精彩解说

先生讲："关于程、朱主张的格物是格尽天下的事物。但是怎样才能把天下的事物格尽？比方说'一草一木亦皆有理'，现在你怎么去格？草木就是能格，又如何让它来'诚'自我的意呢？我主张'格'就属于'正"，'物'就属于'事'。《大学》中说的身，实际就是人的耳、目、口、鼻以及四肢。修身，就得做到：眼非礼勿视，耳非礼勿听，口非礼勿言，四肢非礼勿动。这个身要修养，功夫如何用在身上呢？心属于身的主宰。虽然眼睛可以看，不过让眼睛能看到的是心；虽然耳朵可以听，不过让耳朵能听到的是心；虽然口与四肢可以言可以动，不过让口与四肢能言能动的是心。只有到自己心体上去领悟，才能修身，经常保持心体的大公无私，一点不中正的地方也不存在。假如身的主宰中正了，眼睛就不会看不合于礼的地方；耳朵就不会听不合于礼的事情；口就不会说不合于礼的话，四肢就不会行不合于礼的行为。《大学》中的'修身在于正心'的道理就是这个意思。但是，心的本体就是至善，所以说心的本体怎么会有不善呢？如今要正心，得在本体上的什么地方用功呢？一定得在心发动的地方用功。心发动的地方都是善，因此一定要在这个地方用力，这就属于在诚意。倘若念头是一个好的、善的，就真真切切做好事、善事；倘若是一个憎恶的念头，就会真真切切地去除恶。意念的发动属于诚的，本体怎么可能不端正呢？因此想着正心就一定得有诚意。只要用到了功夫，就会落实诚意了。不过诚意的根本体现还取决于致知。朱熹讲'人虽不知，而己所独知'，正好解释我们内心的良知所在。不过，明白了善，可是不按着这个良知去做，明白了不善，同样不用这个良知去克制，这就说明，这个就是一个被蒙蔽的良知，也就不可能致知了。既然良知不能完全发扬，就是知道好善，也不会真切地做；就是知道憎恶，也不会真切地憎恨，又怎么算得上意诚呢？因此，致知是诚意的根本。

① 人皆可以为尧、舜：出自《孟子·告子下》第二章。

但也不是没有依据地去致知，致知一定得在真正的事物上去格。假如心意想着为善，就用为善的行动来证明；心意想着除恶，就用除恶的行动证明。除恶一定得把不好的心思改为好的心思，这样为善就会纠正不善，也会把不正的格去。这样一来，私欲就不会蒙蔽我们的良知，就会达到最高的境界。意的发动点，就会是好善除恶，也不存在不诚的了。诚意功夫切实的下手处就是格物。这样的格物，谁都能做到。《孟子》讲‘人皆可以为尧舜’，就是这个道理。”

三一八

先生曰：“众人只说格物要依晦翁，何曾把他的说去用？我着实曾用来。初年[①]与钱友同论做圣贤，要格天下之物，如今安得这等大的力量？因指亭前竹子，令去格看。钱子早夜去穷格竹子的道理，竭其心思，至于三日，便致劳神成疾。当初说他这是精力不足，某因自去穷格。早夜不得其理，到七日，亦以劳思致疾。遂相与叹圣贤是做不得的，无他大力量去格物了。及在夷中三年[②]，颇见得此意思，乃知天下之物本无可格者。其格物之功，只在身心上做，决然以圣人为人人可到，便自有担当了。这里意思，却要说与诸公知道。”

精彩解说

先生讲：“天下人一直认为用朱熹的观点解释格物非常标准。但是他们哪里真正地运用朱熹的观点了？但是我是真的按照朱熹的观点做过。头几年，我与钱先生一同讨论做圣贤，要格天下之物，如今回想起来不知道哪来

---

① 初年：是指早年。王阳明年轻的时候“格竹”的事。

② 夷中三年：指“居夷三载”。

的大力量？我引用亭前的竹子，让他去格。钱先生从早到晚一直格竹子的道理，伤神劳力，等到第三天的时候，竟然因为过度劳累起不了床了。那个时候，我以为是他的精力不够充足，就自己一个人去格物，我同样是从早到晚依旧没有理解竹子的理，等到第七天，跟钱先生同样累得起不了床。因此，我们一同慨叹，做不成圣贤，原因就是不存在圣贤那么大的力量去格物。再后来我在贵州龙场住了三年，才有所体会，那个时候才知道，天下之物本没有什么可格的，格物的功夫只在自己的身心上做。我坚信每个人都能做圣人，所以才有了一种责任感。这个道理，应该分享给大家。”

三一九

门人有言邵端峰论童子不能格物，只教以洒扫应对[1]之说。

先生曰：“洒扫应对就是一件物，童子良知只到此，便教去洒扫应对，就是致他这一点良知了。又如童子知畏先生长者，此亦是他良知处。故虽嬉戏中，见了先生长者，便去作揖恭敬，是他能格物以致敬师长之良知了。童子自有童子的格物致知。”

又曰：“我这里言格物，自童子以至圣人，皆是此等工夫。但圣人格物，便更熟得些子，不消费力。如此格物，虽卖柴人亦是做得，虽公卿大夫以至天子，皆是如此做。”

精彩解说

他的弟子中有人说，邵端峰不要求小孩子格物，只让他们洒扫应对。

先生说：“洒扫应对的本身也是一个物，因为小孩子的良知只可能到这么多，因此就教他洒扫应对，目的就是致他这个范围的良知。又比方说小孩

① 洒扫应对：指浇水扫除、接人待物方面。

对师长十分敬畏，这就是良知的所在，所以就在他玩得非常尽兴的时候，他看见老师或者长辈也会作揖表示恭敬，这就是能格物以致他的师长。所以说小孩子们也有他们那个年龄段的格物致知。”

先生又说道：“我这里所讲的格物功夫，适合任何年龄段的人，圣人只不过格物更加纯熟一些，不怎么浪费力气。我说的格物哪怕是卖柴的人也可做到，从公卿大夫到皇上，同样是这样的。”

三二〇

或疑知行不合一，以“知之匪艰”二句为问。

先生曰：“良知自知，原是容易的。只是不能致那良知，便是‘知之匪艰，行之惟艰’[①]。”

门人问曰：“知行如何得合一？且如《中庸》，言‘博学之’，又说个‘笃行之’，分明知行是两件。”

先生曰：“博学只是事事学存此天理，笃行只是学之不已之意。”

又问：“《易》‘学以聚之’，又言‘仁以行之’[②]，此是如何？”

先生曰：“也是如此。事事去学存此天理，则此心更无放失时，故曰‘学以聚之’，然常常学存此天理，更无私欲间断，此即是此心不息处，故曰‘仁以行之’。”

---

① 知之匪艰，行之惟艰：出自《尚书·说命中》。

② 学以聚之、仁以行之：出自《周易》乾卦《文言》。

又问：“孔子言‘知及之，仁不能守之’[1]，知行却是两个了？”

先生曰：“说‘及之’已是行了，但不能常常行，已为私欲间断，便是‘仁不能守’。”

又问：“心即理之说，程子云‘在物为理’[2]，如何谓心即理？”

先生曰：“在物为理，‘在’字上当添一‘心’字，此心在物则为理，如此心在事父则为孝、在事君则为忠之类。”

先生因谓之曰：“诸君要识得我立言宗旨。我如今说个心即理是如何？只为世人分心与理为二故，便有许多病痛。如五伯攘夷狄，尊周室，都是一个私心，便不当理。人却说他做得当理，只心有未纯，往往悦慕其所为，要来外面做得好看，却与心全不相干。分心与理为二，其流至于伯道之伪而不自知。故我说个心即理。要使知心理是一个，便来心上做工夫，不去袭义于义，便是王道之真。此我立言宗旨。”

又问：“圣贤言语许多，如何却要打做一个？”

曰：“我不是要打做一个，如曰‘夫道，一而已矣’，又曰‘其为物不二，则其生物不测’[3]，天地圣人皆是一个，如何二得？”

---

① 知及之，仁不能守之：出自《论语·卫灵公》第三十二章。

② 程子云“在物为理”：出自《周易程氏传》卷四。

③ 其为物不二，则其生物不测：出自《中庸》第二十六章。

“心不是一块血肉，凡知觉处便是心，如耳目之知视听，手足之知痛痒，此知觉便是心也。”

以方问曰：“先生之说格物，凡《中庸》之慎独及集义、博约等说，皆为格物之事。”

先生曰：“非也。格物即慎独，即戒惧。至于集义、博约工夫只一般，不是以那数件都做格物底事。”

精彩解说

有人拿知行可不可合一这个问题，向先生请教“知之匪艰”这两句话的含义。

先生讲：“良知是可体悟出来的，本来也不难理解。就是因为有一些人不懂致这个良知，所以才有‘知之匪艰，行之惟艰’的说明。”

有一门人问道：“知行怎样才能合在一起？就拿《中庸》里的记载，说‘博学之’还说‘笃行之’，这明明是说知行是两件事。”

先生说：“博学是讲需要从每一件事学会存养天理，笃行单指学问不停息的意思。”

接着问：“《易传》讲究‘学以聚之’，又说‘仁以行之’，这是为什么？”

先生说：“道理一个样。事事去学存此天理，这样心就没有时间放纵，所以才说‘学以聚之’，然而经常学存养天理，就更没有私欲让它间断了，这就是此心不息的地方，所以讲‘仁以行之’。”

再次问道：“《论语》里孔子讲过‘知及之，仁不能守之’，是不是知和行会分为两件事？”

先生说：“谈到‘及之’说明行已经开始了。只不过没有做到常行不停，又让私欲间断了，就是‘仁不能守’。”

又问：“您主张心便是理，程颐主张物便是理，如何理解心就是理呢？”

先生讲：“程颐说的‘在物为理’加上一个心，就成了心在物上面就是理，就好比一心在侍奉父亲上面就是孝顺，心在辅佐君主上面，就是忠心等。”

这个时候先生接着讲道：“我的立论宗旨你们都知道，我如今说的心就是理，目的是什么呢？就是因为人们喜欢把心与理分开说，所以才导致出现很多毛病。例如五霸攻击夷狄，尊崇周王室，他们全是因为私心，所以就不合乎理，可是人们却说他们做得对，这就是世人的心不明净了，还常常羡慕他们的行为，只看到了表面的风光，跟心一点关系也没有。心与理分开，最后导致自己陷入了霸道虚伪的境界，还一点也没有觉察出来。因此我认为心便是理。想让世人知道心和理是一个，就只有在心上下功夫，没有必要到心外面去求寻，这才是王道的真谛，我立论的宗旨也是这个。”

弟子接着问道：“圣人的言论数都数不过来，为什么却说只有一个呢？”

先生回答说：“也不是我坚持非得说一个，《孟子》说过‘夫道，一而已矣’的话，《中庸》同样讲过‘其为物不二，则其生物不测’。天与地、圣人都属于一体，如何能分成二呢？”

“我们的心可不是一块血肉，只要是有知觉的都属于心，比方说耳朵与眼睛能听能看，手和脚会知道痛跟痒，这样的知觉就属于心。”

黄以方问道：“您格物的观点，会不会把《中庸》里的‘慎独’以及《孟子》里的‘集义’、《论语》里的‘博约’等主张全说成格物了？”

先生说：“不会的，格物本来就是慎独、戒惧。关于集义与博约还不过属于一般的功夫，不把它们全部看作格物的事情。”

三二四

以方问尊德性[1]一条。

先生曰："道问学即所以尊德性也。晦翁言'子静[2]以尊德性诲人，某教人岂不是道问学处多了些子'，是分尊德性、道问学作两件。且如今讲习讨论，下许多工夫，无非只是存此心，不失其德性而已。岂有尊德性只空空去尊，更不去问学？问学只是空空去问学，更与德性无关涉？如此，则不知今之所以讲习讨论者更学何事！"

问"致广大"二句。

曰："尽精微即所以致广大也，道中庸即所以极高明也。盖心之本体自是广大底，人不能尽精微，则便为私欲所蔽，有不胜其小者矣。故能细微曲折无所不尽，则私意不足以蔽之，自无许多障碍遮隔处，如何广大不致？"

又问："精微还是念虑之精微，是事理之精微？"

曰："念虑之精微即事理之精微也。"

精彩解说

黄以方拿'尊德性'向先生请教。

先生解释说："'道问学'说明'尊德性'。朱熹说'陆九渊用尊德性

---

① 尊德性：出自《中庸》第二十七章。

② 子静：是指陆九渊，字子静，号象山。

教诲人，我教导人难不成用的道问学多’，这样说就是拿‘尊德性’跟‘道学问’分开讲了。如今我们讲习讨论，用了不少功夫，也不过是要存养这颗心，让它不至于把德性丧失掉。尊德性怎么可能空洞地尊，而不再问学？问学怎么能是空洞地问，而和德性不发生一点关系呢？假如真的这样，我们现在讲习讨论，就不会明白到底在学什么！”

黄以方接着问道：“《中庸》里面的‘致广大而尽精微，极高明而道中庸’这两句是什么意思？”

先生讲道：“尽精微目的是为了致广大，道中庸目的是为了极高明。人心的本体属于宽广的，假如人没有尽精微，就容易被私欲蒙蔽，也就会被细微地方的私欲打败。因此，要在细微曲折时尽精微，这样心体就不会被私欲蒙蔽，没有障碍来阻挡，心体就会致广大。”

黄以方接着问：“精微属于念虑，还是属于事理？”

先生讲道：“精微是相通的，所以说念虑的精微又是事理的精微。”

三二五

先生曰：“今之论性者纷纷异同，皆是说性，非见性[1]也。见性者无异同之可言矣。”

精彩解说

先生讲：“如今钻研人性的人，全因为观点不同而争论不停，人人都在讲性，但是都没有真正地见性。那些真正见性的人，一点也不会因为它的不一样说什么。”

---

① 见性：直接体悟人的本性。

三二六

问："声色货利，恐良知亦不能无。"

先生曰："固然[1]。但初学用功，却须扫除荡涤，勿使留积，则适然来遇，始不为累，自然顺而应之。良知只在声色货利上用工，能致得良知精精明明，毫发无蔽[2]，则声色货利之交，无非天则流行矣。"

精彩解说

有人问"像声色货利，恐良知中里不会没有？"

先生说："必须！不过，就拿刚刚开始学用功的时候，一定得荡涤净，在心里不可保留一点声色货利。只有这样，有时遇到声色货利，才不可能造成负担，也会自然地依循良知并对它做出相应的反映。只要致良知能在声色货利上用功，就让良知变得十分精明，不存在一点蒙蔽，因此就是跟声色货利交涉，也是天理的自然运行。"

三二七

先生曰："吾与诸公讲致知格物，日日是此[3]，讲一二十年俱是如此。诸君听吾言，实去用功，见吾讲一番，自觉长进一番。否则，只作一场话说，虽听之亦何用？"

---

① 固然：当然。

② 毫发无蔽：没有一点蒙蔽。

③ 日日是此：天天如此。

精彩解说

先生说道："我给你们天天这样讲致知格物，十年二十年没有什么区别。大家听了，真正地去用功，听我讲一遍，就会自我感觉提高一点。要不然，只能当成说教一般，就是听了又有什么用呢？"

三二八

先生曰："人之本体常常是寂然不动的，常常是感而遂通的。'未应不是先，已应不是后'[①]。"

精彩解说

先生讲道："关于人的本体，是经常寂然不动的，并且互相感应，相互之间是相通的。人的本体藏在未应当中，可以在已应里面显现，它们属于互相包含，不存在先后区别。"

三二九

一友举佛家以手指显出，问曰："众曾见否[②]？"众曰："见之。"复以手指入袖，问曰："众还见否？"众曰："不见。"佛说还未见性。此义未明。

先生曰："手指有见有不见，尔之见性，常在人之心神，只在

① 未应不是先，已应不是后：出自《河南程氏遗书》卷十五。意思是说，人的本体隐藏在未应里面，又在已应中体现，未应、已应彼此包含，不存在先后之分。未应，属于抽象；已应，属于具象。

② 众曾见否：你们可否看见？

有睹有闻上驰骛，不在不睹不闻上着实用功。盖不睹不闻是良知本体，戒慎恐惧是致良知的工夫。学者时时刻刻常睹其所不睹，常闻其所不闻，工夫方有个实落处。久久成熟后，则不须着力①，不待防检，而真性自不息矣。岂以在外者之闻见为累哉！”

精彩解说

有个朋友用了佛教的一个例子：有一位大师把自己的手指伸出来让别人说看没看到他的手指。大家都答道看到了。大师接着又把手指伸进袖子里问他们还能看到吗。大家都说不能。大师因此说你们还没有见性。这个朋友不懂大师的意思。

先生讲："手指有时能看见，有时不能看见，不过，你得靠心神体悟性，怎么只局限在看到的、听到的上面，不在看不到、听不到上面用功？因为不能看到，不能听到的属于良知的本体，良知的功夫是戒慎恐惧。学者只有时刻去看，看不到的；时刻去听，听不到的，这样功夫才能用到实处。时间长了，等功夫熟了，就不会感到费力气了，也就不需要提防检点了，人本来的性也就会保留下来，怎么会让表面现象迷惑呢！"

三三〇

问："先儒谓'鸢飞鱼跃'②与'必有事焉'，同一活泼泼地。"

先生曰："亦是。天地间活泼泼地，无非此理，便是吾良知的流行不息。致良知便是必有事的工夫。此理非惟不可离，实亦不得

---

①则不须着力：就不用费力气了。

②鸢飞鱼跃：出自《诗经》，意思是说王阳明认为程颢讲的"鸢飞戾天，鱼跃于渊"所体现的天地阴阳之品与他致良知的"必有事焉"功夫同样是充满生机的。

而离也。无往而非道，无往而非工夫。”

精彩解说

有人问道：“先儒为何说‘鸢飞鱼跃’和‘必有事焉’全是有生机的？”

先生说：“这样说也对，原本天地之间都是充满生机的，都是一个道理，也可以说我的良知没有停止流行。致良知就属于‘必有事焉’的功夫。这个天理不但不能离开。真的也离不开。天地之间什么都说成道，也什么都可以说成功夫。”

三三一

先生曰：“诸公在此，务要立个必为圣人之心，时时刻刻，须是一棒一条痕，一掴一掌血[1]，方能听吾说话句句得力。若茫茫荡荡度日，譬如一块死肉，打也不知得痛痒，恐终不济事。回家只寻得旧时伎俩而已，岂不惜哉！”

精彩解说

先生讲：“在座的各位，一定得确立成为圣人的决心。时时刻刻保持打一棒子留下一条印记，打一巴掌打出一个红手印来，只有这样才会在听我讲课的时候，觉得每一句都非常有力，每一个字印象才会深刻。假如整天混日子，就好比是一块肉，我怎么打它也不知道疼痛，到最后只怕没有一点效果。回去以后还是以前的老路子，这难道不觉得可惜吗？”

① 一棒一条痕，一掴一掌血：出自《朱子语类》，意思是说做事要下狠心，用功扎实。

三三二

问："近来妄念也觉少，亦觉不曾着想定要如何用功，不知此是工夫否？"

先生曰："汝且去着实用工，便多这些着想也不妨，久久自会妥帖[①]。若才下得些功，便说效验，何足为恃？"

精彩解说

有一个弟子问道："近来觉得虚妄的想法少了，也没有想过非得如何用功，不知道这是不是功夫？"

先生回答说："你放心地认认真真地用功，产生这些想法也没有关系，时间一长，慢慢地就会妥当了。哪里有一开始用功，就会有效果的，即使有，能靠得住吗？"

三三三

一友自叹："私意萌时，分明自心知得，只是不能使他即去。"

先生曰："你萌时这一知处，便是你的命根。当下即去消磨，便是立命[②]功夫。"

---

① 久久自会妥帖：时间一久，慢慢就会变得妥当。

② 立命：出自《孟子·尽心上》第一章，意思是说顺从天命，王阳明却把它看作为自己的心复归良知的本体。

精彩解说

有一个朋友说："内心产生私意的时候，自己明明知道，只不过不能马上除掉。"

先生回答说："你内心产生私意时，你能立马知道，这个念头就是你的命根体现，那个时候马上除去，就是你的立命功夫了。"

三三四

"夫子说'性相近'①，即孟子说'性善'，不可专在气质上说。若说气质，如刚与柔对，如何相近得？惟性善则同耳。人生初时，善原是同的。但刚的习于善则为刚善，习于恶则为刚恶；柔的习于善则为柔善，习于恶则为柔恶②，便日相远了。"

精彩解说

"'性相近'是孔子的主张，同样是孟子说的'性善'。这个不能单单从气质上讲，假如单从气质上讲，刚与柔是相对的，相对的东西会相近吗？在善方面人性是相同的。在人刚出生的时候，善也是一样的。只不过，像气质刚烈的人如果受到善的影响，多就会表现出刚善，但是如果受到恶的影响，多就会表现出刚恶。同样，气质柔顺的人如果受到善的影响，多就会表现出柔善，但是如果受到恶的影响，多就会表现出柔恶。如此这般，人后天的习性就会产生越来越大的区别。"

---

① 性相近：出自《论语·阳货》第二章。

② 但刚的习于善则为刚善一句：出自周敦颐对善恶的分类。

三三五

先生尝语学者曰："心体上着不得一念留滞[1]，就如眼着不得些子尘沙。些子能得几多？满眼便昏天黑地了。"

又曰："这一念不但是私念[2]，便好的念头，亦着不得些子。如眼中放些金玉屑，眼亦开不得了。"

精彩解说

先生对修习的人曾经这样说："心体上不能够剩下一点杂念，就犹如眼里容不下一点沙子。一小点能起多大的作用呢？它却让人眼里充满昏暗。"

先生又讲："这个念头不单是指私念，就是美好的念头也要不得。金子是美好的吧，但放入眼里，照样会让人的眼睛不舒服，看不清。"

三三六

问："人心与物同体，如吾身原是血气流通的，所以谓之同体。若于人便异体了，禽兽草木益远矣，而何谓之同体？"

先生曰："你只在感应之几[3]上看，岂但禽兽草木，虽天地也与我同体的，鬼神也与我同体的。"

请问。

---

① 留滞：遗留。

② 私念：指不好的念头。

③ 感应之几：事物的感应之微妙的地方。

先生曰："你看这个天地中间，甚么是天地的心[1]？"

对曰："尝闻人是天地的心。"

曰："人又甚么教做心？"

对曰："只是一个灵明。"

"可知充天塞地中间，只有这个灵明，人只为形体自间隔了。我的灵明，便是天地鬼神的主宰。天没有我的灵明，谁去仰他高？地没有我的灵明，谁去俯他深？鬼神没有我的灵明，谁去辩他吉凶灾祥？天地鬼神万物离却我的灵明，便没有天地鬼神万物了。我的灵明离却天地鬼神万物，亦没有我的灵明。如此，便是一气流通的，如何与他间隔得？"

又问："天地鬼神万物，千古见在，何没了我的灵明，便俱无了？"

曰："今看死的人，他这些精灵游散了，他的天地万物尚在何处？"

精彩解说

有人问先生："您说人心和物是同体。比如，我的身体血气畅通，可以称为同体。要是我和别人就属于异体了，和那些禽、兽、草、木就更不沾边了。为什么说我的心跟万物是同体呢？"

先生回答道："你从人和万物的感应上看，何止禽、兽、草、木，就是天地也跟我同体的，即便是鬼神也与我同体。"

问这话怎么解释。

先生说："你想想在这天地之间，何物是天地的核心？"

---

① 天地的心：出自《礼记·礼运》第二十六节。

答道："听说是人是天地的核心。"

先生说："为什么人称为天地之核心？"

答道："人的灵魂。"

先生说："从而看出，在天地之间只有这个灵魂。人不过只是用形体把天地的一切都分开了。天地鬼神就是被人的灵魂主宰着，天假如没有灵魂，还有谁去抬头看它的高大呢？地假如没有人的灵魂，谁去低头看它的深厚呢？鬼神假如没有人的灵魂，怎么去辨别它的吉凶福祸呢？天地万物、鬼神假如没有人的灵魂，也就不属于天地万物、鬼神了。人的灵魂假如脱离了天地万物、鬼神，就不会有人的灵魂了。所有的都是一气贯通的，怎么能把它们隔离开来？"

又问："天地万物、鬼神属于亘古不变的，怎么会离开人的灵魂就不存在了呢？"

先生说："现在看死去的那些人，灵魂都已经游散了，他们的天地万物、鬼神又在什么地方呢？"

三三七

先生起行征思、田，德洪与汝中追送严滩[1]，汝中举佛家实相幻相[2]之说。先生曰："有心俱是实，无心俱是幻；无心俱是实，有心俱是幻。"汝中曰："有心俱是实，无心俱是幻，是本体上说功夫。无心俱是实，有心俱是幻，是功夫上说本体。"先生然

---

① 严滩：西汉末年，严光也就是子陵隐居于浙江桐庐县富春江边的富春山上，后来人们就把那地方叫作严子陵钓台、严滩、子陵滩。这一条写在王阳明与王畿、钱德洪之间所问所答，称为"严滩问答"。

② 实相幻相：佛教的名词。宇宙间万物之实体、万物之本质属于实相；宇宙间万物所表现出来的现象、表象属于幻相。实相属于佛性，是真实而永恒不变的；幻相是虚幻不实的。

其言。

洪于是时尚未了达，数年用功，始信本体功夫合一。但先生是时因问偶谈，若吾儒指点人处，不必借此立言耳[1]！

精彩解说

先生动身去征讨广西思恩、田州，钱德洪与王畿把先生送到了严滩。王畿用佛教的实相和幻相问先生。先生说："有心都属于实，无心都属于幻。无心都属于实，有心都属于幻。"王畿说："有心都属于实，无心都属于幻，是从本体上讲功夫；无心都属于实，有心都属于幻，是从功夫上来讲本体。"先生同意王畿的见解。

那个时候，钱德洪还不太理解，经过多年的用功，他才确信了本体功夫属于一体。但是，这种观点是根据王畿的问题偶然间讨论时得到的。假如我们想去开导别人，没有必要非得引用它。

三三八

尝见先生送二三耆宿出门，退坐于中轩，若有忧色。德洪趋进请问。

先生曰："顷与诸老论及此学，真员凿方枘[2]，此道坦如道路，世儒往往自加荒塞，终身陷荆棘之场而不悔，吾不知其何说也。"

---

① 洪于是时尚未了达两句：钱德洪所加按语，讲了他追录这一条的时候，关于王门悬谈本体早有警觉，所以不怕违背记录体例，特别加上了这一条。钱德洪所加按语有它的重要性，是不可忽视的。

② 员凿方枘：意思是说想用圆形的东西去凿方形的木柄，太格格不入了。

德洪退，谓朋友曰："先生诲人，不择衰朽，仁人悯物之心也。"

精彩解说

有一次，先生送走两三位老人后就回来坐在走廊上，面带愁容地发呆。德洪见状就上前去问。

先生说："刚才和几位老人说到我的良知学说，真的好比圆凿方枘一样，相互之间一点都不融洽。我的良知之道就像大路一样平坦，天下的儒者经常就把它荒废阻塞了，他们一辈子陷入荆棘丛中不悔改，我都不知道说些什么了。"

德洪后来跟朋友们说："先生教诲他人，不管衰老年迈，真可称得上是仁人悯物的心啊！"

三三九

先生曰："人生大病，只是一'傲'字。为子而傲必不孝，为臣而傲必不忠，为父而傲必不慈，为友而傲必不信。故象与丹朱[①]俱不肖，亦只一傲字，便结果了此生。诸君常要体此。人心本是天然之理，精精明明，无纤介染着，只是一无我而已。胸中切不可有，有即傲也。古先圣人许多好处，也只是无我而已，无我自能谦。谦者众善之基，傲者众恶之魁。"

---

① 象与丹朱：象是舜的弟弟，象为人狂傲，心里总想着杀了舜。朱丹是尧的儿子，他生性傲慢荒淫，所以尧没有把王位传给他，而是禅让给了舜。

精彩解说

先生说：“‘傲’是人生最大的毛病。作为儿女的要是傲慢，肯定不会孝顺；作为臣子的要是傲慢，肯定不会忠诚；作为父母要是傲慢，肯定不会慈爱；作为朋友要是傲慢，肯定不会讲信用。所以象与丹朱都是没出息的，最后也因为傲慢了结了一生。每个人都要常常体会这一点。人心原来就属于天然的理，天然的理应该精明纯净，不掺杂一丝污点，只是存有个‘无我’而已。心中万万不能‘有我’，只有‘有我’了就属于傲慢。古代圣贤那么多的优点，就因为‘无我’罢了。‘无我’了，自然而然就会变得谦恭谨慎。谦谨是一切善的根本，傲慢是一切恶的源头。

三四〇

又曰：“此道至简至易的，亦至精至微的。孔子曰：‘其如示诸掌乎[①]！’且人于掌，何日不见？及至问他掌中多少文理，却便不知。即如我‘良知’二字，一讲便明，谁不知得？若欲的见良知，却谁能见得？”

问曰：“此知恐是无方体的[②]，最难捉摸。”

先生曰：“良知即是《易》，‘其为道也屡迁，变动不居，周流六虚，上下无常，刚柔相易，不可为典要，惟变所适[③]’。此知如何捉摸得？见得透时便是圣人。”

---

① 其如示诸掌乎：出自《中庸》第十九章。

② 无方体的：出自《周易·系辞上》。

③ 其为道也屡迁一句：出自《周易·系辞下》，意思是说常常变动不已的是易的本质，流动于六个爻位之间，有时上有时下，有时阴有时阳，没有固定的模式，顺应了它的变化，才可以加以运用。

精彩解说

先生再次说道："道非常简单易行，也非常精细微妙。孔子说过：'道仿佛我们的手。'我们每天都能看见自己的手掌，所以感觉十分熟悉，但是如果要问你上面有多少条纹理时，你就不知道了吧。就跟我讲的良知这两个字，十分简单，一讲就明白。但是要说真正理解透的，又有几个人呢？"

有人问："所谓的良知就怕是无方位、无形体的，因此让人感到十分难以捉摸。"

先生说："良知就好比《易经》：'常常变动不已的是易的本质，流动于六个爻位之间，有时上有时下，有时阴有时阳，没有固定的模式，顺应了它的变化，才能加以运用。'这就说明，良知如何能把握好，只有圣人才能看得透吧。"

三四一

问："孔子曰：'回也非助我者也[①]。'是圣人果以相助望门弟子否？"

先生曰："亦是实话。此道本无穷尽，问难愈多，则精微愈显。圣人之言，本自周遍，但有问难的人胸中窒碍，圣人被他一难，发挥得逾加精神，若颜子闻一知十[②]，胸中了然，如何得问难？故圣人亦寂然不动，无所发挥，故曰非助。"

---

① 回也非助我者也：出自《论语·先进》第三章，这句是孔子的话，意思是说颜回不是对我有帮助的人，因为颜回对我的话都明白，他不向我发出疑问，我就没有办法发挥。

② 闻一知十：出自《论语·公冶长》第八章。

精彩解说

问道："孔子说过：'颜回对我帮助不大啊！'是不是圣人都希望他的弟子能帮助自己呢？"

先生说："这也是实话。道本来就是无穷尽，只要问得多了，就越能显现精微的地方。关于圣人的言论，本来是很周全的，但问问题的人因为心有疑问才问，圣人被问题一问，就会把知识总结得更加精确。但是像颜回闻一知十，心里还能有什么疑问呢？所以他一般不提问题，这样圣人没有触动，也不会发挥，才说对他帮助不大。"

三四二

邹谦之尝语德洪曰："舒国裳曾持一张纸，请先生写'拱把之桐梓[1]'一章。先生悬笔为书，到'至于身而不知所以养之者'，顾而笑曰：'国裳读书中过状元来，岂诚不知身之所以当养？还须诵此以求警。'一时在侍诸友皆惕然。"

精彩解说

邹谦之对钱德洪这样说过："舒国裳用一张纸曾经让先生写《孟子》里一章名叫'拱把之桐梓'的。先生拿起笔写到'说到人身，自己也不晓得怎么修养'的时候，转头笑着对大家说：'国裳中过状元，他怎会不知道该如何修身养性？但他依然要诵读这一章时刻警醒自己。'那个时候在座没有不深受警示的。"

---

①拱把之桐梓：是指《孟子·告子上》第十三章，这里是说有两手合握那么粗的桐树、梓树。

【钱德洪跋】

嘉靖戊子[①]冬，德洪与王汝中奔师丧，至广信，讣告同门，约三年收录遗言。继后同门各以所记见遗。洪择其切于问正者，合所私录，得若干条。居吴[②]时，将与《文录》[③]并刻矣，适以忧去，未遂。当是时也，四方讲学日众，师门宗旨既明，若无事于赘刻者，故不复营念。

去年，同门曾子才汉[④]得洪手抄，复傍为采辑，名曰《遗言》，以刻行于荆[⑤]。洪读之，觉当时采录未精，乃为删其重复，削去芜蔓，存其三之一，名曰《传习续录》，复刻于宁国之水西精舍[⑥]。

---

① 嘉靖戊子：是指明嘉靖七年，王阳明 57 岁那年。

② 吴：现在的江苏苏州。

③《文录》：指后编入的《王文成公全书》卷四至卷八。

④ 曾子才汉：是指曾才汉，王阳明的学生。

⑤ 荆：指现在的湖北江陵。

⑥ 宁国之水西精舍：是指位于安徽境内的规模较小的书院，原意是指佛教法师居所，成了后儒家讲学之地。

今年夏，洪来游蕲[①]，沈君思畏[②]曰："师门之教久行于四方，而独未及于蕲。蕲之士得读《遗言》，若亲炙夫子之教；指见良知，若重睹日月之光。惟恐传习之不博，而未以重复之为繁也。请裒[③]其所逸者增刻之，若何？"

洪曰："然师门'致知格物'之旨，开示来学，学者躬修默悟，不敢以知解承，而惟以实体得，故吾师终日言是，而不惮其烦；学者终日听是，而不厌其数。盖指示专一则体悟日精，几迎于言前，神发于言外，感遇之诚也。今吾师之没未及三纪[④]，而格言微旨渐觉沦晦，岂非吾党身践之不力，多言有以病之耶？学者之趋不一，师门之教不宣也。"

乃复取逸稿，采其语之不背者，得一卷，其余影响不真，与《文录》既载者皆削之，并易中卷为问答语，以付黄梅尹张君[⑤]增刻之。庶几读者不以知解承，而惟以实体得，则无疑于是录矣。

嘉靖丙辰[⑥]夏四月，门人钱德洪拜书于蕲之崇正书院。

---

① 蕲：现在的湖北蕲春。

② 沈君思畏：名宠，字思畏，号古林，安徽宣城人，是王阳明的二传弟子。

③ 裒：是指收集。

④ 三纪：十二年为一纪。从 1528 到 1556 年为二十八年，不够三纪。

⑤ 黄梅尹张君：黄梅指现在的湖北黄梅县，张君是黄梅县令。

⑥ 嘉靖丙辰：是指 1556 年。

精彩解说

嘉靖七年的冬天，我和王汝中来到江西上饶奔先生的丧事，发讣告给同学，想着用三年内的时间整理出先生的遗言。于是大家都把自己手中记录的先生遗言寄过来，我挑着与先生思想相符的，加上我的记录有若干条。在苏州时，我计划把这些记录和先生的《文录》一起刻录，那个时候正赶上回家守丧，就把这件事耽搁了下来。那个时候，到处都是讲授先生学说的人，先生的宗旨既然这么昌明，好像不用刻录效果就已很明显了，于是我也没有再考虑过这件事情。

去年，曾才汉拿了我的手抄本，又把广泛搜集的内容合在一起刻录成《遗言》，并在江陵出版。我看后，感觉有点不精细，所以把重复的、杂乱零碎的去了一些，去掉将近《遗言》的三分之二，又命名为《传习续录》，让安徽宁国的水西书院把它刻录了出来。

今年夏天，我来到湖北蕲春游玩，沈思提先生讲道："先生的教导在全国已经流行很久了，却单单忘了在蕲春传播。当蕲春的读书人读了《遗言》，就仿佛亲耳听到先生的教导；知道了良知，就仿佛重新找到了光明。就怕遗漏了什么，哪里还会感觉重复的地方会不会让人觉得繁杂。希望你把去掉的内容录出来，行不行？"

我说："当然可以。对于先生格物致知的宗旨，能开导启示后面学者，学者们只要好好考虑，不能只从知识上继承学问，还希望能通过实践来获得真学。所以就是我的老师整天说也不会感到厌烦，学生整天学习也不觉得重复。就因为专一的指导开示，学生才能悟出越来越精细的道理，有的先生还没有讲，学生早就领悟了，先生讲的话外之音，学生也都明白，原因就在于师生间有比较真诚的感遇。如今我的老师去世快三十年了，他的格言宗旨也日渐势微，这种现象不是我们学生的缘故吗？因为我们不能身体力行、言语病多的错吗？学者目标不一样，就会导致先生的教诲不能广泛流传。"

所以，我又把那些遗失的稿子收集起来，用那些没有违背先生意思的内容编了一卷。其中谬误且不真实，以及《文录》中早已刊载出来的，都删了。中卷改为问答句形式，让黄梅的县令张君增订出版。但愿读书人能继承知识的解释，还能从实践中把先生的学问具体领悟，这才不会辜负此书刻录出版的价值。

于嘉靖三十五年夏天四月，学生钱德洪谨拜书于蕲春崇正书院。

中华传统文化国粹经典文库书目

第一辑			
序号	书名	作者 / 编者	导读者
1	三国演义	［明］罗贯中 / 著	郑铁生
2	水浒传	［明］施耐庵 / 著	宁稼雨 石 麟
3	西游记	［明］吴承恩 / 著	孟昭连
4	红楼梦	［清］曹雪芹 高鹗 / 著	郑铁生
5	镜花缘	［清］李汝珍 / 著	欧阳健
6	白话聊斋	［清］蒲松龄 / 著	王晓华
7	阅微草堂笔记	［清］纪昀 / 著	吴 波
8	西厢记	［元］王实甫 / 著	周传家
9	世说新语	［南朝宋］刘义庆 / 著	侯忠义
10	山海经	［汉］刘歆 / 编	马文大
11	道德经	［春秋］老子 / 著	王 蒙
12	四库全书	［清］纪昀等 / 编	林 骅
13	唐诗三百首	立 人 / 编	徐 刚
14	元曲三百首	立 人 / 编	查洪德
15	宋词三百首	立 人 / 编	韩小蕙
16	中华成语典故	立 人 / 编	陈世旭
17	中华寓言故事	立 人 / 编	陈世旭
18	颜氏家训	［南北朝］颜之推 / 著	孙钦善
19	治家格言	［清］朱伯庐 / 著	李硕儒
20	了凡四训	［明］袁了凡 / 著	俞 前
21	增广贤文	立 人 / 编	孙立仁
22	牡丹亭	［明］汤显祖 / 著	周传家
23	随园诗话	［清］袁枚 / 著	潘务正
24	人间词话	王国维 / 著	陈世旭
25	楚 辞	［战国］屈原等 / 著	石 厉
26	吴越春秋	［东汉］赵晔 / 著	田秉锷
27	菜根谭	［明］洪应明 / 著	俞 前
28	小窗幽记	［明］陈继儒等 / 著	陈喜儒
29	围炉夜话	［清］王永彬 / 著	陈喜儒
30	浮生六记	［清］沈复 / 著	王晓华
31	传习录	［明］王阳明 / 著	王建新
32	说文解字	［东汉］许慎 / 著	冯 蒸

第二辑			
序号	书名	作者 / 编者	导读者
1	史 记	［西汉］司马迁 / 著	关四平
2	资治通鉴	［北宋］司马光 / 编	张秋升
3	春秋左传	［春秋］左丘明 / 著	石定果
4	战国策	［西汉］刘向 / 编	李瑞兰
5	汉 书	［东汉］班固 / 著	关四平
6	三国志	［晋］陈寿 / 著	郑铁生
7	古文观止	［清］吴楚材 吴调侯 / 编	牛 倩
8	论 语	［春秋］孔子等 / 著	石 厉
9	孟 子	［战国］孟子 / 著	邵永海

中华传统文化国粹经典文库书目

序号	书名	作者 / 编者	导读者
10	庄　子	［战国］庄子 / 著	尚学峰
11	荀　子	［战国］荀子 / 著	尚学峰
12	管　子	［春秋］管子等 / 著	官　铎
13	墨　子	［战国］墨子等 / 著	陈鹏程
14	韩非子	［战国］韩非 / 著	邵永海
15	列　子	［战国］列子 / 著	陈鹏程
16	鬼谷子	［战国］鬼谷子 / 著	张世林
17	淮南子	［西汉］刘安等 / 著	张秋升
18	诸子百家	立　人 / 编	张弦生
19	孔子家语	孔子门人 / 编	薄克礼
20	吕氏春秋	［战国］吕不韦等 / 编	田秉锷
21	礼记 · 尚书	［西汉］戴圣 / 著	冯　蒸
22	三言二拍	［明］冯梦龙　凌濛初 / 著	宁宗一
23	隋唐演义	［清］褚人获 / 著	欧阳健
24	聊斋志异	［清］蒲松龄 / 著	林　骅
25	儒林外史	［清］吴敬梓 / 著	吴　波
26	东周列国志	［明］冯梦龙 / 著	侯忠义
27	弟子规 · 千家诗	［清］李毓秀 / 著　［南宋］谢枋得　王相 / 编	郑铁生
28	孙子兵法 · 三十六计	［春秋］孙武 / 著	李海涛
29	容斋随笔	［南宋］洪迈 / 著	李硕儒
30	纳兰词	［清］纳兰性德 / 著	李硕儒
31	豪放词 · 婉约词	立　人 / 编	韩小蕙
32	唐宋散文八大家	立　人 / 编	卓　然

第三辑

序号	书名	作者 / 编者	导读者
1	中华上下五千年	立　人 / 编	林海清
2	二十五史	立　人 / 编	林海清
3	四书五经	立　人 / 编	张弦生
4	智囊全集	［明］冯梦龙 / 编	周传家
5	贞观政要	［唐］吴兢 / 著	张弦生
6	诗　经	［春秋］孔子 / 编	石　厉
7	孝　经	［春秋］孔子 / 著	田秉锷
8	挺　经	［清］曾国藩 / 著	王建新
9	易　经	立　人 / 编	李树果
10	冰　鉴	［清］曾国藩 / 著	陈喜儒
11	糊涂经	立　人 / 编	周传家
12	周易全书	立　人 / 编	郑铁生
13	黄帝内经	立　人 / 编	廉玉麟
14	本草纲目	［明］李时珍 / 著	廉玉麟
15	三字经 · 百家姓 · 千字文	［南宋］王应麟　［南北朝］周兴嗣 / 著	乔卉林
16	大学 · 中庸	［春秋］曾子　［战国］子思 / 著	牛　倩
17	曾国藩家书	［清］曾国藩 / 著	武道房
18	唐诗 · 宋词 · 元曲	立　人 / 编	卓　然
	未完待续……		

書香文雅